流通政策の基礎

岡野 純司・魏 鍾振　編著

河田 賢一・神保 充弘・為廣 吉弘・濵 満久　著

はしがき

　わが国において 1980 年代後半から本格的に取り組まれるようになった規制緩和（規制改革）は，流通システムに大きな変化をもたらした。一例をあげれば，大規模小売店舗法の緩和・廃止は大型店の出店を加速化させ，医薬品，酒類などの流通における規制緩和は，これらを取り扱う小売業態を多様化させることにつながった。

　これらの変化により消費者は，良質な商品を低価格かつ高サービスで入手することができるようになり，あるいは買物の利便性を享受することができるようになった。その一方で，商店街の衰退や買い物難民の発生などのひずみが生じることにもつながっている。また，小売業者にとっては，事業が成長する機会を得ることになった反面，小売業態内・業態間の競争激化につながっている。

　本書は，このように流通システムに大きな影響を与え続けている流通政策について，規制緩和前後の変化を中心に学習することができるよう執筆されたものである。本書の特徴は次のとおりである。

　第 1 に，流通政策の入門編として商学部，経営学部等における専門教育科目の教科書として執筆している点である。想定する読者は，流通政策の授業を履修する学生や流通政策に関心があり，基礎を学びたい社会人などの初学者等を想定している。このため，基礎的な知識の説明と分かりやすい記述を心がけている。さらに，序章において流通政策を学ぶ上で必要となる流通論の概要を説明している。

　第 2 に，授業において流通政策を効率的・効果的に学ぶことを主な目的としている点である。このため，読者の理解を深め，あるいは具体的なイメージを掴むため，図表を多用しつつ，各章に各流通政策の具体例，最新事例，重要な事項などをトピックスとして掲載している。

　第3に，実社会において流通政策の知識を活用することができるように配慮している点である。このため，流通政策の歴史よりも現状に重点を置いて記述している。

　第4に，多岐にわたる流通政策において5名の執筆者が専門的に研究する分野を担当し，執筆している点である。特に，第14章・第15章では，今まで流通政策の教科書で取り上げられることがなかった政策を掲載し，読者の流通政策への興味を高めている。

　本書が読者による流通政策の学習に貢献すれば幸いである。

　最後に，本書の出版を快くお引き受けくださり，かつ，編集時に的確なアドバイスをいただいた株式会社五絃舎代表取締役長谷雅春氏には心より感謝し，御礼を申し上げる。

　2022年2月

執筆者を代表して

岡野 純司

目　次

第4部　調整政策から商業まちづくり政策への転換

第5部　その他の流通政策

序　章　流通論の基礎

本章の概要

　本章では，生産と消費をつなぐ流通の必要性について説明する。生産と消費はつながっていないために，それをつなぐ役割を果たす流通（商業）が必要となる。流通を担っているのは卸売業者や小売業者であり，消費者は普段の買い物を特定の場所に店舗を構えている小売業で行っている。流通を担う卸売業者や小売業者は生産者とは独立していることから，それぞれが，自らが有利になる行動をとろうとする。そうしたなかで流通チャネル内における主導権争いが発生する。また時代により流通チャネルの主導権が移り変わっている。流通チャネル構成員間におけるあつれきが発生することがある。その問題を当事者間の力関係でない形で解決するために独占禁止法がある。

第1節　生産と消費をつなぐ流通

1.　生産と消費

　私たち消費者は，普段，スーパーマーケットやコンビニエンスストアといった，特定の場所に店舗を構えている小売業で買い物をしている[1]。もちろんインターネットの普及によりインターネット通販で買い物することもあれば，カタログ通販やテレビ通販（テレビショッピング）で買い物することもある。しかしながら消費者がインターネット通販（旅行予約や飲食予約等のサービス分野や，電子書籍や音楽・

---

1)　第1節から第3節は，主に河田（2021）を基に執筆した。

動画配信等のデジタル分野を含む）で買い物した割合は2019年時点で全消費支出の中の6.76%しかない。すなわち，消費者の買い物のほとんどは近くにある小売店舗で買い物している。その理由は，生産と消費がつながっていないからである。

図序-1　生産と消費の懸隔，生産と消費をつなぐ流通

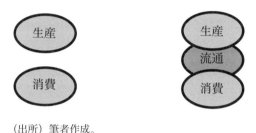

（出所）筆者作成。

2.　生産と消費の懸隔

　生産と消費がつながっていないことを流通論では，生産と消費の懸隔という。生産と消費の懸隔は複数あるがここでは5つに分類する。

①　所有の懸隔

　所有の懸隔は，ある商品の生産者とその消費者が別人であることから生ずる。ある商品の生産者はその生産を自らが所有し消費するためでなく，その所有権を他者に譲渡しお金を得るために生産している。一方，消費者も必要とする商品を自ら生産することなく，他者が生産した商品を購入することにより消費生活を営んでいる。すなわち，生産者は自らが生産した商品の所有権を手放す代わりにお金を得ており，一方で消費者は自分がもつお金を手放す代わりに，その商品の所有権を入手し，自由に消費することができるわけである。

②　空間の懸隔

　空間の懸隔は，生産する場所と消費する場所が異なることから生ずる。今，この本を読んでいる読者の手元に500mlペットボトルの緑茶があるとする。その緑茶は読者がいる場所で生産されたわけでなく，遠く離れた場所にある工場で生産されたものである。コンビニエンスストアで販売している商品も，レジ周辺の商品以外のほとんどがコンビニエンスストア以外で生産された商品で

あり，生産する場所と消費する場所が異なっている。

③　時間の懸隔

時間の懸隔は，生産された時間と消費する時間の間に時間的な差があることから生ずる。前述の緑茶やコンビニエンスストアで販売している商品も生産された時間と消費する時間に時間的な差がある。

④　品揃えの懸隔

品揃えの懸隔は，消費者が必要とする商品すべてを１つの生産者だけで生産できないことから生ずる。酒類・飲料メーカーのサントリーグループは，お酒，清涼飲料，健康食品，花卉，化粧品等を生産しているが，日用雑貨や家電製品等は生産していないため，私たち消費者はサントリーグループの商品だけでは生活することができない。ここに生産者と消費者の間に品揃えの懸隔が生ずる。

⑤　情報の懸隔

情報の懸隔は，生産者と消費者がお互いに関する情報を充分にもっていないことから生ずる。生産者は消費者が何を欲しているか，自らが生産する商品の需要がどこにどれだけあるか正確に把握できていない。一方，消費者も自分が欲する商品をどの生産者が生産しているか，どこで購入できるか正確に把握できていない。

　これら５つの懸隔はお互いに密接に関連しあっているだけでなく，相互に影響を及ぼし合っている。例えば，生産する場所と消費する場所である空間の懸隔が広がれば輸送時間も長くなるため，時間の懸隔もより広がる。また国外で生産された商品を国内で消費する場合のように空間の懸隔が広がれば，情報の懸隔もさらに広がる。

3.　流通フロー

　生産と消費の間に生ずる５つの懸隔は流通過程によりつながれている。流通は商流，物流，資金流，情報流という４つのフロー（流れ）により構成されている。

① **商流**

これはある特定の商品の所有権が生産者から消費者へと移転する流れをいう。

② **物流**

これは商流にともなって物的な商品が生産者から消費者へと移転する流れをいう。

③ **資金流**

これは商流や物流にともなって発生する流れであり，商流や物流とは逆に消費者から生産者へのお金の流れをいう。

④ **情報流**

これは生産者と消費者間における情報の双方向の流れをいう。

図序-2　生産と消費の5つの懸隔と流通フローの対応関係

```
                        生            産

  情報の懸隔   品揃えの懸隔   時間の懸隔   空間の懸隔   所有の懸隔
  情報流       情報流         物流・      物流・        商流・
                              情報流       情報流        資金流・
                                                        情報流

                        消            費
```

（出所）筆者作成。

第2節　流通（商業）の存在意義と社会性

1．流通の存在意義

5つの懸隔をつなぐ役割を果たしているのが流通である。流通は主に卸売業者や小売業者という流通業者（商業者）により担われている。なぜ流通が必要になるかといえば，次の理由からである。例えば私たちが海や川でバーベキュー

をする場面を考えてみよう。その材料として野菜類(キャベツ，タマネギ，ピーマン，とうもろこし，かぼちゃ)，肉類（牛肉，豚肉，フランクフルト)，きのこ類（しいたけ，エリンギ)，魚介類（エビ，ホタテ，イカ)，麺類（焼きそば)，調味料（焼肉のたれ，ソース，塩，こしょう)，飲料類（緑茶，炭酸飲料)，容器類（紙皿，割り箸，紙コップ）等が必要になると考えられる。これらを生産者から直接購入しようとすれば，少なくとも8つの生産者と取引しなければならない。これらの生産者は自宅やバーベキュー会場周辺にあるとは限らない。これらを個別の生産者から購入しようとすれば，8つの宅配便が届くのを待たなければならない。一方で，これらはスーパーマーケットという小売業者に買い物に行けば一度に揃えることができる。前述の品揃えの懸隔の説明通り，1つの生産者だけでは私たち消費者が消費するすべての商品を供給できない以上，それらを消費者が購入する以前に取り揃えていてもらえる事業者が必要になる。それが小売業者などの流通である。流通を担うのは小売業者だけでなく，卸売業者も担っている。なぜなら小売業者は消費者に対し，1個2個といった単位で販売すること，そして多数の商品の品揃えを行っているため，個別の生産者の商品を大量に仕入れることができないからである。そこで生産者と小売業者との間の取引数量の間を埋める役割を果たしているのが卸売業者である。

　農産物を生産する農家や水産物を生産する漁師はきわめて数が多いが，それぞれの生産数量は少ない。そうした生産物をまとめて取引するために卸売市場が存在している。

　流通業者は他者に再販売することを目的として商品を仕入れる。そして流通業者は再販売を専門に行うことから消費者よりも大量に仕入れることができる。特定の場所に店舗を構えて営業している流通業者が，食品分野，衣料品分野，日用雑貨分野，医薬品分野，家具分野，自動車分野，その他様々な分野の商品を1つの流通業者のみで取り扱うことは不可能である。そのため流通は1者だけでなく複数の事業者で担うことになる。また日本というひとつの国で考えた場合に，小売業者が1つだけでその小売業者がたとえすべての生産者の商品を取り揃えていても，当該小売業者の近くに住んでいる消費者しか買い物に

行くことができない。また1つの小売業者がすべての商品分野を取り扱おうとするならば，各商品分野に特有な性質から効率が悪くなってしまう。そのため流通は複数の流通業者により担われる。

(1) 取引総数最小化の原理

生産者と消費者が直接取引するのが直接流通であり，生産者と消費者の間に流通業者が介在するのが間接流通である。図序-3からも生産者と消費者が直接取引するより，生産者と消費者の間に流通が介在した方が，取引総数が少なくなり，流通が効率化しているのがわかる。取引総数が少なくなるだけでなく，生産者と流通業者間，そして流通業者と消費者間の一回当たりの取引数量も多くなることからも，より効率的だといえる。これは生産者と消費者の間に流通業者（商業者）が介在する有効性をあらわした理論であり，取引総数最小化の原理という。

図序-3 直接流通と間接流通（取引総数最小化の原理）

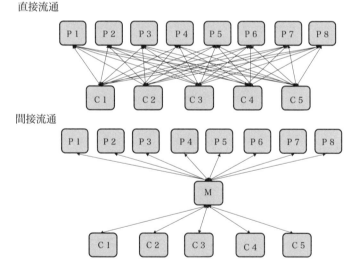

（注）Pは Producer，Mは Merchant，Cは Consumer の頭文字である。
（出所）筆者作成。

(2) 情報縮約・整合の原理

生産者と消費者の間に流通業者が介在することにより，流通業者のもとには

多数の生産者から商品の供給情報が集まる。その一方で流通業者のもとには多数の消費者の需要情報が集まる。すなわち，流通業者のもとには供給情報と需要情報の双方が集まることから，それらの情報を収集し分析しやすい立場にあるとともに，その情報収集コストも最小限に抑えることができる。それにより流通業者の品揃えは生産者と消費者双方の情報を反映したものになりやすいという特徴がある（図序 -4）。後述の流通系列化されたチャネルの場合には，さらに双方の情報がより迅速に正確に伝達されやすいというメリットがある。これを情報縮約・整合の原理という。

図序 -4　情報縮約・整合の原理

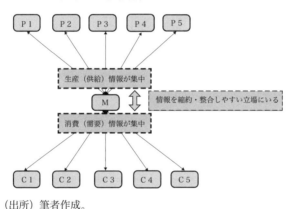

（出所）筆者作成。

（3）集中貯蔵の原理

消費者の消費動向は移ろいやすい。季節や天候, 流行, 新商品プロモーション, 情報番組の影響等により消費動向は大きく変動する。こうした需要動向に的確に対処するには，後述の直接流通チャネル（図序 -5a）においては需要の急増に備えるために生産者が商品在庫を確保しておく必要がある。一方で間接流通チャネルの場合（図序 -5），特にｃやｄのチャネルの場合には，小売業者の上流に位置する卸売業者が商品在庫を集中的に保有することにより，市場全体の商品在庫数量を大きく削減することができる。これを集中貯蔵の原理という。

２．流通（商業）の社会性

　生産者は，特定の商品の生産に集中することにより一定程度の規模の経済性を確保しようとする。一方で消費者は１つの生産者が生産する商品だけでは消費生活を営むことができない。流通業者のなかの小売業者はその販売対象が消費者であることから，その品揃えは消費者の購買需要に合わせたものになる傾向がある[2]。また流通業者のなかの卸売業者も，販売対象である小売業者が欲する商品の品揃えを行おうとする。すなわち，流通業者の品揃えは理論的にいうと，特定の生産者の商品を優遇することなく，取引する生産者すべてに対し中立的であると考えられる[3]。なぜなら流通業者は特定の生産者のために事業活動を行うわけではなく，売れると思う商品であればどの生産者からも仕入れることが売上げにつながるからである。これを流通の社会性という。しかしながら，この社会性も後述の流通系列化されたチャネルにおいては十分発揮されないことがある。

第３節　流通機能

　流通業者が果たす役割のことを流通機能という。流通機能は大きく所有権移転機能，物流機能，情報伝達機能，補助的機能の４つに分類できる。

①　所有権移転機能

　これは生産者が生産した商品の供給と消費者の需要を結びつけて，商品の所有権を移転するための商品売買に関係する機能である。

②　物流機能

　これは商品が生産された場所から消費される場所へと空間的に移動する輸送活動と，消費者が商品を購入する時点まで商品を保持しておく保管活動などの機能である。

③　情報伝達機能

　これは生産者と消費者の双方の情報不足を解消する機能である。インター

---

2)　もちろん他の小売業者との品揃えの差別化や品揃え方針により違いが生ずる。
3)　もちろん，よく売れる生産者の商品の取扱数量は他生産者のより多くなる。

ネットの普及・発展に伴い，情報伝達はより迅速にそして正確に行うことができるようになってきている。

④　補助的機能

これは所有権移転機能と物流機能そして情報伝達機能の3つを支援する機能であり，金融機能と危険負担機能がある。金融機能には，生産者と卸売業者間，卸売業者と小売業者間において行われる掛け売りなどがある。危険負担機能とは，卸売業者や小売業者が生産者から事前に商品を仕入れて，売れ残りリスク等を負担するものである。

第4節　流通チャネルと流通系列化そしてチャネルパワー

1.　流通チャネル

流通チャネルは大きく4つに分類される（図序 -5）。a は生産者から消費者に直接商品が届く直接流通チャネルであり，b から d が流通業者が介在する間接流通チャネルである。

2.　流通系列化とチャネル主導権

消費者を除くと流通チャネルを構成する事業者は，生産者と卸売業者そして小売業者の3者になる[4]。これらの事業者はそれぞれ独立した事業者であることから，他者より自らが有利になるよう，さらに自者が効率的に活動できるような行動を取ろうとする。こうしたことにより流通チャネル内で主導権争いが発生する。

日本では百貨店が誕生するまで，生産者（メーカー）も小売業者も小規模であったことから，卸売業者が流通チャネルの主導権を握っていた。「そうは問屋が卸さない」という言葉は，それを象徴している。第2次世界大戦後は，日本政府が壊滅的になった生産を復興させることに注力したため，一部のメーカーが大規模

---

4)　第4節は，主に河田（2019）を基に執筆した。

図序 -5　流通チャネルの類型

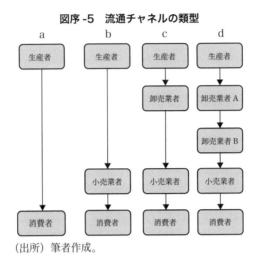

（出所）筆者作成。

化するとともに寡占体制を築き，それらがそれぞれの市場において主導権を握った。安定成長期以降は，総合スーパー（食品スーパーを含む）が多店舗展開と全国出店したことにより主導権を握った。

　大規模寡占メーカーは，建値制や独自の流通チャネルを構築すること（流通系列化）によりチャネル主導権を握ったが，家電分野や化粧品分野等では販売価格の拘束等によりダイエーと取引停止するなどしたため公正取引委員会から取り締まりを受けることになった（第3章参照）。

　安定成長期以降は，総合スーパー等の大規模小売業者が主導権を握ることにより，取引先であるメーカーや卸売業者に対し不公正な取引を迫ったことにより公正取引委員会から取り締まりを受けることになった（第4章参照）。

　小売業で最初に取り締まりを受けたのは百貨店業界であり，納入業者との取引において 1954 年に公正取引委員会から「百貨店業告示」を受けた [5]。同指定において，百貨店から納入業者への不当な返品，納入後における納入価格の不当な値引き，PB 商品の納入拒否，派遣従業員，等の取引方法について指定を受

---

5)　日本百貨店協会編（1959），238-241 ページ。

けた。また中小小売業者の事業機会確保を目的として，1937年と1956年に第1次・第2次百貨店法がそれぞれ制定された。

　高度経済成長期に誕生した総合スーパーが急成長し，1972年にスーパーマーケット業界全体の売上高が百貨店のそれを上回り，同年にダイエーの売上高が三越のそれを上回ることにより，小売業の主役は百貨店からスーパーマーケットに移った。総合スーパー（食品スーパーを含む）が急成長できた理由は，百貨店は都市部に巨大な店舗をもち，そこに消費者を誘引したのに対し，総合スーパーは鉄道の沿線開発により郊外に移住した消費者の近くに百貨店より小規模な店舗を次々と出店したことにより，個別店舗の売上げは百貨店1店舗に敵わなくても，店舗数により全体の売上げを増加させ，小売業の主役に躍り出た。政府もスーパーのような近代的な小売業が発展することは流通近代化につながるとし，第2次百貨店法の適用を見送ったことも成長を促した。複数階の店舗をもつ総合スーパーは各階ごとに別企業が運営する等の形をとることにより売場を広げながらも百貨店法の適用から逃れようとした。こうした問題が「疑似百貨店問題」とよばれるものである。しかしながら高度経済成長期に急成長した総合スーパーも大規模小売店舗法の制定により，自由な出店ができなくなり成長が鈍化した（第8章参照）。

　チャネル主導権は業界により異なるが，戦前までは卸売業者，戦後の高度経済成長期には大規模寡占メーカー，安定成長期以降は大規模小売業者がもつようになり，チャネル主導権の争いが激化するなかで，独占禁止法に抵触するおそれのある問題が発生している。

（1）チャネルパワー

　メーカーは流通系列化により流通チャネル内における卸売業者や小売業者を管理・統制しようとする。管理・統制するための能力をチャネルパワーといい，それは5つある。

①　強制パワー

　これは流通業者がメーカーに対し協力的でないときに，当該流通業者に出荷制限や取引停止を行うものである。1970年代の松下電器産業とダイエーにお

ける攻防がその代表例である。

② 報酬パワー

これは流通業者がメーカーからの目標を達成したときなどに，リベート等を提供することにより協力を得ようとするものである。

③ 正当性パワー

これはメーカーが流通業者との取引において契約書等に基づいて，作業等を求めるものである。

④ 専門性パワー

これはメーカーが流通業者より専門知識等をもっているときに発揮されるものである。

⑤ 関係性パワー

これはメーカーが流通業者から尊敬されており，流通業者がメーカーとの関係に誇りをもっている場合に発揮されるものである。

チャネルパワーのなかで特に強制パワーを行使しようとすると，チャネル構成員から反発を受けることがあるとともに，独占禁止法に抵触するおそれがある。

トピックス：資生堂における戦前期の流通系列化と関連する動向

化粧品は第2次世界大戦前から乱売の対象とされていた。そこで資生堂は乱売をやめさせるために，1923年に「資生堂連鎖店（チェインストア）制度」を打ち出した（同年は関東大震災が発生した年である）。

1927年： 卸売機関を整備するために「資生堂卸部」を発展させて「資生堂販売会社」を設立した。

1929年： 社外を含めた卸売部門の従業員にセミナー「資生堂実業講習会」を開催し，同社の経営方針，製品知識，帳簿管理等について教えた。

1933年： 新しい宣伝活動要員の養成をはじめ，「ミス・シセイドウ」と名づけ，消費者の美容相談に応じた。

1935 年：　小売店セミナー「資生堂チェインストアスクール」を開講した。これは全寮制 1 週間の課程において，同社事業に対する理解，製品知識，販売方法，美容方法等について教えた。

1937 年：　「資生堂花椿会」を発足させ，メーカーである同社と消費者を結びつけることとした。

1938 年：　「セールスガール」の養成をはじめた。美容の実演と相談を行う「ミス・シセイドウ」とは異なり，小売店頭での販売促進をさせるためのものであった。

こうした施策により現在の資生堂がある。

（出所）資生堂（1972）74-105 ページ。

【考えてみよう】

1. 流通チャネルにおける主導権が移り変わっていった理由を考えてみよう。
2. 流通チャネル構成員間の主導権争いをなくすには，どうすればよいか考えてみよう。

【参考文献】

池田敦（2004）「加工食品流通」石原武政・矢作敏行編（2004）『日本の流通 100 年』有斐閣。

河田賢一（2019）「流通チャネル戦略」西田安慶・城田吉孝編『マーケティング戦略論（第 2 版）』学文社。

河田賢一（2021）「流通と商業」坪井晋也・河田賢一編『流通と小売経営（改訂版）』学文社。

資生堂編（1972）『資生堂百年史』資生堂。

日本百貨店協会編（1959）『日本百貨店協会 10 年史』日本百貨店協会。

【さらに深く学ぶために】

石原武政・矢作敏行編（2004）『日本の流通 100 年』有斐閣。

石原武政・加藤司編（2009）『日本の流通政策』中央経済社。

伊藤元重編（2005）『新流通産業』NTT 出版。

崔相鐵・石井淳蔵編（2009）『流通チャネルの再編』中央経済社。

マーケティング史研究会編（2001）『日本流通産業史　日本的マーケティングの展開』同文舘出版。

マーケティング史研究会編（2010）『日本企業のマーケティング』同文舘出版。

渡辺達朗（2016）『流通政策入門―市場・政府・社会（第4版）』中央経済社。

第1部　流通政策の概要

第1章　流通政策の体系と概要

本章の概要

　本章では，「望ましい流通の状態」を実現するために流通活動を対象として実施される流通政策について概説する。流通政策は，企業にとってはマクロ環境の一部であり，経営戦略やマーケティング戦略に多大な影響を及ぼすことから，適切に把握し対応することが重要となる。本章では，第1節で市場経済体制下でも公共政策が必要となる理由を整理した上で，第2節で流通政策を目的や方法によって分類し体系化を図る。さらに第3節では，規制方針の変化を概観し特に1990年代以降の規制方針の変化に対応した流通政策の展開について説明する。

第1節　流通政策の必要性

1．政策の分類

（1）公共政策と企業政策

　政策とは，組織や団体等が特定の目的を実現するための理念，指針，方策等であり，実施主体によって公共政策と企業政策に分類することができる。

　公共政策とは国や地方公共団体等が主体となって実行するものである。経済政策，社会政策，福祉政策，外交政策，教育政策等がこれにあたり，法律，省令，通達，条例，ガイドライン等の形態をとる。一方，企業政策とは個別企業が経済活動を行うための指針であり，人事政策，海外政策，マネジメント政策やさらにはマーケティング活動を実施する上での価格政策，製品政策，チャネ

ル政策，コミュニケーション政策などが含まれる。これらに加え，準公共政策といえるものとして業界団体が定めるガイドライン[1]がある。これは特定の業界団体が作成した独自の政策であるが，多くは国や地方公共団体の指導・助言等を受けて定められる。

本書が対象としている流通政策は，公共政策の一部で流通活動に関するものである。

(2) 経済体制と公共政策

国の経済体制は市場経済体制と計画経済体制に分類することができる。市場経済体制の基本的な考え方は，市場メカニズムによって需要と供給が調整されて価格が決定し，売り手の参入・退出が発生することによって国全体として最適な資源配分が実現する，というものである。つまり，国や地方公共団体が市場に介入しなくても，市場競争にまかせていれば最も望ましい社会が実現できるという考え方ということができよう。一方，計画経済体制では市場メカニズムをつうじた資源配分をよしとせず，国家が計画的に供給量や価格を調整することが望ましい社会を実現するためには必要だと考える。

わが国は市場経済体制をとっているので，原則としては国や地方公共団体は市場メカニズムに影響を与えるような介入をなるべく控え，市場にまかせるべきであるということになる。

2. 公共政策の必要性

それでは，わが国のような市場経済体制下で公共政策が必要となる理由は何だろうか。

第1の理由は，現実社会においては市場メカニズムが理論どおり機能しないからであり，第2の理由は，市場メカニズムが機能した結果を公平・公正

---

1) 例えば公正競争規約がある。これは業界が景品類の提供や広告表示の内容などについて，景品表示法に基づいて設定する業界のルールである。自主的なルールであるが，消費者庁や公正取引委員会が表示連絡会等を開いて様々な意見を聞き，規約案を確認した上で認定される。消費者庁HP，https://www.caa.go.jp/policies/policy/representation/fair_labeling/fair_competition_code/（2021年8月30日閲覧）。

な社会として受け入れることの妥当性に関して多様な意見があることによる。

(1) 市場メカニズムの機能

　市場メカニズムが正常に機能するためには前提条件がある。一つは完全競争市場であること，もう一つは市場が普遍性を有することである。完全競争市場とは，売り手と買い手が多数存在していること，それぞれが取引において必要な情報を完全にもっていること，市場への参入と退出が自由であり，そのためのコストが発生しないことである。市場の普遍性とは，すべての取引が市場を通じて行われること，売り手と買い手は自己の利益を最大化するような経済合理的な意思決定を行うことをいう。

　しかし，このような市場は現実には存在しない。例えば，売り手と買い手がお互いに必要な情報を完全に有しているケースはまれであろうし[2]，行動経済学で明らかになってきているように，人間の行動は必ずしも経済合理的とはいえない。

　このようなことから，市場メカニズムが期待通りに機能しない，すなわち市場メカニズムにまかせた結果，独占，失業，公害，格差社会が発生する場合がある。このような状態を市場の失敗とよび，公共政策が必要となる理由の一つである。

(2) 市場の失敗

　市場の失敗についてその原因を詳しくみていこう。

① 情報の非対称性と不確実性

　同じ製品であれば買い手はもっとも安価なものを購入し，売り手は最も高値で購入する買い手に売るというのが市場メカニズムの前提条件である。しかし，現実には買い手はすべての売り手の情報を把握しているわけではないし，売り手も同様である。インターネット上では価格比較サイトや口コミサイトが登場し，以前よりは情報の不完全性は改善されているかもしれないが，それでも完

---

2)　例えば，買い手は，生産に関する情報（原材料，生産場所等）については生産者の公表情報を信じるしかないであろう。また，売り手も買い手の欲しいものや価格判断の基準について完全な情報を持っているとはいえない。買い手が行うマーケティング・リサーチは情報の非対称性を解消するための手段の一つである。

全とはいえない。つまり，取引において，売り手と買い手では持っている情報
は同じではなく，商品・サービスの特徴や品質に関しては売り手が多くの情報
を有していることがほとんどであろう。このような状態を情報の非対称性とよ
ぶ。食品の産地偽装や偽ブランド品の流通が発生する原因の一つである。情報
の不確実性の例としては需要予測の失敗があげられる。売り手は将来の需要を
予測して商品の仕入れや製造を行い価格を設定するが，天候等の自然要因や競
合他社の戦略によって需要予測が外れてしまうことは容易に想像できる。この
ように情報の非対称性・不確実性を完全に回避することは困難である。

②　規模の経済

市場が独占・寡占の状態にあると市場メカニズムが機能するための前提条件
である多数の売り手と買い手が取引を行うという条件が満たされないため，市
場メカニズムが正常に機能しにくくなる。この状態が発生しやすいのは規模の
経済が大きくはたらく市場である。規模の経済とは，生産量を増やすほど平均
費用が小さくなることだが，固定費が大きな産業ほど発生しやすい。このよう
な産業で市場メカニズムが働くと価格競争が激しくなるが，固定費を回収する
ための過度な価格競争が発生し，結果として最も価格競争力の高い売り手のみ
が生き残ることになる。このような競争を破滅的競争，結果として発生する独
占状態を自然独占とよぶが，この状態は市場メカニズムが機能するための多数
の売り手と買い手という前提条件をみたさなくなる。

③　外部性

市場メカニズムは買い手と売り手の存在のみを前提としているが，取引が売
り手と買い手以外の第 3 者に影響を及ぼすことがある。例えば大型店を出店
する際の土地取引を考えてみよう。不動産取引の市場では土地の所有者と購入
者がそれぞれの利益を最大化するような意思決定が行われる。しかし，その土
地に大型店が出店すると利便性が高くなることによる周辺の土地価格が上昇す
ることがある。逆に交通混雑や騒音問題が発生し，周辺の生活環境が悪化する
場合もある。このようにある取引を行うことによって，取引の主体以外に影響
がおよぶことを外部経済効果とよぶ。外部に正の影響をおよぼすことを外部経

済効果，負の影響がおよべば外部不経済とよぶ。

④　公共財

道路や公園などの公共財に関しては市場メカニズムがはたらかない。公共財とは，利用する人を排除することができない性質（排除不可能性）と誰かが利用していたとしても新たな一人が利用できる性質（集合消費性）をもつ財のことを指す。代表的なものとしては，道路や公園などのインフラをあげることができる。利用者すべてから料金を徴収することができず，利用者数に制限がないわけだから，需要と供給の調整をベースとする市場メカニズムがはたらかないことは明らかである。

このように，市場経済体制がよりどころとする市場メカニズムによる調整には限界があり，市場の失敗が発生するため公共政策が必要となる。

(3) 公平・公正な社会

市場の失敗を防ぐことができれば望ましい社会になるかといえばそうではない。市場メカニズムが正常に機能し，資源配分が最も効率的になった状態を経済学では社会がパレート最適[3]になったとよぶ。これは社会全体としては，最も効率のよい状態になったということに過ぎず，社会を構成する個人や個別企業に着目してみると，幸福度が下がる場合もありうる。例えばスマートフォンの普及によって国民の利便性が高まり，関連するメーカーやサービスを展開する企業は成長した。一方で，スマートフォンに需要を奪われた製品やサービスも存在する。このような企業間あるいは個人間の「勝ち負け」を社会としてどの程度許容するか，というのが公平・公正の問題である。社会全体で合意された公平・公正の水準を達成するため，市場メカニズムを一部制限するような政策が導入されることになる。

(4) 政府の失敗

公共政策の実施によって市場メカニズムの問題点が解決され，効率的な資源配分が実現されるかといえばそうでもない。事実，様々な公共政策には賛否が

---

3)　これ以上，資源配分を変更しても，効用の合計が増加しない状態をいう。

あることは我々が経験しているところである。

　公共政策の主体は法律の場合，国会（立法府）であり実施主体は政府（行政府）となる。立法および実施が「望ましい社会」の実現を唯一の目的としていれば問題は小さい。しかし，現実には他の目的が考慮されてしまうことが起こりうる。一つは政治の介入であり他方は官僚機構のモラルハザード[4]である。政治家は理想的な国家に導くという理念をもち，立法をつかさどるわけであるが，そのためには選挙で選出されることが必要である。このため選挙区や支援団体の利益を優先して公共政策に介入することが起こりうる。官僚機構についても政治の介入を許したり組織の利益を優先して行動するということも起こりうる。さらに，政策立案から実行までにはタイムラグが発生するからその間に状況が変化してしまうことも起こりうる。このように公共政策がゆがめられた状態やうまく機能しない状態を「政府の失敗」とよぶ。

(5) 望ましい流通の状態

　ここまで，市場経済体制では市場メカニズムによって「望ましい流通の状態」が実現すると考えるが，市場の失敗によって「望ましい流通の状態」の実現が阻害されるために流通政策が必要となることを述べてきた。それでは「望ましい流通の状態」とはどのようなものなのか。ここでは，判断の基準として久保村（1984:6-9ページ）が示した流通政策の価値基準に即してみていこう。

　流通政策の価値基準は流通固有の価値基準と上位システムの価値基準に区分でき，それぞれはいくつかの具体的な指標で構成される。ただし，どの指標を重視するのか，各指標についてどの程度の水準が適切なのか，という点については個人の考えやおかれている状況によっても異なることになる。また，例えば電子商取引の普及，自然環境問題への関心の高まり，少子高齢化の進展など社会環境の変化によっても重視する指標やその水準は変化する。つまり，「望ましい流通の状態」とは一意的に決まるものではなく，社会経済環境を考慮しながら国民の合意によって導かれるものであることを理解しておく必要がある。

---

4)　道徳感，倫理感の欠如。ここでは官僚機構が政策目的の遂行よりも組織維持等を優先してしまう場合等を指す。

a) 流通固有の価値基準

① 流通生産性

流通生産性とは，流通に投入された資源と，流通によって満たされた消費欲求充足の度合いによってはかられる。単純化して考えると，消費者が購入した価格に占める流通コストの割合が該当する。

② 取引便宜性

取引便宜性とは，生産者から見ると販売のしやすさ，消費者からみると購入のしやすさとなる。購入のしやすさとは，個別の店舗であれば場所，営業時間，品揃え，店舗の広さ，内容，価格などが含まれる。さらに商店街やショッピングセンター等の商業集積であれば業種構成まで含まれる。

③ 配分の平等性

配分の平等性とは，生産者，流通業者，消費者間に価値が平等に配分されることを意味する。生産者が生産した製品は流通によってその価値が高められ，消費者に到達する。その高められた価値が生産者，流通業者，消費者の三者にそれぞれの貢献に応じて配分されているかどうかである。

④ 都市機能性

都市機能性とは，行政や教育，保健医療，宗教等の都市機能の一つとして小売流通を捉えるというものである。都市機能性に対して高い価値を提供する小売流通が，流通生産性や取引便宜性基準からみると価値が高くないということも起こりうる。

b) 上位システムの価値基準

上位システムの価値基準とは，流通以外の産業の判断基準にもなりうる基準である。

① 競争公平性

市場メカニズムが正常に機能するように，競争のルールを整えることが必要となるが，そのようなルールが公平なものとなっているか，また，きちんと守られるように運用されているか等である。

② 社会保全性

市場メカニズムの機能だけでは，騒音，公害，交通渋滞など外部不経済に

対応することはできない。このような社会環境を保全するという価値基準は当然流通政策にも適応される。

　以上のように，流通政策の価値基準にはトレードオフ[5]の関係となるものもあり，どの価値基準をどのように使って流通政策を評価するかについては社会的合意が必要である。

第2節　流通政策の体系

1．体系化の方法

　流通政策は展開する主体,対象,目的,方法によって体系化することができる。主体による体系化とは，法律を所管する中央官庁や条例を施行する地方公共団体別に体系化する方法である。対象による体系化とは小売業，卸売業，さらに大規模小売業，フランチャイズ店等の業界，業種，業態等によって区分する方法である。目的による体系化は，流通生産性の向上や競争公平性の確保など政策の目的に着目する体系化，方法による体系化とは禁止，振興，調整の政策実現のために採られる方法による分類である。どのように体系化するかは様々であり，例えば田島（1992：174-180ページ）は政策対象・目的に基づく体系化，石原（1989：215ページ）は政府の介入の方法・程度に基づく体系化を示している。また，渡辺（2016：28-33ページ）は，政策方法に着目して禁止型政策，振興型政策，調整型政策と分類した上で，政策目的と対応させるかたちでの体系化を行っている。

　一般的には流通政策は競争政策，振興政策，調整政策の3つに分類される。この分類は，それぞれ競争の維持促進，流通活動の振興，流通活動の調整という目的に対応している。しかし，流通政策の目的としては，まちづくり，消費者保護，技術革新や環境問題への対応など，この3分類に当てはめるのが適

---

5)　何かを得ると別の何かを失うという関係にあること。例えば小売業を大型店舗に集約した場合，流通生産性は高まるが，店舗から遠くなる消費者の取引便宜性は低下する。

切ではないものがある。このため，本書では流通政策を目的によって分類した上で，政策の方法と対応させて体系化することとする。

2. 政策の目的と方法による体系化

(1) 方法による分類

政策方法としては，禁止型，振興型，調整型がある。禁止型政策とは，一定のルールを決めて，そこからの逸脱を禁止する方法，振興型政策とは，特定の流通機能や流通活動の振興を図る方法，調整型政策とは複数の主体の利害関係の調整や需給関係の調整を図る方法である。

(2) 目的による分類

① 競争の維持・促進を目的とする政策（競争政策）

市場メカニズムが正常に機能し，公正な競争条件を確保することが目的であり，市場で活動するプレーヤーが最低限守らなければならないルールを定めたものである。したがって，この政策の対象となるのは流通活動や流通に関係する企業に限られたものではなく，すべての企業が守るべきルールとなる。代表的な法律としては，独占禁止法があげられる（第2章から第5章）。また，消費者保護政策の中でも景品表示法は公正な競争を維持する目的もあることから，この分類にも入ることになる（第11章）。政策方法としては，禁止行為を定める禁止型となる。

② 流通活動の振興を目的とする政策（振興政策）

市場メカニズムが機能すると市場において公正な競争が行われるが，経営資源の豊富な大企業と経営資源の乏しい中小企業が同じルールで競争することには是非がある。このため，流通活動において中小企業を健全な競争主体として自立させるための支援を行う必要がある。このような観点から行われる振興政策は個々の店舗や企業に対する支援（個別支援）と，商店街活性化等の共同化事業に対する支援（共同支援）の2つに大きく分けることができる。支援の手段としては，組織化，資金調達，知識・技術の提供等となる。具体的な法律としては，中小小売商業振興法，地域商店街活性化法等があげられる（第6章，

第7章)。政策方法としては，振興型となる。

③ 流通活動の調整を目的とする政策（調整政策）

振興政策は，競争条件の厳しい中小企業を支援するが，それだけで大規模小売業と中小小売業が対等に競争できるわけではない。このため，競争条件そのものを調整することによって，中小小売業が大規模小売業と競争するための時間的猶予を得るために展開されたのが調整政策である。調整政策の中心は第1次・第2次百貨店法，大規模小売店舗法，小売商業調整特別措置法等である（第8章）。政策方法としては調整型である。

④ 商業を軸にしたまちづくりを目的とした政策

流通の評価基準の一つである都市機能性を実現することを目的とする政策である。商業は「まち」を構成する要素の一つであるため，商業の存在や活動が「まち」の維持・発展に重要な役割を果たす。このような観点から実施される政策である。具体的な法律としては，大規模小売店舗立地法，中心市街地活性化法，都市計画法等となる（第9章，第10章）。政策方法としては，禁止型，振興型，調整型のすべてが含まれる。

⑤ 消費者の保護を目的とする政策

情報の非対称性は売り手と買い手の情報格差に関する概念だが，買い手が一般消費者の場合，商品情報については買い手がもつ情報は売り手がもつ情報よりも少ないことが多い。このため，不当表示等による消費者が不利益を受けることが発生する。不利益には経済的不利益にとどまらず健康被害等の重大な不利益まで及ぶため，消費者保護を目的とする流通政策が必要となる。このような消費者保護・自立のための政策は，2009年に消費者庁が設立されることによって統合された。具体的な法律としては，食品表示法，食品安全基本法，消費生活用製品安全法，消費者基本法，景品表示法などがある（第11章）。政策方法としては禁止型が採られる。

⑥ 物流機能の課題対応を目的とする政策

物流は流通機能の一つであり，製造業や卸売業，小売業が担う場合もあれば，輸送業，倉庫業など専門の物流業者が担うことも多い。これらの事業者は輸

送，保管等の物流機能を提供するが，効率的に貨物を移動させるためには様々な課題対応が必要となる。また，輸送に伴う環境対策や効率的な輸送のためのシステム整備もここに含まれる。具体的な法律としては貨物自動車運送事業法，貨物利用運送事業法，物流総合効率化法等があげられる（第12章）。政策方法としては禁止型，振興型，調整型が採られている。

⑦　個別の商品分野の課題対応を目的とする政策

個別の商品分野の課題対応としては，酒類，医薬品，著作物，生鮮食品等の分野がある。これらの商品は担税物資[6]であることや国民の健康に与える影響が大きいなど，他の商品とは異なった特徴をもつため独自の政策が採られて

図 1-1　政策の目的と方法に基づく体系化

<政策の目的>　　　　　　　　　　　　　　<政策の方法>

①競争の維持・促進	-----	禁止
②流通活動の振興	-----	振興
③流通活動の調整	-----	調整
④商業を軸にしたまちづくり	-----	禁止，振興，調整
⑤消費者の保護	-----	禁止
⑥物流機能の課題対応	-----	禁止，振興，調整
⑦個別の商品分野の課題対応	-----	禁止，振興，調整
⑧新たな社会的課題対応	-----	禁止，振興，調整

（出所）筆者作成。

---

6)　酒，たばこ，ガソリンなど，固有の税を課されている物資。

いる。国民の安全確保など社会的規制として実施されているものもあれば事業
者の参入規制や需給規制の役割をもつ経済的規制もある。具体的な法律として
は，酒税法，医薬品医療機器等法，独占禁止法，卸売市場法等がある（第13章）。
政策方法としては，禁止型，振興型，調整型のすべてが含まれる。

⑧ 新たな社会的課題への対応を目的とした政策

インターネット通販の成長，自然環境問題への関心の高まり，少子高齢化を
背景とした買い物弱者の発生など，新たな社会的課題に対応することを目的と
した政策である。具体的な法律としては消費税法，食品ロス削減推進法，循環
型社会形成推進基本法，容器包装リサイクル法等がある（第14章，第15章）。
政策方法としては対応課題により禁止型，振興型，調整型のすべてがとられる。
政策目的と政策方法の対応関係を整理すると図1-1のとおりとなる。

第3節　流通政策の転換

1. 規制緩和のはじまり

第2次世界大戦後の復興期から高度経済成長期にかけては，産業を保護，育
成することが必要であった。このため，競争制限的な政策や保護主義的な政策
も多くみられ，それらは一定の役割を果たしてきたといえよう。しかし1960
年代になると政策を遂行する行政組織の肥大化の弊害が見え始め，規制緩和（規
制改革）が政策のテーマとして登場する。まず，池田内閣のもとで臨時行政調
査会（第一臨調）が発足した。臨調の目的は行政改革[7]であるが，その中のひ
とつとして許認可等の改革が掲げられた。第一臨調の許認可等の見直しの目的
は行政の効率化が中心であり，規制自体の在り方や是非に着目したものではな
いが，規制緩和の第一段階といえる（久保田 2009：3ページ）。

その後，1981年に第二次臨時行政調査会（第二臨調）が発足する。第二臨調[8]

---

7) 国や地方公共団体の行政組織，機能，運営等を見直すこと。規制緩和より広い概念で，省庁再編，
　　行政手続きの簡素化，許認可の整理等を含む。
8) 会長を務めた土光敏夫氏の名前を取って，「土光臨調」ともいわれる。土光敏夫氏は石川島播磨
　　重工業，東芝の社長・会長を歴任，経済団体連合会の第4代会長である。

は，増税無き財政再建のスローガンのもと，行政の守備範囲の見直しを行った。1982 年の基本答申では，活力ある社会の建設と国際社会に対する積極的貢献の2 つが提起され，民間に対する指導，規制・保護に力点を置いた行政から，民間活力を基本とし，その方向付け・調整・補完に力点を置く行政への移行が示された。このように，第二臨調では経済的規制緩和の兆しをみることができる。

　第二臨調の深化・具体化を図るために，1983 年に臨時行政改革推進審議会（行革審）が発足する。1985 年の答申では，①産業育成，保護を目的とするものについては行政の介入は最小限，②供給量・価格の安定等の市場機能の補完を目的とするものは規制目的に配慮しつつ全般的，活抜本的な見直し，③社会的目的達成のための規制については妥当性・有効性を改めて見直す，として経済的規制を緩和する方向が明確に示された。

2.　規制緩和の推進

　この方向をさらに進め，経済的規制は原則自由，社会的規制は自己責任において最小限という原則を示したのが，1995 年に発足した経済改革研究会[9] である。同研究会は，最終答申[10] の前に，中間報告「規制緩和について」を発表し，規制緩和の方向性を示した。

　まず，規制緩和の必要性として，①公的規制が経済社会の硬直性を強め，今後の変革を妨げていること，②規制緩和によってビジネスチャンスが拡大し，雇用拡大，消費者の選択の幅の拡大につながること，③中長期的には自己責任原則と市場原理に立つ自由な経済社会の建設が必要なことを指摘している。そして，規制を社会的規制と経済的規制に分類し，経済的規制は原則自由，社会的規制は「自己責任を原則に最小限」という方向を示した。

　そこでは経済的規制の例として，①需給調整の観点から行われている参入規制，②設備等の新増設規制，③輸入規制，④価格規制，⑤金融・証券保険業関係の規制，⑥その他，が示されており，流通政策に関連するものとしては，①

---

9)　内閣総理大臣の私的諮問機関として設置された。
10)　研究会座長を経団連会長の平岩外四氏が務めたことから「平岩レポート」よばれている。

として酒税法，卸売市場法，②としては大規模小売店舗法，小売商業調整特別措置法等が例示されている。

　社会的規制としては，①保健・衛生，②公害・廃棄物・環境保全，③危険物・防災・保安，④国土・土地・建築物，⑤雇用・労働，⑥教育・文化，⑦交通，サービス・品質・取引の適正化等の分野に加え，様々な基準・認証制度や検査・検定制度が含まれている。流通政策に関係する法律としては，食品衛生法，景品表示法，薬事法（医薬品医療機器等法が改名する前のもの）等が示されている。

　この中間報告に先立って，政府は1994年に行政改革委員会を設置し，規制緩和推進計画を閣議決定した。その後も3カ年計画を3年ごとに閣議決定し，規制緩和を推進している。

　このような規制方針の変更を受け，流通政策も大きな影響を受けた。代表的な事例としては，大規模小売店舗法の廃止と大規模小売店舗立地法の成立がある。前者は，中小企業の事業機会の確保を目的としており経済的規制に分類されるが，後者は周辺の地域の生活環境の保持が目的で社会的規制に分類される。しかし，経済的規制と社会的規制を明確に区分することは困難であることに注意しておく必要がある。目的が社会的規制であったとしても経済的規制としての役割を果たすことがありうるということである。例えば大型店の立地に際し，周辺への騒音や交通渋滞に配慮した規制が行われるとしよう。騒音を抑制するために深夜の営業時間を規制する，交通渋滞を引き起こさないために来店客数が多くなりすぎないように店舗の規模を制限するということもありうる。つまり，社会的規制の手段として営業時間の規制，店舗規模の規制を行ったわけであるが，この規制は経済的規制としても機能することになるのである。したがって，規制緩和を進めるためには，その目的，手法，影響を常に念頭において議論することが重要となる。

3.　環境変化と新たな流通政策

　2000年代におけるインターネットの普及，自然環境問題やエネルギー問題の発生，少子高齢化時代の到来などの社会環境変化は，流通業にも様々な影響

を及ぼす。例えば，電子商取引の拡大にともなう店舗小売業とインターネット通販の競争環境の変化や，インターネット販売における販促方法の問題や物流面での課題，さらに食品ロスや買物弱者対応なども含まれる。このような新たな状況に対応するため新たな流通政策が展開されている。

トピックス：規制改革の動向

　規制緩和はわが国の成長，発展を図るための重要課題の一つであり，政府では規制改革推進会議を設置して規制改革実施計画を策定・公表している。ここでは 2021 年 6 月 1 日に公表された計画を概観してみよう。

　この計画では，規制改革の重点分野として，「デジタルガバメントの推進」，「デジタル時代に向けた規制の見直し」，「成長の加速化や地方を含めた経済活性化に資する規制改革」，「グリーン（再生可能エネルギー等）」，「雇用・教育等」および「その他横断的課題」の 6 分野が設定されている。

　これらの分野から直接的・間接的に流通に関連するテーマとしては，以下の項目があげられる。

　「デジタルガバメントの推進」ではキャッシュレス化の推進，「デジタル時代に向けた規制の見直し」では医療分野の DX（一般用医薬品販売規制の見直しやオンライン診療・オンライン服薬指導の恒久化）やデジタル時代のコンテンツ流通の制度の整備等である。

　「成長の加速化や地方を含めた経済活性化に資する規制改革」では生産性向上に向けた物流改革，民泊サービスの推進，ドローンに関する規制緩和等，「雇用・教育等」ではオンライン教育等に係る規制・制度の見直し等である。

【考えてみよう】

1. 情報の非対称性を認識しやすい場面として海外旅行がある。海外旅行先で商品やサービスを購入する場面を想像し，旅行者の行動は情報の非対称性によってどのような影響を受けるだろうか，考えてみよう。
2. 今後，流通政策が必要となりそうな分野について議論してみよう。その上で現在，どのような規制が行われているか調べてみよう。

【参考文献】

石原武政（1989）「商業政策の構造」石原武政・池尾恭一ほか『商業学』有斐閣。

石原武政・加藤司編（2009）『日本の流通政策』中央経済社。

久保田正志（2009）「規制改革の経緯と今後の展望」『立法と調査』2009.12 No.299（P3）。

久保村隆祐ほか（1982）『流通政策』中央経済社。

久保村隆祐ほか（1984）『現代の流通政策』千倉書房。

田島義博（1992）「日本の経済政策に占める流通政策の位置」E. バッツァー・H. ラウマー・鈴木武編『現代流通の構造・競争・政策—日本とドイツの比較』東洋経済新報社。

渡辺達朗（2016）『流通政策入門—市場・政府・社会（第4版）』中央経済社。

消費者庁ホームページ「公正競争規約」，https://www.caa.go.jp/policies/policy/representation/fair_abeling/fair_competition_code/ （2021年9月10日閲覧）。

【さらに深く学ぶために】

大驛潤（2019）『流通政策の理路』千倉書房。

城山三郎（1980）『官僚たちの夏』新潮文庫。

中谷巌・大田弘子（1994）『経済改革のビジョン「平岩レポート」を超えて』東洋経済新報社。

第2部　競争政策

第2章　独占禁止法の体系と概要

本章の概要

　本章では，流通政策の基軸として捉えられ，かつ，規制緩和が進行する中で規制が強化され続けている競争政策について説明する。第1節では競争政策の中心に位置づけられる独占禁止法の概要について説明し，第2節では同法の歴史について説明する。第3節では同法で禁止される主要な行為のうち私的独占・不当な取引制限について説明する。第4節では流通に対する規制の中心である不公正な取引方法について概説する。

第1節　独占禁止法の概要

1．市場での競争と独占禁止法

　市場とは商品・サービスが不特定の買い手と売り手との間で取引される抽象的な場である。この市場において商品・サービスの取引が自由に行われる自由市場経済は，事業者間の競争を通じて運営されるのが最も効率的かつ公正であると考えられている（公正取引協会 2020：4 ページ）。

　具体的には，自由市場経済の下では，売り手である事業者は，自由に創意工夫して，自らが供給する商品・サービスの価格の引下げ，質や付帯サービスの向上，品揃えの多様化，を実現することにより，市場において買い手に選択してもらおうとお互いに競い合う。そして買い手に商品・サービスを選択された事業者が成長し，これに対し選択されなかった事業者は市場から撤退せざるを得ない。このような競争を通じて，各事業者は事業活動を活性化して技術革新

（イノベーション）に基づく効率的な生産を実現し，ひいては自らの発展につなげている。消費者は良質な商品・サービスを安価であるいは高レベルな付帯サービスにより購入することができるようになる。このような競争の結果，経済全体も効率的に運営されることになる。

しかし競争とは厳しいものであり，これにさらされた事業者は，単独で，または競争者と共同して，価格，質，付帯サービスなどとは別の手段・方法を用いて競争に勝とうとし，あるいは競争を回避して競争相手と協調しようとする場合がある。これらのような競争を歪めるような行為が行われると，前述したような競争によるメリットを享受することができなくなる。

そこで政府は，市場における事業者間の競争を維持・促進するために競争政策を展開しており，この中心となる法律が独占禁止法である。このような自由市場経済の要となる役割から，独占禁止法は「経済憲法」ともよばれている（公正取引協会 2020：5 ページ）。

2. 独占禁止法の目的と規制内容

独占禁止法では，市場における公正かつ自由な競争を制限・阻害する事業者の行為を禁止し，あるいはその状態を規制することによって，事業者間の競争を維持・促進することを直接の目的とし，最終的には一般消費者の利益確保と

図 2-1　独占禁止法の目的と規制内容

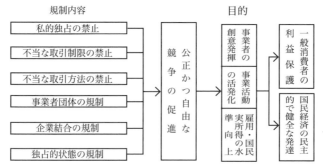

（出所）公正取引委員会「独占禁止法の概要」，http://www.jftc.go.jp/dk/dkgaiyo/gaiyo. html（2021 年 10 月 1 日閲覧）に基づき筆者修正。

国民経済の民主的で健全な発達を目指している（図2-1）。

　独占禁止法で禁止されている主要な行為は，私的独占，不当な取引制限（カルテル・入札談合），不公正な取引方法であり，これら3つの行為の禁止を独占禁止法の3本柱と称している（公正取引協会 2020:6ページ）。このほか，事業者の集まりである事業者団体による競争制限行為に対する規制，競争を制限することにつながる企業同士の合併や株式保有などといった企業結合に対する規制などが行われている。

　独占禁止法を運用する行政機関としては公正取引委員会が設置されている。公正取引委員会は，市場における事業者の活動を個別に規制し，また，市場における競争を促進するための政策を中心となって推進する役割を有している。これらの活動には高度な専門性と中立性が求められることから，公正取引委員会では他の行政機関と異なり法律または経済に関する学識経験を有する委員長および4人の委員からなる合議制の形態（独立行政委員会）を採用している。公正取引委員会の下には事務総局が置かれ，政策の企画，独占禁止法違反事件の処理，企業結合の審査，経済実態の調査など委員会の事務を処理している。

3.　違反事件の処理手続き

　事業者が独占禁止法に違反した際の手続きを概説する。まず，公正取引委員会が事件を審査するきっかけとなる事実（端緒）としては，外部の者（違反行為による被害者を含む）からの申告，職権探知（公正取引委員会自らが違反を探知すること），違反事業者からの自主申告などがあげられる。これらの端緒から事業者が独占禁止法に違反する行為を行っている疑いがある場合，公正取引委員会は，事業者に立入検査，事情聴取などによる調査を実施する。

　調査の結果，違反行為が認められた場合，公正取引委員会は，違反事業者に対し，違反行為を速やかに排除するよう命じる法的措置（排除措置命令）を行う。排除措置命令では，違反行為の取りやめや今後行わないこと，再発防止のための対策（例えば違反を防止するための社内体制の整備，営業担当者に対する研修など）が命じられる。また，排除措置命令を採るに足りる証拠が得られなかった場合

であっても，違反するおそれがある行為があるときは，関係事業者等に対して行政指導である警告を行い，その行為を取りやめること等を指示し，あるいは違反行為の存在を疑うに足りる証拠が得られないが，違反につながるおそれがある行為がみられたときには，未然防止を図る観点から行政指導である注意が行われる。

　さらに，公正取引委員会は，一部の悪質な行為について，違反事業者等に対し，課徴金を国庫に納付することを命じる法的措置（課徴金納付命令）を行う。課徴金とは，違反行為を防止するという目的を達成するため，公正取引委員会が違反した事業者に対して課す金銭的不利益のことをいう。現在，課徴金納付命令の対象となっている行為は，不当な取引制限，私的独占，不公正な取引方法の一部（後述）となっている。一方で，不当な取引制限では，事業者が自ら関与したカルテル・入札談合について，その違反内容を公正取引委員会に自主的に申告したときに課徴金を減免するという，課徴金減免制度が設けられている。この制度により，表面化しづらい不当な取引制限の発見が容易となり，かつ，自主申告した事業者が事件の真相解明に協力するため効率的かつ効果的な事件処理が可能となる。この制度によって違反行為により失われた競争を早期に回復することが可能となる。

　このほか，違反行為の被害者が違反事業者に対し，民事事件として損害賠償を請求する場合，違反事業者は故意・過失の有無を問わず責任を負うと規定されている（無過失損害賠償責任）。また，私的独占，不当な取引制限などを行った事業者・事業者団体とその役員に対しては，刑事罰が定められている。

> **トピックス１：確約制度の導入**
>
> 　従来からの違反事件の処理手続に加え，2018年に新たに導入された制度に確約制度がある。これは，公正取引委員会が事業者に対し独占禁止法違反の疑いにより調査を開始した後，公正取引委員会との合意により，この事業者が違反の疑いを自主的に解決するための手続である。
>
> 　手続の流れとして，公正取引委員会が違反の疑いのある事業者に対し行

為等の概要等を通知し，事業者は，この通知に基づき違反の疑いの理由となった行為を排除するなど問題を解消するために必要な措置等を記載した確約計画を作成・申請することができる。公正取引委員会は，この計画を認定すると排除措置命令や課徴金納付命令を行わない。この制度は，処理に時間がかかる事件において競争上の問題の早期是正につながるなど，効率的かつ効果的な事件処理に貢献することが期待されている。

4. ガイドラインの公表

　公正取引委員会は，事業者による独占禁止法の違反行為を未然に防止するため，従来の法運用を踏まえた違反性の判断基準や適法・違法となる具体的な事例を示した指針（ガイドライン）を作成・公表している。流通分野における不公正な取引方法に関するガイドラインは（表2-1），流通・取引慣行（第3章で詳述），優越的地位の濫用（第4章で詳述），酒類・ガソリン・電気製品等における不当廉売・差別対価（第5章で詳述），フランチャイズ・システムなどで公表されている。事業者が独占禁止法に違反しないための体制整備を行う際には

表2-1　流通分野の不公正な取引方法を解説した主要なガイドライン

流通・取引慣行に関する独占禁止法上の指針
　（1991年7月11日，改正2017年6月16日）
フランチャイズ・システムに関する独占禁止法上の考え方について
　（2002年4月24日，改正2011年6月23日）
不当廉売に関する独占禁止法上の考え方
　（2009年12月18日，改正2017年6月16日）
酒類の流通における不当廉売，差別対価等への対応について
　（2009年12月18日，改正2017年6月16日）
ガソリン等の流通における不当廉売，差別対価等への対応について
　（2009年12月18日）
電気製品の流通における不当廉売，差別対価等への対応について
　（2009年12月18日，改正2017年6月16日）
優越的地位の濫用に関する独占禁止法上の考え方
　（2010年11月30日，改正2017年6月16日）
デジタル・プラットフォーム事業者と個人情報等を提供する消費者との取引における
優越的地位の濫用に関する独占禁止法上の考え方
　（2019年12月17日）

（出所）筆者作成。

このガイドラインに従って行われる場合が多い。

第2節　独占禁止法の歴史

1.　独占禁止法の制定

　本節では独占禁止法の歴史について流通分野への適用を中心に概観する。

　わが国の独占禁止法は，第2次世界大戦終結後の1947年にアメリカの反トラスト法を参考に制定され，同時に公正取引委員会が設置された。当時のわが国は米国を中心とする連合国の占領下で財閥解体，過度経済力集中排除など経済の民主化政策を強力に進めており，独占禁止法も民主的で非集中的な経済システムを維持するという役割が期待され，活発に運用されることとなった（菅久 2021:232-233 ページ）。その後，わが国が独立を回復し，朝鮮戦争後の不況下にあった1953年に大幅な法改正が行われ，独占禁止法に基づく規制が緩和されることになった。一方で，この改正により不公正な取引方法の禁止が新設され，公正取引委員会の告示により具体的な12の行為類型を定めた旧一般指定が制定された。

2.　高度経済成長期における運用

　高度経済成長期には，経済成長優先という政治的・社会的風潮があり，独占禁止法による規制は全般的に極めて消極的なものとなった（渡辺 2016:55 ページ）。一方で，物価の高騰や消費者問題の発生など経済成長のひずみが生じ，1960～70年代には消費財分野に対する規制は積極的に行われた。

　例えば，独占禁止法の特例法である景品表示法が制定され（1962年），同法による過度な景品類の提供や不当表示に対する規制などが積極的に行われた（第11章を参照）。また，物価高騰の一因であった消費財分野でのカルテルの取り締まりや流通系列化に対する規制運用が強化された（第3章を参照）。特に1973年の石油危機の際には異常な物価高騰（狂乱物価）が続き，この要因の一つとして大企業の便乗値上げやヤミカルテル・ヤミ再販などが社会的に

注目を集め [1]，独占禁止法の強化を求める声が高まることとなった。そこで石油元売業者のカルテルの取締りや流通系列化に対する規制が積極的に運用されると共に，1977 年以降，法改正により段階的に独占禁止法に基づく規制が強化されることとなった。

3. 1980 年代以降の運用

1982 年には，流通系列化に対する規制実績などを受け，不公正な取引方法において行為類型を 16 に詳細化した一般指定の改正が行われた。1989 年には，当時のアメリカとの貿易摩擦に端を発した日米構造問題協議により米国から規制緩和と独占禁止法の運用強化が求められ，それ以降，法のさらなる強化改正と運用の強化，および公正取引委員会の組織強化が進められることとなった。

規制緩和の狙いは，政府の規制を緩和・撤廃することにより市場における事業者間の競争を促進して経済を活性化させ，そのメリットを享受することにある。独占禁止法は，規制が緩和・撤廃された後の市場での競争ルールを定め，これを維持・促進する役割を果たすものであり，規制緩和と独占禁止法の強化はセットで行われることにより効果が高まることとなる。

2009 年には違反行為の抑止力を強化することを目的として不公正な取引方法に対する課徴金制度が導入され，違法性が明確な 5 つの行為類型が，課徴金の対象として一般指定から分離されて法定化され（法定類型），現行の法体系となった。

第 3 節　私的独占・不当な取引制限の概要

1. 私的独占の禁止

本節では，独占禁止法による規制の 3 本柱のうち，私的独占の禁止と不当な取引制限の禁止について概説する。

---

1) ヤミカルテル・ヤミ再販とは，法令に基づかない非合法なカルテル・再販売価格の拘束のことである。これらの行為は，独占禁止法で一部の行為に適用除外が定められ，合法となる場合もあることから，このような表現が用いられている。

　私的独占（第2条第5項）とは，市場におけるシェアの高い有力な事業者が単独で，あるいは他の事業者と共同して，競争相手の事業活動を排除し（排除行為），あるいは支配すること（支配行為）により，特定の商品・サービスの取引分野（市場）における競争を実質的に制限する行為である。私的独占が規制される理由は，行為の結果単独あるいは少数の事業者だけで市場を独占・寡占する状態が生じると競争が有効に行われなくなり，競争によるメリットを享受できなくなるためである。

　排除行為としては，不当な手段を用いて競争相手の事業者を市場から排除したり，新規に市場に参入しようとする事業者の事業活動を妨害したりして，市場を独占しようとする行為があげられる。不当な手段の例としては，有力な小売業者が競争相手の顧客を奪うために不当な廉売（安売販売）を行い競争相手を市場から排除する，あるいは有力な小売業者が競争相手の小売業者（新たに市場に参入しようとする者を含む）に商品を販売しないよう製造業者や卸売業者に圧力をかけ，事業活動ができないようにする行為などがあげられる。支配行為としては，有力な事業者が競争相手の株式を取得する，役員を派遣するなどにより自らの支配下におき，その事業活動に制限を加える行為があげられる。

　私的独占の規制は件数自体が少なく，かつ，消費財の流通分野ではあまり行われていない。私的独占に対する排除措置命令は，ここ5年間（2016〜2020年度）で全業種合わせて1件（航空燃料の販売業者によるもの）のみとなっている。以前規制された著名な事件をあげると，パソコンに搭載するCPUの販売で圧倒的なシェアを誇るインテルが，販売先の国内パソコンメーカーのうち5社に対し，インテル製CPUの搭載率を高めることを条件として資金提供等を約束することにより，競争相手製のCPUを採用しないようにさせ，競争相手の事業活動を排除することにより，国内パソコン向けCPUの市場における競争を制限した事例がある（2005年4月13日勧告審決）。

2.　不当な取引制限の禁止

　不当な取引制限（第2条第6項）は，具体的な行為としてカルテルと入札談

合があげられる。カルテルは，本来各事業者が自主的に決めるべき商品・サービスの販売価格や供給数量などを，複数の事業者が共同して取り決めることにより，この取引分野（市場）における競争を実質的に制限する行為である。カルテルが行われると商品の価格が不当につり上がるとともに，非効率な事業者が存続し，経済を停滞させることにつながる。

　入札談合は，国・地方公共団体などの工事や物品調達に関する入札に際し，これに参加する事業者が事前に話し合い，受注する事業者や金額を決める行為である。入札談合が行われると，国・地方公共団体がより安く工事・物品を発注するシステムである入札制度が機能を損ない，不必要な税金の支出につながる。

　不当な取引制限は，市場の機能を直接的に制限するという非常に悪質な行為である。このため公正取引委員会による規制において最も積極的かつ重点的に摘発が行われており，違反事件の中で規制件数が最も多いものとなっている（公正取引協会 2020：8 ページ）。

3.　不当な取引制限の規制事例

　不当な取引制限に対する排除措置命令は，ここ 5 年間（2016 ～ 2020 年度）で全業種合わせて価格カルテル 15 件，入札談合 17 件，受注調整 12 件となっており [2]，他の禁止行為に対する規制に比べ最も件数が多くなっている。消費財の流通分野でも規制事例が多く，1970 年代の石油元売各社による石油製品のカルテル（第 2 節を参照）など，消費者に大きな影響を与えた事件も多い。流通分野における近年の主な規制事例をみると，カルテルでは次のようなものがあげられる。

　（1）近畿地区に店舗を設置する百貨店業者が，同地区の店舗において顧客から収受する優待ギフトの送料の額を引き上げる旨の合意をしていた（2018年 10 月 3 日排除措置命令）。

　（2）高血圧症の改善に用いられる医薬品（カルバン錠）の製造業者 2 社が，

---

2)　公正取引委員会は，発注主体が国・地方公共団体であった場合を入札談合とし，発注主体が民間企業であった場合を受注調整として，呼称を使い分けている。

　　卸売業者向けの販売価格を同一の価格またはおおむね同一の価格とすることを決定していた（2020年3月5日排除措置命令）。

（3）愛知県の県立高校6校において，それぞれの制服を販売する複数の小売業者が，制服の販売価格を共同して引き上げる旨の合意の下で制服の販売価格を決定していた（2020年7月1日排除措置命令）。

　入札談合は，元来公共工事における入札において建設会社が規制される事例が多数を占めている。一方で，地方公共団体や民間企業が実施する制服等の入札において，小売業者・卸売業者が行った入札談合（受注調整を含む）が近年多く規制されている。これには，東京都が発注する病原体の個人防護具（2017年12月12日排除措置命令），JR東日本が発注する接客型・技術型・検修型制服（2018年1月12日排除措置命令），JR西日本が発注する制服（2018年1月12日排除措置命令），東日本電信電話が発注する作業服（2018年2月20日排除措置命令），全日本空輸が発注する制服（2018年7月12日排除措置命令），NTTドコモが発注するショップのユニフォーム（2018年10月18日排除措置命令），山形県が発注する警察官用制服類（2020年6月11日排除措置命令）があげられる。

第4節　不公正な取引方法の概要

1.　不公正な取引方法と公正競争阻害性

　独占禁止法に基づく規制のうち流通に最も関連するものは，垂直的な取引関係にかかわる行為を対象とする不公正な取引方法に対する規制であり，ここから「独占禁止法の実体規定のうち，最も流通・マーケティング分野に関係が深い規定」と評されている（渡辺2016：61ページ）。

　不公正な取引方法では，公正な競争を阻害するおそれ（公正競争阻害性）がある行為が禁止されている。公正競争阻害性は，①自由な競争が妨げられていること，②競争が価格・品質・サービスを中心としたものでないこと，③取引主体の自主的な判断で取引が行われていないことという3つの観点で説明されている。

そして不公正な取引方法として禁止される各行為類型は，①〜③ のいずれか，あるいはいくつかを満たす行為となっている。こうした不公正な取引方法の規制は，「おそれ」で規制が可能であることから私的独占および不当な取引制限に対する規制の予防的・補完的な役割を果たすものと位置づけられている。

　不公正な取引方法は，あくまでも公正競争阻害性を有する行為を規制するものであるため，規定される行為に外形的に一致する行為を行うと直ちに違反となるわけではない。この点について，規定された行為の外形と公正競争阻害性（不当性）との関係は，条文上行為類型ごとに「正当な理由がないのに」，「不当に」または「正常な商慣習に照らして不当に」の 3 つに書き分けられている。「正当な理由がないのに」と規定されている行為は，不当性を有することが行為自体から明白であるため行為の外形から原則違反（違反事業者が行為を行ったことに「正当な理由」があることを立証すれば違反とならない）と判断されるものである。「不当に」と規定されている行為は，行為の外形から直ちに違反とならず，別途不当性が認められる場合にのみ違法となる行為類型である。「正常な商慣習に照らして不当に」は，「不当に」と同様であるが不当性の判断に際し正常な商慣習と比較する行為類型である。

2.　法定類型と指定類型

　不公正な取引方法の体系をみると，各行為類型が第 2 条第 9 項第 1 号から第 6 号までに規定されている。第 1 号から第 5 号までには，共同の供給拒絶，継続的供給における差別対価，継続的供給における不当廉売，再販売価格の拘束および優越的地位の濫用の 5 つの行為が具体的に規定されている（法定類型）。

　第 6 号では法の枠内で公正取引委員会が具体的な違反行為を指定する方式が採られており（指定類型），本号に基づく指定には特定の業種による行為にのみ適用される特殊指定（現在では大規模小売業，物流業，新聞業の 3 業種で指定）と，あらゆる業種による行為に適用される一般指定（15 の行為類型が定められている）の 2 種類がある。元来法定類型は一般指定に規定されていたが，2009 年の法改正

時に課徴金制度の対象とするため，一般指定から分離されて法定化されている[3]。

3.　法定類型の規制内容

　以下において不公正な取引方法のうち，重要性が高い規制である5つの法定類型を中心に，違反行為の概要について概説する。

(1) 共同の供給拒絶

　複数の事業者が，正当な理由がないのに共同で特定の事業者との取引を直接拒絶する行為（直接拒絶），あるいは第三者に特定の事業者との取引を拒絶させる行為（間接拒絶）を共同の取引拒絶（共同ボイコット）という。このうち共同で供給拒絶を行う場合が法定類型（第2条第9項第1号）で規制され，共同で購入拒絶を行う場合は指定類型（一般指定第1項）で規制される。

　直接の供給拒絶の事例としては，例えば，複数の製造業者が安売りを行う特定の卸売業者に対し，共同で商品の供給を拒絶することがあげられる。間接の供給拒絶の事例としては，複数の小売業者が新規に市場に参入しようとする小売業者の開業を妨害するため，卸売業者にこの小売業者への商品供給をしないよう共同で申し入れることがあげられる。このような行為が行われると，ボイコットされる事業者は商品を仕入れることが困難となり市場から排除され，あるいは新規の事業者による市場参入が困難になる点に競争を阻害するおそれが生じる。

(2) 差別対価

　事業者が取引先や地域によって，商品・サービスの対価に不当に著しい差をつけて取引する行為を差別対価という。このうち差別対価で継続的に供給する場合が法定類型（第2条第9項第2号）で規制され，それ以外の場合が指定類型（一般指定第3項）で規制される。

　差別対価の事例としては，市場における有力な事業者が競争相手を排除するために，競争相手の取引先に対してのみ廉売する，あるいは競争相手と競合する地域でのみ廉売することがあげられる。このような行為が行われると，差別

---

3)　課徴金納付命令の対象となる法定類型のうち優越的地位の濫用のみは初回の違反行為から対象となるところ，他の行為類型については過去10年以内に同一の違反行為を繰り返したときに対象となる点に違いがある。

対価を受ける競争相手は顧客を奪われて事業活動が困難となるため，公正な競争を阻害するおそれが生じる。

（3）不当廉売

事業者が商品を不当に低い価格で販売し，他の事業者の事業活動を困難にさせる行為を不当廉売という。このうち商品の供給に必要な費用を大幅に下回るような価格で継続して廉売する場合が法定類型（第2条第9項第3号）で規制され，それ以外の場合が指定類型（一般指定第7項）で規制される（詳細は第5章で説明する）。

（4）再販売価格の拘束

製造業者・卸売業者が，自社の商品を取り扱う川下の卸売業者・小売業者に対し，商品の販売価格を指定し，その価格で販売しない場合に経済上の不利益を課したり，出荷を停止したりして従わせる行為を再販売価格の拘束といい，法定類型（第2条第9項第4号）で規制される。

再販売価格の拘束の事例としては，商品の販売先の事業者に対して販売価格を直接的に指定する場合（例えば製造業者が取引相手の卸売業者に販売価格を指定することなど）と，商品の販売先に対して，そのさらに先にいる販売先の販売価格を間接的に指定する場合（例えば製造業者が取引相手の卸売業者経由でその先の小売業者の販売価格を指定することなど）がある。このような行為が行われると，最も重要な競争手段である商品の販売価格が拘束されて価格競争が行われなくなるため，公正な競争を阻害するおそれが生じる。なお，新聞や書籍・雑誌・音楽用CDなどの著作物については，この規制の適用が除外されている（第13章を参照）。

（5）優越的地位の濫用

取引上の地位が優越している事業者が，劣位である取引先に対して不当に不利益を与える行為を行うことを優越的地位の濫用という。この行為は法定類型（第2条第9項第5号）で規制されており，かつ，大規模小売業，物流業および新聞業では特殊指定によっても規制されている。さらに，この規制から派生して下請法が制定されている（詳細は第4章で説明する）。

これら法定類型として規制される行為のほか，一般指定で規制される行為は表2-2のとおりとなる。

表2-2　その他の不公正な取引方法の行為類型

行為類型	行為の概要	該当条項
単独の取引拒絶	独占禁止法上の違法行為の実効を確保するために，事業者が単独で取引を拒絶すること	一般指定第2項
取引条件等の差別取扱い	取引先や販売地域によって，商品やサービスの対価以外の取引条件で差別すること	一般指定第4項
事業者団体における差別取扱い等	事業者団体等からある事業者を不当に排斥し，または事業者団体等の内部においてある事業者を不当に差別的に取り扱うこと	一般指定第5項
不当高価購入	競争相手を妨害することを目的に，競争相手が必要としている物品を市場価格を著しく上回る価格で購入し，入手困難にさせるようなこと	一般指定第7項
ぎまん的顧客誘引	自社の商品・サービスが実際より，あるいは競争相手のものよりも著しく優良・有利であるように見せかける虚偽・誇大な表示や広告で不当に顧客を誘引すること	一般指定第8項
不当な利益による顧客誘引	過大な景品を付けて商品を販売するなど不当な利益をもって顧客を誘引すること	一般指定第9項
抱き合わせ販売	商品やサービスを販売する際に，不当に他の商品やサービスを一緒に購入させること	一般指定第10項
排他条件付取引	自社が供給する商品のみを取り扱い，競合関係にある商品を取り扱わないことを条件として取引を行うこと	一般指定第11項
拘束条件付取引	取引相手の事業活動を不当に拘束するような条件を付けて取引すること	一般指定第12項
取引の相手方の役員選任への不当干渉	取引上優越的地位にある事業者が，取引先の会社に対して役員の選任についてあらかじめ自己の指示に従わせ，または自己の承認を受けさせること	一般指定第13項
競争者に対する取引妨害	事業活動に必要な契約の成立を阻止したり，契約不履行へと誘引する行為を行ったりするなどして，競争者の事業活動を不当に妨害すること	一般指定第14項
競争会社に対する内部干渉	ある事業者が，競合関係にある会社の株主や役員にその会社の不利益になる行為を行うよう不当に誘引したり，そそのかしたりするようなこと	一般指定第15項

(出所) 公正取引委員会 (2019) 9-12ページに基づき筆者作成。

4.　最近の不公正な取引方法規制の運用状況

　公正取引委員会による不公正な取引方法に対する排除措置命令は，ここ5年間（2016～2020年度）で全業種合わせて6件であり，不当な取引制限に対

する排除措置命令に比べ少ないものとなっている。行為類型（商品分野）の内訳は，取引条件等の差別取扱い・差別対価 1 件（農協による野菜販売），再販売価格の拘束 3 件（キャンプ用品，育児用品およびベビーカー等の販売），拘束条件付取引 1 件（農協による野菜販売），競争者に対する取引妨害 1 件（土木工事）となっている。このほか，新たに導入された不公正な取引方法に対する確約制度の適用は 2019 年・2020 年度で全業種合わせて 7 件あり，その内訳は拘束条件付取引 4 件（インターネット上の旅行代理店およびコンタクトレンズ販売 3 件），優越的地位の濫用 3 件（ドラッグストア，インターネット通販および自動車販売）となっている。このように，流通分野における不公正な取引方法の規制には，今後は確約制度が積極的に適用されていくと思われる。

　流通分野の不公正な取引方法に対しては，法的措置の件数が少ないのに対し行政指導（注意・警告）による行為是正が積極的に行われている。このうち件数が圧倒的に多いのが優越的地位の濫用と不当廉売となっている。これらの行為に対する規制は第 4 章および第 5 章で概説する。

トピックス 2：独占禁止法コンプライアンス

　市場における公正かつ自由な競争を一層促進するためには，公正取引委員会が独占禁止法の違反行為を積極的に規制するとともに，個々の事業者が独占禁止法に関するコンプライアンス（法令遵守）を推進し，競争的な事業活動が自律的に行われる環境を実現する必要がある。公正取引委員会は，独占禁止法の積極的な運用とコンプライアンスに関する事業者の取組の支援を「車の両輪」と捉えている（公正取引委員会 2012：62 ページ）。

　公正取引委員会は，事業者がコンプライアンスを推進するためには，①研修等による独占禁止法違反行為の未然防止（研修），②監査等による独占禁止法違反行為が行われていないかどうかの確認と早期発見（監査），③独占禁止法違反行為への的確な対処（危機管理）という 3 つの施策を自らの体制に組み込むことが必要不可欠であると説明している。

　事業者の側からみても，近年独占禁止法の規制が強化されているため，

違反が発覚しやすくなり，かつ，発覚時における課徴金等のペナルティが非常に重くなっている。このため，事業者が自主的に違反を抑止する体制を構築し，万が一にも違反を生じさせた場合には自主的かつ迅速に対処することが，事業者に生じるリスクを極小化するために重要である。

【考えてみよう】

1．市場における事業者同士の競争が国民経済の発達につながる理由と，独占禁止法が必要な理由を考えてみよう。
2．規制緩和の進展により事業者にとってガイドラインの役割が重要になった理由を考えてみよう。
3．共同の供給拒絶の事例を探して直接の拒絶・間接の拒絶どちらに該当するかを考えてみよう。

【参考文献】

公正取引委員会（2012）「企業における独占禁止法コンプライアンスに関する取組状況について」，https://www.jftc.go.jp/houdou/pressrelease/cyosa/cyosa-sonota/h24/121128_files/12112801gaiyou.pdf（2021年10月1日閲覧）。

公正取引委員会（2021）「知ってなっとく独占禁止法」，https://www.jftc.go.jp/houdou/panfu_files/dokkinpamph.pdf（2021年10月1日閲覧）。

公正取引委員会（2021）「令和2年度における独占禁止法違反事件の処理状況について」，https://www.jftc.go.jp/houdou/pressrelease/2021/may/210526_kanki_shorijokyo_pdf_img/210526honbun.pdf（2021年10月1日閲覧）。

公正取引協会（2020）『独占禁止法ガイドブック　令和2年9月改訂版』公正取引協会。

菅久修一編（2021）『はじめて学ぶ独占禁止法〔第3版〕』商事法務。

菅久修一（2021）『独禁法の授業をはじめます』商事法務。

渡辺達朗（2016）『流通政策入門—市場・政府・社会（第4版）』中央経済社。

【さらに深く学ぶために】

金井貴嗣ほか編（2017）『経済法判例・審決百選 第2版（別冊Jurist）』有斐閣。

菅久修一編（2020）『独占禁止法〔第4版〕』商事法務。

第3章　流通・取引慣行と独占禁止法

本章の概要

　本章では，流通分野に対する独占禁止法による規制がどのように行われてきたのかを取り扱う。第1節では流通系列化問題に対する独占禁止法による規制，第2節では流通・取引慣行規制への転換，第3節では流通・取引慣行規制の展開について検討する。

第1節　流通系列化規制

1．流通系列化

　日本における流通部門に対する競争政策の展開は，生産部門に対するそれよりもかなり遅れて開始された。独占禁止法の制定以降，最優先されたのは生産力の復興であり，流通部門の競争促進に関心が示されることはほとんどなかった。流通機構の競争秩序の問題がはじめて取り上げられたのは生産活動が軌道に乗り，その後の高度経済成長を経験するころになってからであった。こうした中で，流通機構に対する最初の本格的な競争政策として行われたのが流通系列化に対する規制であった（小林 2009：41-42，49 ページ）。

　流通系列化とは，製造業者が自社商品の販売について，流通業者（卸売業者および小売業者）の協力を確保し，その販売について自社のマーケティング政策の目標を実現できるよう流通業者を掌握し，組織化する一連の行為である。

　日本において流通系列化が顕著にみられたのは，自動車，家電，医薬品，化粧品など製品差別化が進んだ消費財分野であった。

　流通系列化の萌芽的形態は，一部の商品分野で第二次世界大戦前からみられたが，それが大手消費財製造業者によって本格的に導入されたのは第二次世界大戦後であった。すなわち，戦後の復興期から高度経済成長期にかけて大量生産体制を確立した有力消費財製造業者が大量販売を実現し，市場シェアの拡大を図ることを主な目的として，相互に競いながら流通系列化を進めていったのである（渡辺 2016：78 ページ，小林 2009：50 ページ）。その結果，1970 年代には，上記の各消費財分野で強固な流通系列化体制が確立されることになった。

　流通系列化が急速に進展した背景には，複雑・多段階，小規模・零細を特徴とする日本の伝統的流通機構の存在があった。複雑・多段階とは卸売構造についてであり，製造業者から小売業者に至るまでの卸売段階にいくつもの卸売業者が介在し，それらが相互に錯綜しながら取引する流通構造であった。小規模・零細とは主に小売構造についてであり，生業的な小売業者が日本の小売業の大部分を占めていた。

　当時の製造業者にとってのマーケティング上の最重要課題は大量生産された商品の大量販売をいかにして実現するかであった。しかし，それは日本の伝統的な流通機構を前提とした場合，きわめて困難であり，特に自動車や家電などの商品分野では技術的援助やアフターサービスの提供が必要であったが，卸売段階にも小売段階にも，そうした要請に対応できるものは皆無に等しかった。

　このような事情から，製造業者は自社販売網の整備，すなわち流通系列化に乗り出すことになったのである。当時の製造業者にとっては，流通系列化は市場環境に対する適切かつ合理的な対応であったといえる。

　流通系列化が競争政策上の重要な政策課題として認識されるようになったのは 1970 年代後半であった。そのきっかけは物価問題であった。

　1960 年代を通じて消費者物価は継続的に上昇していた。これに対して，物価値上げ反対を叫ぶ消費者運動が展開されるなど，国民の間で物価上昇に対する不満が高まった。こうした背景のもとで，公正取引委員会は消費財製造業者のヤミ再販を厳しく摘発する一方，再販制度の縮小に取り組んだが，小売店頭での価格競争にはつながらなかった（石原 2009：17-18 ページ）。

　1970年代に入ると，消費者物価はより急な上昇カーブを描いた。とりわけ，第1次オイルショック後の1974年には，消費者物価指数の対前年度上昇率が24.5％と大幅な上昇を記録し，狂乱物価とよばれる事態が引き起こされた。また，一度上昇した物価は景気が後退局面に突入しても下落しなかった。

　このような状況に対して，製造業者が流通業者を系列化し，販売価格を巧みにコントロールしているのではないかという指摘がなされるなど，流通系列化は物価高の元凶として社会的な批判を浴びるようになった。

　こうした世論を背景として，公正取引委員会は，主に物価問題との関わりから流通系列化への対応を本格的に検討し始めた。流通系列化に対する公正取引委員会の取り組みは1978年秋に始められ，公正取引委員会の諮問機関として設置された独占禁止法研究会（独禁研）を中心に検討が進められた。

　その成果として1980年に取りまとめられたのが独禁研報告書『流通系列化に関する独占禁止法上の取扱い』であった。そこで整理された考え方は，1982年に公正取引委員会が不公正な取引方法に関する旧一般指定を改正する際の内容のほか，後に取り上げる流通・取引慣行規制に反映され，公正取引委員会の基本的立場として現在も継承されている（渡辺2016：78-79ページ）。

2.　流通系列化に対する規制

　独禁研報告書は，流通系列化に対する競争政策の基礎となる考え方を示したもので，流通系列化をメリットとデメリットの双方を合わせもつものであると評価した上で，流通系列化規制の基本的方向を示している。

　まず，流通系列化のメリットには，流通過程における社会的分業による利益の増進，流通経路の整理・短縮化，大量輸送，交錯輸送の排除，在庫管理の合理化等による流通コストの削減などがあるとする一方，流通業者間の競争の制限によって価格が硬直化する，価格水準の維持・引上げが容易になる，新規参入の障壁となり，新規参入業者の販路確保や下位業者の販路拡張等における制約となる，などのデメリットがあるとしている（野田1980：13-15ページ）。

　その上で，独占禁止法による流通系列化規制の基本的方向性としてデメリッ

トの解消・縮減に向け，流通系列化のために用いられる行為類型と不公正な取引方法との関係を中心に検討する必要があるとしている（野田 1980:15 ページ）。

　独禁研報告書では，過去に多くの業界で採用された流通系列化の具体的行為類型として再販売価格維持行為，一店一帳合制，テリトリー制，専売店制，店会制，委託販売制，払込制，リベートの8つをあげ，それぞれの違法性の判断基準を提示した（表3-1）。

表 3-1　流通系列化の行為類型と違法性の判断基準

①再販売価格維持行為 （製造業者が流通業者の再販売価格を直接拘束する）	行為の外形からそれ自体違法
②一店一帳合制 （製造業者が小売業者に特定の卸売業者以外のものと取引することを禁じる）	行為の外形から原則として違法
③テリトリー制 （製造業者が流通業者の販売地域を制限する）	クローズド・テリトリー制は行為の外形から原則として違法 オープン・テリトリー制やロケーション制は有力な製造業者が実施する場合，公正競争阻害性が強い場合がある
④専売店制 （製造業者が流通業者に対して他社製品の取扱いを禁じる）	次のいずれかに該当する場合，原則として違法 ・製造業者が併売店であった流通業者を専売店化し，競争業者がこの流通経路を利用できないようにする場合 ・有力な製造業者が専売店制を行うことによって，関係する流通経路が競争業者にとって閉鎖的状態に置かれる場合
⑤店会制 （製造業者が流通業者に横断的な組織を結成させる）	個々の事案ごとに判断
⑥委託販売制 （製造業者が製品の所有権を保持し，流通業者に製品の販売を委託する）	行為の外形からそれ自体違法 （受託販売業者が独立の競争単位として機能と責任を有していない場合を除く）
⑦払込制 （製造業者が流通業者の売買差益を一時保留する）	行為の外形から原則として違法
⑧リベート （製造業者が自社製品の販売への協力度合いに応じ事後的に代金の一部を流通業者に払い戻す）	程度や機能等に着目して，個々の事案ごとに判断

（出所）野田（1980），20-30 ページをもとに筆者作成。

第 2 節　流通・取引慣行規制への転換

1.　流通系列化の動揺と問題性の低下

　こうして 1980 年代初頭に，流通系列化規制の基本方針が明確化したが，その後，流通系列化の問題性は次第に薄れていった。背後にあったのが大規模小売業の急成長と売上高シェアの上位集中化であった。例えば，上位 200 社の売上高の小売業総売上高に占める割合は 1977 年の 22.2％から 1987 年の 27.2％へと上昇した（加藤 2006：79 ページ）。

　この過程で，大規模小売業はチェーン・システムの導入による多店舗展開に基づく大量仕入・大量販売の力（いわゆるバイイングパワー）と，POS システム等の導入によってもたらされる情報力の向上等を背景として急成長を遂げ，流通における主導権を製造業者から奪っていった。

　こうして大規模小売業が流通の主導権を握るようになると，流通系列化は岐路に立たされることになった。すなわち，製造業者は自らの管理・統制が及ぶ系列店（その多くは中小小売業）ではなく，それが及びにくい大規模小売業との取引関係を重視せざるを得ない状況になった（渡辺 2016：81-82 ページ）。

　それがもっとも顕著に現れたのが家電業界であった。家電業界では家電量販店が急成長する中で，問題の焦点は量販店と系列店との共存に向かわざるを得なかった。大量生産体制の一層の進展，その中での製品の多様化と技術革新に裏づけられた製品の短サイクル化は，短期の大量販売の要求を一層強めた。その要求に応えたのが量販店だったからである（崔 2004）。

　こうした中で衝撃的だったのは中小小売業を中心として小売店舗数が減少に転じたことであった。戦後，一貫して増え続けてきた小売店舗数は 1982 年に約 172 万店でピークを迎え，その後一貫して減少するようになった。製造業者の流通系列化を支えてきた系列店の大半は中小小売業であり，流通系列化体制は足下から揺さぶられることになった。

　大規模小売業の台頭は製造業者による流通系列化体制を動揺させることに

なったが，その一方で，大規模小売業の納入業者（製造業者，卸売業者等）に対する優越的地位の濫用行為に社会の関心が向けられるようになっていった。

2. 日米構造問題協議と取引慣行問題

流通系列化に代わって注目されたのが取引慣行であった。取引慣行とは事業者が長年にわたって取引を積み重ねる中で業界関係者に共通の取引ルールとして認識され広く浸透している取引様式である。それは，既存の業界関係者には常識であるが，暗黙の了解事項として明文化されない，業界特有の用語で語られることが多く，定義も業界ごとに異なる，などの事情から業界外部者には理解しにくいといった側面を含むことがある。このため，取引慣行には，不透明，閉鎖的といったイメージがつきまとうことが少なくない（三村 2006:3 ページ）。

日本の取引慣行が国際問題として注目を集めたのは 1980 年代後半，日米貿易収支の不均衡問題に関連してであった。当時，日本の貿易収支は大幅な貿易黒字を計上していた。その大半は対米貿易黒字によるものであり，1985 年には日本の貿易黒字の実に 8 割以上に達した。逆に，米国経済は大幅な対日貿易赤字によって国内産業が「被害」を受けたとして，対外収支の不均衡問題の解決を求め，様々な要求を日本に対して行った（石原 2009：19 ページ）。

こうした中で，まず行われたのが為替相場への協調介入であった。1985 年のプラザ合意後，急激な円高（ドル安）が進行したが，米国の対日貿易赤字には目立った改善がみられなかった。

次に米国が関心を向けたのが非関税障壁であった。外国の企業や商品の日本市場へのアクセスを阻害しているとして，大規模小売店舗法をはじめとする公的規制と並んで，日本の取引慣行がやり玉に挙げられたのである。明確な事前協議と契約に基づかず，曖昧さを残した長期的取引が外国企業の参入を事実上締め出しているというのが米国側の主張であった（石原 2009：20-21 ページ）。

このような主張が繰り返される中で，日本の取引慣行に対する国際的な関心は急速に高まっていった。こうした背景のもとで行われたのが日米構造問題協議（1989 〜 90 年）であった。

　日米構造問題協議のテーマは多岐にわたったが，取引慣行問題については，日米間の長期間に及ぶ貿易収支の不均衡は，日本特有の取引慣行が日本市場を閉鎖的にし，国際的に高い参入障壁を築いてきたためであると厳しく非難された。

　日米構造問題協議は日本の流通政策に大きな転機となった。日本では，第 2 次世界大戦後，様々な分野で公的規制が網の目のように張りめぐらされ，流通の分野においても世界でも例をみないほど多くの公的規制が行われてきたが，日米構造問題協議を契機として，公的規制の緩和，自由競争の促進へと方針が大きく転換し，その流れが定着することになったのである。

　そこで目指されたのが，消費者利益を確保して豊かな国民生活を実現するとともに，経済活動のグローバル化，日本の国際的地位の向上，国際社会への貢献の必要性の高まりといった背景をふまえ，不透明で閉鎖的とされる日本市場をより開かれたものとし，外国の資本や製品の日本市場への参入を行いやすくするという方向性であった。

3.　流通・取引慣行規制

　上記の方向性をふまえ，競争政策の分野では，課徴金の引き上げ，刑事罰の強化，刑事告発の積極化，職員の増員による事務局体制の整備など，独占禁止法およびその運用をより強化し，違法行為が認められた場合，厳正に対処する方針が公正取引委員会によって打ち出された。とりわけ，取引慣行問題については，独占禁止法の運用の不徹底が日本市場の閉鎖性や不透明性を生み出しているということが日米構造問題協議の場で米国から指摘され，より明示的な形で運用面のガイドラインを提示するように迫られていた（田口 2016：365 ページ）。こうした背景のもと，1991 年に公正取引委員会が策定したのが流通・取引慣行に関する独占禁止法上の指針（平成 3 年 7 月 11 日。以下，流通・取引慣行ガイドライン）であった[1]。

---

1)　流通・取引慣行ガイドラインは，独占禁止法上問題となるすべての行為を網羅しているわけではない。例えば，流通に関する独占禁止法上の問題として，小売業における不当廉売および差別対価がある。これについては，1984 年に策定された「不当廉売に関する独占禁止法上の考え方」によって，その規制の考え方が示されているため，これに基づいて対処することが示されている（矢部ほか編 1991：47 ページ）。

表3-2 流通・取引慣行ガイドラインの構成（1991年策定時点）

第1部　事業者間取引の継続性・排他性に関する独占禁止法上の指針
　第1　顧客獲得競争の制限
　第2　共同ボイコット
　第3　単独の直接取引拒絶
　第4　取引先事業者に対する自己の競争者との取引の制限
　第5　不当な相互取引
　第6　継続的な取引関係を背景とするその他の競争阻害行為
　第7　取引先事業者の株式の取得・所有と競争阻害

第2部　流通分野における取引に関する独占禁止法上の指針
　第1　再販売価格維持行為
　第2　非価格制限行為
　　(1) 流通業者の競争品の取扱いに関する制限，(2) 流通業者の販売地域に関する制限，
　　(3) 流通業者の取引先に関する制限，(4) 小売業者の販売方法に関する制限
　第3　リベートの供与
　第4　流通業者の経営に対する関与
　第5　小売業者による優越的地位の濫用行為
　　(1) 押し付け販売，(2) 返品，(3) 従業員等の派遣の要請，
　　(4) 協賛金等の負担の要請，(5) 多頻度小口配送等の要請

第3部　総代理店に関する独占禁止法上の指針
　第1　競争者間の総代理店契約
　第2　総代理店契約の中で規定される主要な事項
　　(1) 競争品の取扱いに関する制限，(2) 契約終了後における競争品の取扱い制限，
　　(3) 販売地域に関する制限，(4) 取引先に関する制限，(5) 販売方法に関する制限
　第3　並行輸入の不当阻害
　　(1) 海外の流通ルートからの真正商品の入手の妨害，
　　(2) 販売業者に対する並行輸入品の取扱い制限，
　　(3) 並行輸入品を取り扱う小売業者に対する契約対象商品の販売制限，
　　(4) 並行輸入品を偽物扱いすることによる販売妨害，(5) 並行輸入品の買占め，
　　(6) 並行輸入品の修理等の拒否，(7) 並行輸入品の広告宣伝活動の妨害

（出所）佐久間（2018），6ページの図表をもとに筆者作成。

　流通・取引慣行ガイドラインは，日本の流通・取引慣行に関する従来の独占禁止法の運用を集大成して，流通・取引慣行についてどのような行為が独占禁止法に違反するのかを具体的に明らかにすることによって，事業者や事業者団体による独占禁止法違反行為を未然に防止し，その適切な活動の展開に役立てることを目的としていた（山田ほか編 1991：8ページ）。

　全体構成は，第1部「事業者間取引の継続性・排他性に関する独占禁止法上の指針」，第2部「流通分野における取引に関する独占禁止法上の指針」，第3部「総代理店に関する独占禁止法上の指針」の3部構成となっていた（表3-2）。

　このうち，消費財流通にかかわる第2部では，製造業者の流通業者に対する制限行為として，再販売価格維持行為，非価格制限行為（製造業者がマーケティングの手段として流通業者の取扱い商品，販売地域取引先等を制限する行為），リベートの供与，流通業者の経営に対する関与（製造業者が自らの販売政策を浸透させることなどを目的として流通業者との取引にあたり，自らが流通業者の経営に関与する旨を条件とすること）の4行為類型，小売業による優越的地位の濫用行為として，押し付け販売，返品，従業員等の派遣要請，協賛金等の要請，多頻度小口配送の要請の5行為類型が取り上げられ，各行為類型について違法性の判断基準が示された[2]。前者は製造業者による流通系列化において用いられる行為類型，後者は小売業によるバイイングパワーの行使にかかる行為類型である。

　公正取引委員会は，流通・取引慣行ガイドラインの策定に併せて事前相談制度を新設した。個別具体的なケースがガイドラインに照らして独占禁止法上問題となるかどうかについては企業が容易に判断できない場合がある。この制度は，そのような場合に，企業が公正取引委員会に文書で相談を行い，公正取引委員会が文書で回答するというものである（山田ほか編 1991：19，296ページ）。またこれに関連し，独占禁止法違反行為の未然防止に役立てるため，企業等から寄せられた相談のうち，他の企業等の参考になると思われるものを相談事例集として取りまとめ，公表している。

　公正取引委員会は，企業が独占禁止法に抵触しないように，独占禁止法遵守マニュアルまたはコンプライアンス・プログラムを作成するよう呼びかけた。これは，独占禁止法遵守の観点から企業の経営トップから営業の第一線までの，それぞれのレベルにおける具体的な行為・活動の規範を社内向けに解説したも

2）　このほか，消費財の流通取引に関連するものとして，取引先事業者との共同ボイコットに対する規制が挙げられる。従来，カルテルといった場合，製造業者間などで行われる水平的なカルテルが主な規制対象だったが，本ガイドラインでは，製造業者と販売業者との間で行われる垂直的なカルテルも規制対象に含まれることになった（渡辺 1995：64ページ）。

のである（渡辺 1995：62-66 ページ）。

第3節　流通・取引慣行規制の展開

1.　流通・取引慣行規制の展開

　流通・取引慣行ガイドラインは，日本の流通・取引慣行について，独占禁止法上問題となる主要な行為に関する考え方を示したものであるが，問題となるすべての行為を網羅しているわけではない。そのような限界はあるが，以下では，基本的に同ガイドラインを中心にみていくこととする。

　1990 年代以降，独占禁止法違反行為に対する厳罰化傾向は年々強まっている。例えば，課徴金制度は1977年に不当な取引制限を対象として導入された。その後，1991 年改正では算定率の引き上げ，2005 年改正では算定率の引き上げと対象の拡大が行われ，2009 年改正では，排除型私的独占，および不公正な取引方法のうち，共同の取引拒絶，差別対価，不当廉売，再販売価格の拘束，優越的地位の濫用，の5つの行為類型が課徴金の対象行為に追加された（第2章を参照）。

　こうした厳罰化の流れの中で，流通・取引慣行ガイドラインを通じた規制が進められた。表 3-3 は，独占禁止法で禁じられている行為のうち，流通分野と関わりが深い不公正な取引方法について法的措置件数の推移を行為類型別に示

表 3-3　排除措置命令等の行為類型別法的措置件数の推移（1995 ～ 2019 年）

		1995～99 年	2000～04 年	2005～09 年	2010～14 年	2015～19 年
不公正な取引方法	再販売価格の拘束	11	4	2	1	3
	その他の拘束・排他条件付取引	5	6	2	1	2
	取引妨害	4	6	0	2	0
	優越的地位の濫用	1	7	10	6	0
	その他	3	3	4	0	1
計		24	26	18	10	6

（注）2005 年の勧告制度廃止前は勧告（違反行為が認められた場合，違反行為者に対して当該行為を排除するために必要な措置をとるように促すこと）等の法的措置である。

（注）第8条第1項第5号では，事業者団体が事業者に不公正な取引方法に該当する行為をさせるようにすることを禁じているが，これに関わる事件は不公正な取引方法に分類している。

（注）法的措置には確約計画の認定を含む（2015 ～ 2019 年）。

（出所）公正取引委員会『年次報告』（各年度版）をもとに筆者作成。

したものである。この表について，3点指摘しておくことにしたい。

　第1に，再販売価格の拘束についてである。1995〜99年の間の法的措置は11件であり，同期間における行為類型別の法的措置件数の中でもっとも多い。しかし，2000年代以降になると減少傾向にあることがわかる。これは1990年代後半以降，製造業者による流通系列化が崩壊し，製造業者による流通支配力が弱まったことが関係しているものと考えられる。

　第2に，優越的地位の濫用についてである。1995〜99年の間における優越的地位の濫用に関する法的措置は1件であったが，2000〜04年には7件，2005〜09年には10件と件数が急増している。2000年代に入り，優越的地位の濫用事件が急増したのは1990年代を通じた小売業の成長が関係している。それまで日本の小売業界を牽引してきた百貨店や総合スーパーに代わって，コンビニエンスストアや専門量販店などの新たな小売業態が急成長を遂げ，強大なバイイングパワーを背景として製造業者から流通の主導権を奪っていった（第4章を参照）。

　第3に，全体の傾向についてである。不公正な取引方法に対する法的措置件数全体の推移をみると，2000〜04年の26件をピークとして，2005〜09年は18件，2010〜14年は10件，2015〜19年は6件と減少傾向をたどっている。

　この理由として，先ほど触れた違反行為に対する厳罰化の動きがあることは否定できないが，その他の要因として企業のコンプライアンスの向上が指摘できる。例えば，公正取引委員会事務総局（2009）によれば，自社のコンプライアンス・マニュアルに独占禁止法等遵守の規定が「含まれている」は85.8％（前回80.8％）であり，前回の2006年調査に比べ，割合が増加している。この調査が行われた時期は独占禁止法改正が相次いで行われ，厳罰化の流れが強まっていた時期であり，独占禁止法違反に対する企業の危機意識が高まっていたことが背景にあると考えられる。

2.　流通・取引慣行ガイドラインの改正

　流通・取引慣行ガイドラインは 1991 年の策定以降，20 年以上，形式的改正を数回行った程度で実質的な内容の見直しを伴う改正は行われてこなかった。

　この間，流通・取引慣行を取り巻く環境は大きく変化した。制度の面では，独占禁止法の改正が数次にわたって行われ，競争政策の強化が図られた。また，1997 には再販指定商品の指定がすべて取り消され，2000 年には大規模小売店舗法が廃止される等，規制緩和が進展した。

　流通構造の面では，流通系列化の崩壊や小売業の上位集中度の高まり等によって製造業者と小売業との相対的な力関係は変化していった。さらに，E コマース（電子商取引）が出現し，めざましい発展を遂げた。このように，流通構造や競争環境が大きく変化する中で，かつて指摘されていた日本市場の閉鎖性や不透明性の問題は指摘されなくなった。

　こうした中で，産業界の一部から流通・取引慣行ガイドラインの見直しを求める声が高まり，これに対応する形でガイドラインの改正が行われた。

　2015 年，2016 年と 2 回にわたって流通・取引慣行ガイドラインの改正が相次いで実施されることになったが，それらはガイドライン全体の一部にとどまり，全体としては制定当時の流通・取引慣行の実態を踏まえた記載が多く残された状態であった。

　そこで，公正取引委員会は，流通・取引慣行の実態に即したガイドラインの見直しについて必要な検討を行うため，2016 年 2 月，各界の有識者からなる「流通・取引慣行と競争政策の在り方に関する研究会」を設置した。

　同研究会では，流通・取引慣行の変化に関する競争政策上の観点からの評価と，それを踏まえたガイドラインの見直しの方向性について検討を行い，同年 12 月に報告書をとりまとめた。そこでは，公正取引委員会に対して「分かりやすく，汎用性のある，事業者及び事業者団体にとって利便性の高い流通・取引慣行ガイドラインを目指すべき」という提言が行われた。こうして 2017年の改正が本報告書の内容を踏まえて行われることになった（佐久間 2018：10-12 ページ）。

表 3-4　流通・取引慣行ガイドラインの構成（2017 年改正後）

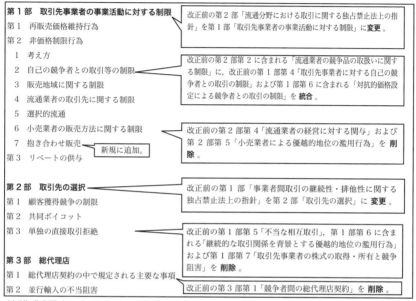

第 1 部　取引先事業者の事業活動に対する制限	改正前の第 2 部「流通分野における取引に関する独占禁止法上の指針」を第 1 部「取引先事業者の事業活動に対する制限」に **変更**。
第 1　再販売価格維持行為	
第 2　非価格制限行為	
1　考え方	改正前の第 2 部第 2 に含まれる「流通業者の競争品の取扱いに関する制限」に，改正前の第 1 部第 4「取引先事業者に対する自己の競争者との取引の制限」および第 1 部第 6 に含まれる「対抗的価格設定による競争者との取引の制限」を **統合**。
2　自己の競争者との取引等の制限	
3　販売地域に関する制限	
4　流通業者の取引先に関する制限	
5　選択的流通	
6　小売業者の販売方法に関する制限	改正前の第 2 部第 4「流通業者の経営に対する関与」および第 2 部第 5「小売業者による優越的地位の濫用行為」を **削除**。
7　抱き合わせ販売　新規に追加。	
第 3　リベートの供与	
第 2 部　取引先の選択	改正前の第 1 部「事業者間取引の継続性・排他性に関する独占禁止法上の指針」を第 2 部「取引先の選択」に **変更**。
第 1　顧客獲得競争の制限	
第 2　共同ボイコット	
第 3　単独の直接取引拒絶	改正前の第 1 部第 5「不当な相互取引」，第 1 部第 6 に含まれる「継続的な取引関係を背景とする優越的地位の濫用行為」および第 1 部第 7「取引先事業者の株式の取得・所有と競争阻害」を **削除**。
第 3 部　総代理店	
第 1　総代理店契約の中で規定される主要な事項	
第 2　並行輸入の不当阻害	改正前の第 3 部第 1「競争者間の総代理店契約」を **削除**。

（出所）佐久間（2018），15 ページの図表をもとに筆者作成。

　2017 年 6 月，公正取引委員会は改正後の新たなガイドラインを公表した。この改正では，上記の研究会報告書で示された提言にしたがって，ガイドラインの構成の大幅な変更と，垂直的制限行為にかかる適法・違法性判断基準のさらなる明確化が行われた。

　ガイドラインの構成の変更は，①適法・違法性判断基準が同一の行為類型を統合する等して，改正前の第 2 部を中心として再構築する，②過去に問題となった審判決例等がない項目や別途他のガイドラインが存在する項目は原則として削除する，③「抱き合わせ販売」を項目として追加する，④「事業者による取引先事業者に対する垂直的制限行為」といった，より一般的な整理の下で構成変更をする，の 4 点を踏まえて行われた（表 3-4）（佐久間 2018：15 ページ）。

　これに伴い，小売業者による優越的地位濫用に関しては，2010 年にガイドライン（優越的地位の濫用に関する独占禁止法上の考え方）が整備され，課徴金の

対象となるなど，規制が強化されていることから，新ガイドラインでは削除されることになった（三村 2017：56-57 ページ）。

垂直的制限行為にかかる適法・違法性判断基準の明確化については，2015年改正においてすでに一部明確化が図られているが，2017年改正ではそれをさらに発展させる形で明確化が行われた。具体的には，ガイドライン第1部の冒頭において，垂直的制限行為に関する適法・違法性判断基準にかかる分析プロセスが明らかにされた（佐久間 2018：15-16 ページ）。

また，この改正では，オンライン取引に関連する垂直的制限行為についての考え方が追加され，上記の分析プロセスにおいてインターネットを利用した取引か実店舗における取引かで基本的な基本的な考え方を異にするものではないこと等が明記された（佐久間 2018：19 ページ）。

トピックス：コールマンジャパン事件

近年発生した独占禁止法違反事件のうち，流通・取引敢行に関するものとしてコールマンジャパン事件を取り上げる（公正取引委員会 2017a，2017b）。

コールマンジャパンは，国内外のキャンプ用品製造業者にコールマンのキャンプ用品の製造を委託するとともに，ザ・コールマン・カンパニー・インク（米国）からコールマンのキャンプ用品を輸入する等して，コールマンのキャンプ用品を直営店舗等で直接一般消費者に販売するほか，自らまたは取引先卸売業者を通じて小売業者に販売していた。

コールマンジャパンは，コールマンのキャンプ用品について，遅くとも2010年以降，毎年8月頃に，翌シーズンに小売業者が実店舗での販売またはインターネット販売を行う際の販売ルールとして，①販売価格はコールマンのキャンプ用品ごとにコールマンジャパンが定める下限の価格以上の価格とすること，②割引販売は他社の商品を含めたすべての商品を対象として実施する場合または実店舗における在庫処分を目的として，コールマンジャパンが指定する日以降，チラシ広告を行わずに実施する場合に限

り行うこと，の 2 点を定めていた。

　コールマンジャパンは，コールマンのキャンプ用品について，自らまたは取引先卸売業者を通じ，継続して取引を行う小売業者に対しては，翌シーズンの取引について商談を行う際，販売ルールに従って販売するよう要請し，新たにコールマンのキャンプ用品の取引を希望する小売業者に対しては，取引開始に当たり，販売ルールに従って販売するよう要請し，コールマンジャパンが他の小売業者にも販売ルールに従って販売させることを前提に，小売業者から販売ルールに従って販売する旨の同意を得て，当該小売業者に販売ルールに従って販売するようにさせていた。

　コールマンジャパンは，このような行為を通じて，2011 年 1 月以降，小売業者に，コールマンのキャンプ用品を，おおむね販売ルールに従って販売させていた。

　公正取引委員会は，上記の事実関係を確認した上で，コールマンジャパンが，正当な理由がないのに，取引先小売業者に対し，当該小売業者の販売価格の自由な決定を拘束する条件を付けてコールマンのキャンプ用品を供給し，取引先卸売業者に対し，当該卸売業者をして小売業者の販売価格の自由な決定を拘束させる条件を付けてコールマンのキャンプ用品を供給していた行為は独占禁止法第 2 条第 9 項第 4 号（再販売価格の拘束）に該当し，独占禁止法第 19 条の規定に違反するものであると認定した。このことについて，公正取引委員会は，2016 年 6 月 15 日に，コールマンジャパンに対して排除措置命令を行った。

【考えてみよう】
1.　独禁研報告書『流通系列化に関する独占禁止法上の取扱い』の歴史的意義について考えてみよう。
2.　1980 年代には，米国をはじめとする諸外国から，流通系列化や日本的取引慣行に対して厳しい批判が浴びせられたが，日本の国内ではどのような意見が存在していたか，調べてみよう。
3.　ガイドラインに基づく流通・取引慣行規制の成果と問題点について，調べてみよう。

【参考文献】

石原武政（2009）「戦後流通政策の背景」石原武政・加藤司編『シリーズ流通体系〈5〉日本の流通政策』中央経済社。

加藤義忠（2006）「流通規制緩和の展開」加藤義忠ほか『小売商業政策の展開［改訂版］』同文舘出版。

公正取引委員会（2017a）『平成 28 年度年次報告』公正取引委員会。

公正取引委員会（2017b）「平成 28 年（措）第 7 号　排除措置命令書」。

公正取引委員会事務総局（2009）「企業におけるコンプライアンス体制の整備状況に関する調査―独占禁止法改正法施行（平成 18 年 1 月）以降の状況―」。

小林逸太（2009）「流通機構に関する競争政策」石原武政・加藤司編『シリーズ流通体系〈5〉日本の流通政策』中央経済社。

佐久間正哉編（2018）『流通・取引慣行ガイドライン』商事法務。

田口冬樹（2016）『体系流通論（新版)』白桃書房。

崔相鐵（2004）「家電流通―家電メーカーと家電商人の対立と協調」石原武政・矢作敏行編『日本の流通 100 年』有斐閣。

野田實編（1980）『流通系列化と独占禁止法―独占禁止法研究会報告―』大蔵省印刷局。

三村優美子（2006）「流通取引慣行と大型小売業の購買力問題」『青山経営論集』40 巻，4 号。

三村優美子（2017）「日本の流通変化と取引慣行問題―2017 年の流通・取引慣行ガイドラインの見直しを中心として」『青山経営論集』52 巻，3 号。

矢部丈太郎ほか編（1991）『流通問題と独占禁止法 /1992 年度版』国際商業出版。

山田昭雄ほか編（1991）『流通・取引慣行に関する独占禁止法ガイドライン』商事法務研究会。

渡辺達朗（1995）「流通政策の転換―大店法緩和と独禁法運用強化」田島義博・流通経済研究所『規制緩和　流通の改革ヴィジョン』日本放送出版協会。

渡辺達朗（2016）『流通政策入門―市場・政府・社会（第 4 版)』中央経済社。

【さらに深く学ぶために】

佐藤肇（1974）『日本の流通機構―流通問題分析の基礎』有斐閣。

公正取引委員会事務総局編（1997）『独占禁止政策五十年史―上巻』公正取引協会。

第4章　優越的地位の濫用に対する規制

本章の概要

　本章では，不公正な取引方法に対する規制のうち，大規模小売業者に対し積極的に適用されている優越的地位の濫用規制について説明する。第1節では規制の概要を説明し，第2節では規制の歴史と現状についてそれぞれ説明する。第3節では，優越的地位の濫用規制から派生して制定された下請法による規制について，近年増加している小売業者・卸売業者に対する適用を中心に説明する。

第1節　優越的地位の濫用規制の概要

1.　大規模小売業者のバイイング・パワーと独占禁止法による規制

　大規模小売業者は，大量販売・大量仕入を背景としたバイイング・パワー（購買力）により生じた納入業者との交渉力の格差を利用して，納入価格の抑制，納入取引に付帯したサービスの享受等，納入業者から有利な取引条件を引き出している。ここから大規模小売業者は，小売市場の競争で優位に立つ競争力や大規模な製造業者による流通支配に対抗する力を獲得して，わが国の流通システムを変革することにより，われわれ消費者の消費生活向上に多大な貢献をもたらしてきた。

　しかし，大規模小売業者がバイイング・パワーを濫用して一方的に有利な取引条件を納入業者に強制するようになると，市場における公正な競争を阻害するおそれ（公正競争阻害性）が生じる。このため，こうした行為は不公正な取

引方法のうち優越的地位の濫用として規制されている。

　独占禁止法上，大規模小売業者に対する優越的地位の濫用は，大きく分けて2つの根拠条文があり，第1に，独占禁止法第2条第9項第5号（法定類型）に基づくものであり，第2に，特殊指定である大規模小売業告示に基づくものである。現在では課徴金納付命令の対象となる法定類型による規制が行われ，対象とならない大規模小売業告示の重要性は低下している。以下において両規制を概観する。

2.　法定類型による規制の概要

　法定類型では，優越的地位の濫用として，行為者が取引相手に対し，①自己の取引上の地位が優越していること（優越的地位）を利用して，②正常な商慣習に照らし不当に，③取引相手に不利益を与える行為（濫用行為）を規制している（図4-1）。

図4-1　優越的地位の濫用の判断要素

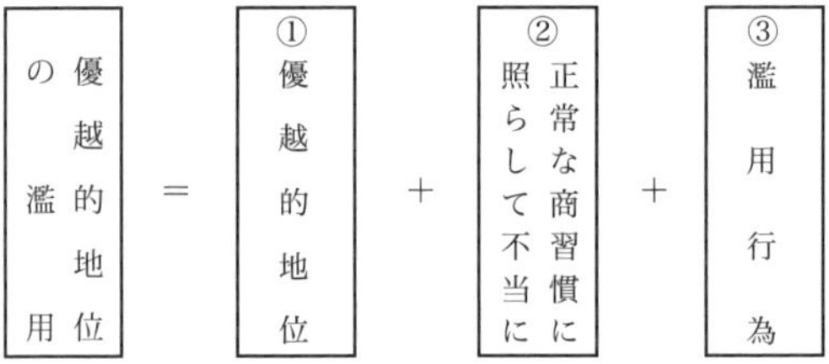

$$\text{優越的地位の濫用} = ①\text{優越的地位} + ②\text{正常な商慣習に照らして不当に} + ③\text{濫用行為}$$

（出所）公正取引委員会（2021a），2ページ。

　公正取引委員会は，法定類型に基づく規制の運用方針を明らかにするため，「優越的地位の濫用に関する独占禁止法の考え方」（以下，優越的地位ガイドライン）を公表しており，ここでは主に上記の①～③の3つに分けて考え方を説明している。なお，本来法定類型による規制は，大規模小売業者に限らず，あらゆる業種を対象とするものである[1]。このためガイドラインも，あらゆる業種

---

1)　今までの規制事例をみると，ホテルと納入業者，銀行と融資先，コンビニエンスストア本部（フランチャイザー）と加盟店（フランチャイジー）との取引などが対象となっている。

における優越的地位の濫用を対象として記載されているものの，規制事例の多くを占め，主要な対象事業者である大規模小売業者を想定した具体例が豊富に記載されており実務上の参考となる。以下においてガイドラインに従い，大規模小売業者の事例を念頭に①〜③の考え方を概観する。

①「優越的地位」の概要

優越的地位は，納入業者にとって大規模小売業者との取引の継続が困難になることが事業経営上大きな支障を来すため，大規模小売業者が納入業者にとって著しく不利益な要請等を行っても，納入業者がこれを受け入れざるを得ないような場合と説明されている。具体的には，納入業者の大規模小売業者に対する取引依存度，大規模小売業者の市場における地位，納入業者にとっての取引先の変更可能性等を総合的に考慮して判断するとしている（図4-2）。

②「正常な商慣習に照らして不当に」の概要

第2章で説明したとおり，「不当に」とは公正な競争を阻害するおそれがある場合のことである。優越的地位の濫用における不当性は，事業者間で自由に競争する基盤を侵害することとされている。これについて具体的には，第1に，行為を受ける納入業者の自由かつ自主的な判断による取引を阻害すること，第2に，納入業者がその競争相手との関係において競争上不利となる一方で，大規模小売業者がその競争者との関係において競争上有利となるおそれがあるこ

図 4-2　優越的地位の判断要素

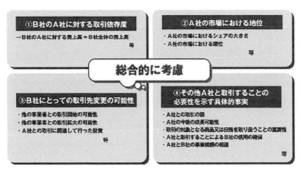

（出所）公正取引委員会（2021a），3ページ。

との2点から説明されている。

　また，「正常な商慣習」とは公正な競争秩序の維持・促進の立場から是認されるものを指し，現に存在する商慣習に合致していることをもって，行為が正当化されることにはならない。この理由として，優越的地位の濫用の事例で説明すると，大規模小売業者・納入業者間の取引で濫用行為が商慣習として定着していたとしても，この商習慣自体が不当であり，改善すべき場合があるためである。

　具体的な不当性は，納入業者に与える問題となる不利益（③を参照）の程度と濫用行為の広がり等を考慮して個別の事案ごとに判断され，これらに該当する場合には，公正な競争を阻害するおそれがあると認められやすくなる。

③「濫用行為」の概要

　「濫用行為」は，独占禁止法第2条第9項第5号イからハまでに規定されている。それぞれの行為の詳細は，優越的地位ガイドラインに詳述されており，購入・利用強制（イ），協賛金等の負担要請・従業員等の派遣要請（ロ）など取引に付随的に行われる行為と，受領拒否，返品，支払遅延，減額，対価の一方的決定（ハ）など取引自体の契約内容に関する行為に分類することができる（表4-1）。

表 4-1　濫用行為の概要と規定事項

独占禁止法 第2条第9項第5号	納入取引との関係	優越的地位ガイドライン（第4）	
イ	納入取引に付随的 な取引条件	1	購入・利用強制
ロ		2(1)	協賛金等の負担要請
		2(2)	従業員等の派遣要請
ハ	納入取引自体の 契約内容	3(1)	受領拒否
		3(2)	返品
		3(3)	支払遅延
		3(4)	減額
		3(5) ア	取引の対価の一方的決定
		3(5) イ	やり直しの要請
		3(5) ウ	その他

（出所）拙稿（2020），57ページ。

　これらの行為が納入業者に与える問題となる不利益は，大きく分けて2つのパターンに分類することができる。第1に，大規模小売業者・納入業者間で取

引条件等が明確になっておらず，納入業者にあらかじめ計算できない不利益を与えることとなる場合である。第2に，納入業者が得る直接の利益（売上げ増加や消費者ニーズの動向の直接把握など実際に生じる利益）等を勘案して合理的であると認められる範囲を超えた負担となる場合である。これらの行為が行われると，納入業者は自らの判断によらず不利益を強制されることになる。

3.　大規模小売業告示の概要

　大規模小売業告示は，大規模小売業者の納入業者に対する優越的地位の濫用を効果的に規制するために制定された特殊指定である。具体的には，規制対象となる大規模小売業者を年間売上高（100億円以上）などの規模基準で定め，かつ，実際の大規模小売業者・納入業者間の納入取引で見られる具体的な行為に基づき濫用行為を定めることにより，法定類型に基づく規制よりも簡易・迅速に規制が行えるようになっている。また，大規模小売業告示の運用の透明性を確保し，大規模小売業者が違反に該当する行為の予測可能性を高めるため，同告示に基づく規制の運用方針を明らかにしたガイドラインが定められている。

　一方で，2009年の独占禁止法改正で法定類型が規定された後は，優越的地位の濫用に対する抑止力が高い課徴金納付命令を行うことが可能な法定類型が，大規模小売業告示より優先的に適用されるよう法運用が改められた。このため，同告示に基づく排除措置命令は行われなくなっており，ここに同告示の重要性が低下している（岡野2020：55ページ）。

第2節　優越的地位の濫用規制の歴史と現状

1.　百貨店業告示・一般指定による規制

　大規模小売業者による優越的地位の濫用は，独占禁止法が制定された戦後復興期にはすでに問題化していた。1953年に不公正な取引方法が制定された際には，旧一般指定に優越的地位の濫用が規定されている。次いで当時唯一の大規模小売業者であった百貨店が納入業者に対し，返品，手伝い店員の派遣要請

などを大規模に行い社会問題化したことから 1954 年には百貨店業告示が制定され，これを根拠として百貨店のバイイング・パワーが規制されることとなった（岡野 2004：458-465 ページ）。

　高度経済成長期には量販店が成長し，店舗単位での大規模化の時代からチェーン・オペレーションを利用した企業単位の大規模化の時代に移行した。このため 1970 年代には総合スーパーなど新たに成長した量販店のバイイング・パワーが強化され，百貨店に加えてこれらの優越的地位の濫用も問題化し，かつ，濫用行為として押し付け販売（購入・利用強制）や協賛金等の負担要請が新たに問題化するようになった。

　当時の公正取引委員会は実態調査と百貨店業告示に基づく行政指導を中心とした規制を行っていたものの，1979 年に百貨店の三越による押し付け販売，協賛金の負担要請に対し法的措置（勧告）を行い，これが大規模小売業者に対する初の規制事例となった（1982 年 6 月 17 日同意審決）。なお，これらの濫用行為は百貨店業告示に規定がなかったため，一般指定が適用されて規制されることとなった。

2.　大規模小売業告示の制定と法定類型による規制

　1990 年代以降，百貨店，スーパーマーケットに加え，コンビニエンスストア，ドラッグストア，専門量販店など多様化した小売業態による優越的地位の濫用が問題化し始めた。公正取引委員会は 2004 年から法的措置による規制を積極化したものの，規制の根拠であった百貨店業告示は，規制の対象事業者である百貨店業者を店舗面積で判断したため適用できない小売業態も多く，かつ，前述のとおり問題化していた購入・利用強制，協賛金等の負担要請に適用できなかったため，これらの小売業態・濫用行為は一般指定で規制せざるを得なかった。そこで 2005 年には百貨店業告示を廃止し，従来，面積で判断していた規制対象となる大規模小売業者の判断基準に売上高を加え，かつ，規制対象となる濫用行為に購入・利用強制と協賛金等の負担要請を追加した大規模小売業告示が制定された。

　次いで 2009 年には法改正により優越的地位の濫用が法定類型として定めら

れて課徴金制度の対象行為になった。これに加え，規制の運用方針を明らかにするため優越的地位ガイドラインが公表され，現行の規制の体系となった（岡野 2020：54 ページ）。

3.　規制の現状

2009 年以降，法定類型に基づく優越的地位の濫用に対する排除措置命令が 5 件行われ（表4-2），対象事業者すべてが大規模小売業者であり，これに併せて全件で課徴金納付が命じられている（ただし，このうち 1 件は高裁判決で処分が取り消されている）。規制対象となった小売業態は スーパーマーケット，専門量販店，ディスカウントストアなどの量販店であり，対象行為は購入・利用強制，協賛金等の負担要請，従業員等の派遣要請，返品，減額など多岐にわたっている。課徴金の金額は最も多い事業者で約 30 億円課されており（エディオン事件），違反した大規模小売業者が受ける経済的なダメージは大きなものとなっている。

こうした法的措置に加え，公正取引委員会は中小納入業者に不当に不利益をもたらす優越的地位の濫用を抑止・早期是正するため，「優越的地位濫用事件タスクフォース」を設置して効率的かつ効果的な調査を行い，違反のおそれがある行為に行政指導（注意）を行い，改善することを目指している。2020 年度にはタスクフォースにより注意が 47 件行われ，対象取引は小売業者に対する納入取引（22 件），物流取引（14 件），宿泊業者・飲食業者に対する納入取引（それぞれ 3 件）となっており，小売業者に対する注意が最も多いものの物流業・サービス業にも規制対象が拡大していることが分かる。また，規制対象となった小売業者の特徴として，スーパーマーケット，ホームセンター等が多く，対象行為では従業員等の派遣要請，返品などが多いという結果になっている（公正取引委員会 2021b）。

制度的な面での近年の動きとしては，2018 年に導入された確約制度が活用されている点があげられる。特に，優越的地位の濫用は個別の取引における大規模小売業者の優越的地位や濫用行為を詳細に立証する必要があるため，法的措置が確定するまで公正取引委員会・大規模小売業者双方とも多大な負担が生

表4-2 2009年以降の優越的地位の濫用規制（法的措置）の一覧

社名	小売業態	排除措置命令	審判審決	濫用行為	課徴金金額
山陽マルナカ	スーパーマーケット	2011年6月22日	2019年2月22日	購入・利用強制 協賛金等の負担要請 従業員等の派遣要請 返品 減額	2億2,216万円 →審判で1億7,839万円に減額 →高裁判決（2020年12月11日）で命令の全部取消し（0円）
日本トイザらス	玩具販売小売業	2011年12月	2015年6月4日	返品 減額	3億6,908万円 →審判で2億2,218万円に減額
エディオン	家電量販店	2012年2月16日	2019年10月4日	従業員等の派遣要請	40億4,796万円 →審判で30億3,228万円に減額
ラルズ	スーパーマーケット	2013年7月3日	2-019年3月28日	購入・利用強制 協賛金等の負担要請 従業員等の派遣要請	12億8,713万円
ダイレックス	ディスカウントストア	2014年6月5日	2020年3月25日	協賛金等の負担要請 従業員等の派遣要請	12億7,416万円 →審判で11億9,221万円に減額

（出所）公正取引委員会の発表資料から筆者作成。

じ，かつ，時間がかかる。このため，確約制度が活用されることにより公正な競争が早期に回復されることが期待されている。2019・2020年度には，確約制度が8件利用され，このうち優越的地位の濫用の疑いがある行為において大規模小売業者が利用したものが3件となっている。

4. 今後の規制

　公正取引委員会が2018年に公表した実態調査によると（公正取引委員会2018），優越的地位の濫用規制上問題のある行為を行っている小売業態がスーパーマーケットからドラッグストア，ホームセンターおよびディスカウントストアに移行しつつあるとの結果が出ており，今後はこれらの小売業態に対する行政処分が増加する可能性がある（岡野2020：60-61ページ）。

　大規模小売業者の側からみれば，前述したとおり，規制強化とともに課徴金納付により生じる経済的なダメージが大きなものとなっており，このため違反を生じさせない社内のコンプライアンス（法令遵守）体制の整備と，違反発覚時の確約制度の活用が重要な役割をもつこととなる。流通全体からみても，確約制度により納入業者に生じている競争上の不当な状況を早期に解消すること

により，自由な競争を行うための基盤を整備することが可能となる。

第 3 節　下請法による規制

1.　下請法の概要

　下請法は，独占禁止法上の優越的地位の濫用規制を補完するために 1956 年に制定された法律であり，元来，製造業者とその下請に当たる製造業者との取引を規制対象としたものであった。しかし近年，小売業者・卸売業者を対象とした規制が積極的に展開されている。そこで本節では，小売業者に対する下請法による規制の考え方と現状を概説する。

　下請法は，その適用対象となる下請取引の公正化と下請事業者の利益保護を目的として，規制対象となる親事業者による下請取引上の行為を規制する法律である。下請法で親事業者が禁止される行為は，独占禁止法上の優越的地位の濫用に該当しうるものである。しかし，独占禁止法に基づき規制する場合は，親事業者が優越的地位に該当するか，あるいは濫用行為が不当なものかなどを個別に判断する必要があり，前述のとおりこれには時間を要し，また，親事業者から報復等をおそれる下請事業者からの申告があまり期待できないという限界がある。そこで，簡便・迅速に規制を行い，および公正取引委員会による違反調査が可能なよう下請法が制定された。

　さらに下請法は，下請取引の公正化という観点から競争政策を担う公正取引委員会と，下請事業者の利益保護という観点から中小企業政策を担う中小企業庁とが共同で所管している。

2.　下請法の規制対象となる範囲

　下請法では，規制対象となる下請取引の範囲を，親事業者・下請事業者への該当性（資本金規模で判断），および委託取引の内容（製造委託・修理委託・情報成果物作成委託・役務提供委託の 4 種類）から具体的に定めており，かつ，下請取引において親事業者が遵守すべき義務と禁止行為とを具体的に規定している。

図4-3　下請法の対象となる親事業者・下請事業者

① 物品の製造・修理委託及び政令で定める情報成果物・役務提供委託を行う場合

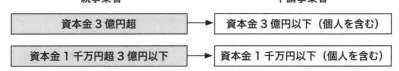

② 情報成果物作成・役務提供委託を行う場合（（1）の情報成果物作成・役務提供委託を除く。）

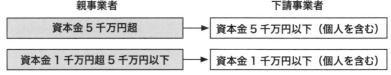

（出所）公正取引委員会ホームページ，http://www.jftc.go.jp/shitauke/shitaukegaiyo/gaiyo.html（2021年10月1日閲覧）。

　親事業者・下請事業者は資本金の規模で規定されている。具体的には，①物品の製造，修理委託および政令で定める一部の情報成果物・役務提供委託を行う場合と，②情報成果物作成委託・役務提供委託（①の委託取引を除く）を行う場合に分け，それぞれにおいて親事業者と下請事業者とを資本金の金額で定義している（図4-3）。委託取引の内容は，製造委託・修理委託・情報成果物作成委託・役務提供委託の4つの類型に限定している。

　製造委託取引とは，物品を販売し，または製造を請け負っている事業者が，規格，品質，形状，デザイン，ブランドなどを指定して，他の事業者に物品の製造や加工などを委託することをいう。この類型の具体例としては，小売業者・卸売業者が自社で販売するプライベートブランド商品（以下，PB商品）を他の食品製造業者に委託することや，紳士服専門店が顧客から請け負ったオーダースーツなどの製造を他の衣料品製造業者に委託することなどがあげられる。

　修理委託取引とは，物品の修理を請け負っている事業者がその修理を他の事業者に委託し，または自社で使用する物品を自社で修理している場合に，その修理の一部を他の事業者に委託することなどをいう。この類型の具体例としては，家電量販店が顧客から請け負った家電の修理を他の修理業者に委託するこ

となどがあげられる。

　情報成果物作成委託とは，ソフトウェア，映像コンテンツ，各種デザインなど，情報成果物の提供や作成を行う事業者が，他の事業者にその作成作業を委託することをいう。この類型の具体例としては，印刷会社が顧客から請け負ったデザイン画の制作を他のデザイン会社に委託することなどがあげられる。

　役務（サービス）提供委託とは，運送やビルメンテナンスをはじめ，各種サービスの提供を行う事業者が，請け負った役務の提供を他の事業者に委託することをいう。この類型の具体例としては，小売店が顧客から請け負った家具の運送・設置を他の運送業者に委託することなどがあげられる。

　そして資本金の規模で対象となった親事業者・下請事業者間で行われる4つの委託取引が下請取引となる。

3.　親事業者の義務・禁止行為

　下請取引において親事業者には，4つの義務と11の禁止行為が定められている。4つの義務（表4-3）としては，商品・サービスの発注の際に法律で定められた書面（3条書面）を下請事業者に対し交付するという書面の交付義務および下請取引の内容を記載した書類（5条書類）を作成し，2年間保存する義務が定められている。これらの義務は，公正取引委員会・中小企業庁による迅速な違反調査を可能とするために規定されたものである。下請代金の支払期日を定める義務および下請代金の支払が遅延した場合の利息の支払義務は，下

表4-3　親事業者の義務

義務	概要
書面の交付義務 （第3条）	発注の際は，直ちに3条書面を交付すること。
支払期日を定める義務 （第2条の2）	下請代金の支払期日を給付の受領後60日以内に定めること。
書類の作成・保存義務 （第5条）	下請取引の内容を記載した書類を作成し，2年間保存すること。
遅延利息の支払義務 （第4条の2）	支払が遅延した場合は遅延利息を支払うこと。

（出所）公正取引委員会ホームページより筆者作成。

請代金が下請事業者に確実に支払われるようにするための規定である。

　禁止行為は優越的地位の濫用と類似する行為が定められているものの（表4-4），規制の際に簡便かつ迅速に立証することができるように，より具体的に定められているという特徴がある。これらの禁止行為は，下請事業者の了解を得ていても，あるいは親事業者に違法性の認識がなくても違反となる。

　下請法の特徴の1つとして，公正取引委員会および中小企業庁は，親事業者による義務履行・禁止行為の状況を把握するため，親事業者・下請事業者双方に対し書面調査を実施し，また，必要に応じて親事業者の保存している5条

表4-4　親事業者の禁止行為

禁止事項（第4条）	概要
受領拒否 （第1項第1号）	注文した物品等の受領を拒むこと。
下請代金の支払遅延 （第1項第2号）	下請代金を受領後60日以内に定められた支払期日までに支払わないこと。
下請代金の減額 （第1項第3号）	あらかじめ定めた下請代金を減額すること。
返品 （第1項第4号）	受け取った物を返品すること。
買いたたき （第1項第5号）	類似品等の価格又は市価に比べて著しく低い下請代金を不当に定めること。
購入・利用強制 （第1項第6号）	親事業者が指定する物・役務を強制的に購入・利用させること。
報復措置 （第1項第7号）	下請事業者が親事業者の不公正な行為を公正取引委員会又は中小企業庁に知らせたことを理由としてその下請事業者に対して，取引数量の削減・取引停止等の不利益な取扱いをすること。
有償支給原材料等の対価の早期決済 （第2項第1号）	有償で支給した原材料等の対価を，当該原材料等を用いた給付に係る下請代金の支払期日より早い時期に相殺したり支払わせたりすること。
割引困難な手形の交付 （第2項第2号）	一般の金融機関で割引を受けることが困難であると認められる手形を交付すること。
不当な経済上の利益の提供要請 （第2項第3号）	下請事業者から金銭，労務の提供等をさせること。
不当な給付内容の変更及び不当なやり直し （第2項第4号）	費用を負担せずに注文内容を変更し，又は受領後にやり直しをさせること。

（出所）公正取引委員会ホームページより筆者作成。

書類の調査や立入検査を実施する点があげられる。これらの調査・検査が行われることから，下請法違反は非常に発覚しやすいという特徴を有している。

　親事業者が下請法に違反した場合，公正取引委員会は，親事業者に対し違反行為を取り止めて下請事業者が被った損害を原状回復することを求めるとともに，再発防止などの措置を求める行政指導（勧告・指導）を行い，勧告では原則として社名が公表されることになっている。

4.　小売業者に対する下請法による規制

　近年では流通業者，特に小売業者が製造業者に製造委託するPB商品等の納入取引が下請法の適用を受け，下請代金の事後的な減額や返品等が規制される事例が増加している（岡野 2018：45-52ページ）。2016年度から2020年度までの5年間でみても勧告の対象となった事業者の約3割が小売業者となっている。

　最近の小売業者に対する規制事例の傾向をみると，小売業種・業態では食品スーパーやコンビニエンスストアなどに対する勧告の件数が多くなっているほか，均一価格店（百均ショップ），通信販売，ホームセンター，衣料品をはじめとする専門量販店などが勧告を受けている[2]。また，これらの規制事例の多くが小売業者によるPB商品の製造委託に関するものとなっている。

　違反とされた禁止行為は下請代金の減額が最も多く，小売業者による優越的地位の濫用規制でも事例が多い返品も多くなっている。勧告で求められることとなる下請事業者が被った損害の原状回復は主として金銭の支払いにより行われ，違反した小売業者に求められる原状回復額は多い事例で減額・返品に対し21億4,600万円（2020年2月14日勧告〔レリアン事件〕）や減額に対し6億5,000万円（2016年8月25日勧告〔ファミリーマート事件〕）などとなっている。特に全国展開する小売業者の違反では，下請取引の金額の多さに比例して減額・返品の金額が多くなることから，原状回復額が高額化する傾向が見られる（トピッ

---

2)　このほか，流通分野では，様々な商品分野の卸売業者や生協本部，ボランタリーチェーン本部なども規制されている。

クスを参照）。

　このように下請法による規制の現状を踏まえると，小売業者は，違反により生じる法的リスク（原状回復費用の支払いや風評による損害）を管理するために，下請法違反を生じさせない社内のコンプライアンス体制を整備する必要がある（岡野 2018：52 ページ）。

トピックス：コンビニエンスストア本部による下請法違反事件の概要

　近年多く生じているのが大手コンビニエンスストア本部による食品の製造業者に対する下請法違反事件である。この特徴としては，コンビニエンスストアは全国にチェーン展開しており製造業者 1 社あたりの下請取引の金額も多くなるため，違反発生時の本部による下請事業者に対する原状回復額が多くなる点にある。また，違反行為として多様な名目による減額が規制されている。具体的な違反行為としては次のとおりである。

・ファミリーマートは，「開店時販促費」，「カラー写真台帳製作費」，「売価引き」等を約 2 年間にわたり下請事業者に支払わせることにより，下請代金の額を減じていた。減額金額は下請事業者 20 社に対し，総額約 6 億 5,000 万円であった（2016 年 8 月 25 日勧告）。

・セブン - イレブン・ジャパンは，「商品案内作成代」，または「新店協賛金」を約 1 年間にわたり下請代金の額から差し引いていた。減額金額は下請事業者 76 社に対し総額約 2 億 2,700 万円であった（2017 年 7 月 21 日勧告）。

・山崎製パンは，「ベンダー協賛金」，「橋・フォーク代」等を約 3 年間にわたり下請代金の額から差し引きまたは支払わせることにより，下請代金の額を減じていた。減額金額は下請事業者 10 社に対し総額約 4,600 万円であった（2017 年 5 月 10 日勧告）。

【考えてみよう】

1. 「優越的地位」の判断要素として列挙されている 4 つの要素が，それぞれなぜ納入業者にとって小売業者との「取引の継続が困難になることが事業経営上大きな支障を来す」ことにつながるのか具体的に考えてみよう。
2. 小売業態ごとに生じやすい濫用行為と生じやすい理由を考えてみよう。
3. 下請法違反を防ぐために社内でどのようなコンプライアンス体制を構築すればよいか考えてみよう。

【参考文献】

公正取引委員会 (2018)『大規模小売業者との取引に関する納入業者に対する実態調査報告書』公正取引委員会。

公正取引委員会 (2021a)「優越的地位の濫用—知っておきたい取引ルール—」，https://www.jftc.go.jp/houdou/panfu_files/yuuetsu.pdfe (2021 年 10 月 1 日閲覧)。

公正取引委員会 (2021b)「令和 2 年度における独占禁止法違反事件の処理状況について」，https://www.jftc.go.jp/houdou/pressrelease/2021/may/210526_kanki_shorijokyo_pdf_img/210526honbun.pd (2021 年 10 月 1 日閲覧)。

公正取引協会 (2020)『独占禁止法ガイドブック　令和 2 年 9 月改訂版』公正取引協会。

菅久修一編 (2021)『はじめて学ぶ独占禁止法〔第 3 版〕』商事法務。

菅久修一 (2021)『独禁法の授業をはじめます』商事法務。

岡野純司 (2004)「百貨店業における優越的地位の濫用規制—特殊指定の制定を素材として」『中央大学大学院研究年報法学研究科篇』第 33 号

岡野純司 (2018)「小売業者に対する下請法による規制の分析—適用対象となる取引，規制の特徴および体制整備上の留意点—」『企業法学研究』第 6 巻第 1 号

岡野純司 (2019)「小売業者における下請法に基づく禁止行為の分析—優越的地位の濫用規制との比較を中心に—」『企業法学研究』第 7 巻第 2 号

岡野純司 (2020)「大規模小売業者に対する優越的地位の濫用規制の現状と課題」『消費経済研究』第 9 号 (通巻第 41 号)

岡野純司 (2022)「大規模小売業者に対する特殊指定による規制の歴史と今後の課題」川濱昇ほか編『現代経済法の課題と理論—金井貴嗣先生古稀祝賀論文集』弘文堂。

渡辺達朗 (2016)『流通政策入門—市場・政府・社会（第 4 版）』中央経済社。

【さらに深く学ぶために】

公正取引委員会・中小企業庁 (2021c)『下請取引適正化推進講習会テキスト』，https://

www.jftc.go.jp/houdou/panfu_files/shitauketextbook.pdf
長澤哲也（2021）『優越的地位濫用規制と下請法の解説と分析〔第 4 版〕』商事法務。

第5章 その他の独占禁止法上の規制

本章の概要

　本章では独占禁止法による規制のうち，消費財の流通業者，特に小売業者に対し積極的に行われている規制，あるいは注目されている規制を概説する。第1節では，不公正な取引方法のうち行政指導の件数が最も多い不当廉売規制について，第2節では近年取引規模が拡大しており規制の枠組みが整備されつつあるデジタル・プラットフォーム事業者に対する規制について，第3節では流通業者に対して適用が増加している企業結合規制について，それぞれ概説する。

第1節 不当廉売規制

1. 不当廉売に対する規制

　不当廉売は，独占禁止法第2条第9項第3号（法定類型）および一般指定第6項で規制されており（第2章参照），このうち重要なものは法定類型に基づく規制である。法定類型では，①正当な理由がないのに，②商品・役務（サービス）をその供給に要する費用を著しく下回る対価で継続して販売することにより，③競争相手の事業活動を困難にさせるおそれがある行為を不当廉売として定めている。

　不当廉売は，消費者が安価に商品・サービスを入手することが可能となるため短期的には消費者の利益につながりうるものの，不当廉売の結果競争相手が市場から排除された後に行為者が自らの商品・サービスの価格を引き上げるなど，

長期的には消費者の利益を損なうことにつながる。このため，この行為は，公正な競争を阻害するおそれがあるものとして規制されている。

一方で，安売り（廉売）自体が禁止されているわけではなく，商品・サービスの供給に要する費用を著しく下回らない対価での廉売は，公正な競争手段として許容されている[1]。また，①に規定されているとおり供給に要する費用を著しく下回る対価での廉売であっても，正当な理由がある場合には許容される。例えば，キズ物，半端物，季節商品等の処分のための廉売は正当な理由として許容される。

②のうち，商品・役務の供給に要する費用とは，例えば小売業者の場合には，単純な仕入原価ではなく，仕入に必要な運送費，研修費等の経費と，倉庫費，広告費，市場調査費，人件費など販売費の一部を含んだものを，可変的性質をもつ費用と捉え，この費用を下回る対価が「供給に要する費用を著しく下回る対価」になると公正取引委員会は説明している。このような費用の捉え方をするのは，事業者が商品・役務の価格について，それを供給しなければ発生しない費用すら回収できない水準に設定することは，特段の事情がない限り経済合

図 5-1　供給に要する費用を著しく下回る対価の考え方（卸・小売業の場合）

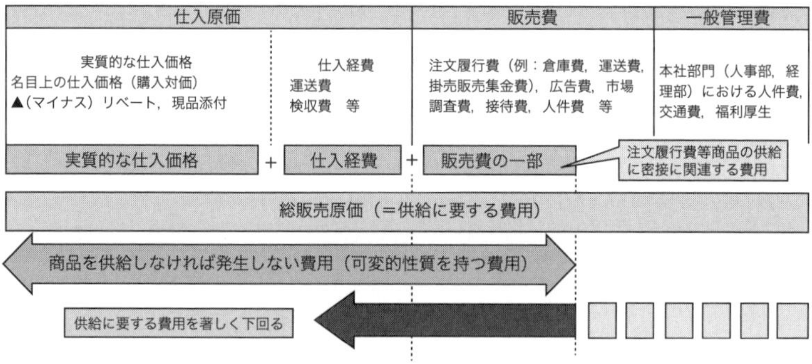

（出所）公正取引委員会公表資料より筆者作成。

1）ただし，一般指定第6項では「供給に要する費用を著しく下回る」ではなく不当に「低い対価」で供給するという規定が設けられており，供給に要する費用を著しく下回らない廉売であったとしても，規制対象となる可能性がある。

理性からみてありえず，このような廉売が継続して行われるとすれば競争者を排除する目的があるとみられるためである。

　そして，これらの廉売は③のとおり他の事業者の事業活動を困難にさせるおそれがある場合に規制されることとなる。

　法定類型に基づく不当廉売は課徴金制度の対象となっており，事業者が過去10年以内に不当廉売による違反を繰り返した場合に課徴金納付命令が行われる。また，不当廉売に関して公正取引委員会による規制の運用方針を明らかにするため，全業種を対象としたガイドラインと，違反が多い業種である酒類，ガソリン，電気製品それぞれを対象としたガイドラインが公表されている（第2章の表2-1を参照）。

2.　不当廉売の態様

　不当廉売の典型的なケースとして，①事業を多角的に展開している事業者，あるいは複数地域で事業展開している事業者が，他部門・他地域の利益を原資として不当廉売を行うこと（いわゆる内部補助），②総合的な品揃えをする大規模小売業者が，特定の商品について顧客を引き付ける目玉商品（ロス・リーダー）として不当廉売を行うことがあげられる（渡辺 2016：122 ページ）。

　①に該当する事例としては，複数の店舗を有するガソリンスタンドが，ある地域に出店するガソリンスタンドで不当廉売を行い，他地域のガソリンスタンドで得られる利益をその原資として補填する事例があげられる。②に該当する事例としては，スーパーマーケット・家電量販店などが競合店に対抗するため目玉商品の不当廉売を継続して行い，他の商品分野で得られる利益をその原資として補填する事例があげられる。これらの事例では，不当廉売の対象としている直接的な競争相手のみならず，近隣の同一商品を扱う中小小売業者の事業活動が困難になるおそれがあることが問題とされている。

> **トピックス1：不当廉売の規制事例**
>
> 　小売業者に対する不当廉売規制は，前出の事例のとおり，内部補助によるものとロス・リーダーによるものに大別することができ，それぞれの規制事例には次のようなものがある。
>
> **（1）内部補助による不当廉売の規制事例**
>
> 　至近距離にあり競合するガソリンスタンドをそれぞれ運営する販売業者2社は，愛知県常滑市において2017年11月18日から10日間，レギュラーガソリンについて，その供給に要する費用を著しく下回る対価で継続して供給し，これらのガソリンスタンドの周辺に所在する他の販売業者の事業活動を困難にさせるおそれを生じさせた（2015年12月24日警告）。この事件のほか，ガソリンスタンドの不当廉売に対する排除措置命令・警告事例が多く存在している。
>
> **（2）ロス・リーダーによる不当廉売の事例**
>
> 　競合する食品スーパー2社は，愛知県犬山市の店舗において，野菜の主力商品であり，消費者の購買頻度が高いキャベツ等の販売価格をお互い対抗して順次引き下げ，最終的に1円で販売して販売数量を大幅に伸ばした。これによりこの店舗の周辺地域に所在する野菜等の小売業者の事業活動を困難にさせるおそれを生じさせた（2017年9月21日警告）。
>
> 　他にも著名な事件として，食品スーパー2社が牛乳の販売価格をお互い対抗して順次引き下げて販売し，不当廉売として規制された事例がある（1982年5月28日勧告審決）。この事件においても，両店と同一の商圏内に店舗を有している牛乳専売店における牛乳の売上高等を減少させたことが認定されている。

3. 不当廉売規制の現状

　不当廉売は，この行為の影響を特に受ける中小小売業者に対し不当に不利益をもたらして，これらの事業活動を困難にするおそれがある行為である。このため公正取引委員会は，不当廉売の影響が拡大する前に注意などの行政指導に

より迅速に違反を処理する方針を採っている。具体的には，公正取引委員会に不当廉売の違反情報が申告された時から原則 2 カ月以内にこれを処理し，調査の結果，違反の程度が重い事案は排除措置命令・警告の対象としている。このような迅速処理の方針や違反の申告が多いこともあり[2]，不当廉売に対する行政指導の件数は不公正な取引方法のなかで最も多いものとなっている。

　不当廉売により注意を受ける小売業者の業種は，石油製品を取り扱うガソリンスタンドや酒類の小売業者が大半を占めている[3]。2016 年度から 2020 年度までの注意件数は合計で 2,210 件であり，このうち石油製品 1,555 件，酒類 610 件，家電製品 7 件となっている。一方で 2016 年度には単年度の合計で 1,155 件（石油製品 732 件，酒類 420 件，その他 3 件）の注意が行われたところ，件数は年を追うごとに減少しており，2020 年度には 136 件（石油製品 115 件，酒類 9 件，その他 12 件）となっている。これらの傾向をみると，注意を主体とした迅速処理による規制が奏功しているといえる[4]。なお，5 年度の間において警告は 2017 年度に 2 件（トピックス 1 を参照）行われており，排除措置命令は行われていない。

第 2 節　デジタル・プラットフォーム事業者に対する独占禁止法による規制

1.　デジタル・プラットフォーム事業者の取引の特徴

　経済のデジタル化や情報通信技術（ICT）の革新が進んだことにより，デジタル市場が急速に成長しており，これに伴い競争政策上の新たな問題も多く生

---

2)　2020 年度に独占禁止法の規定に違反すると考えられる事案について，公正取引委員会に寄せられた申告の件数は 2,713 件であり，このうち小売業による不当廉売事案に関するものが 1,749 件と 6 割以上を占めている。この理由として，外部から見て違反の事実が把握しやすいことや，不当廉売の影響を受ける近隣の中小小売業の申告が多いことが考えられる。

3)　石油製品，酒類，家電製品で不当廉売が多い一因として，これらの商品が品質や付帯サービスで競争相手と競争することが難しく，価格面での廉売により対抗する必要性がある商品（別の言い方をすれば低価格による顧客吸引効果が高い商品）であることがあげられる。

4)　酒類の不当廉売が大幅に減少した要因の一つとして，2016 年に改正（施行は 2017 年）された酒税法等による不当廉売規制の強化もあげられる。この改正に基づき不当廉売等を対象とした「公正な取引の基準」が公表され，ここでは規制における公正取引委員会との連携強化が盛り込まれている（第 13 章第 1 節を参照）。

じている。公正取引委員会では，デジタル分野における主要な取組みとして，独占禁止法上問題となる行為に対する事件審査・企業結合審査，ガイドラインの作成による考え方の明確化，取引の実態調査（表5-1），課題や論点を整理する研究会・検討会の開催などを積極的に行っている。そこで本節ではこれらの取組みの中でも，規制の枠組整備が進行しているデジタル・プラットフォーム事業者に対する独占禁止法による規制を概説する（インターネット通販に対する政策については第14章第1節を参照）。

デジタル・プラットフォーム事業者とは，ICTやデータを活用して，デジタル・プラットフォームとよばれるサービスを運営し，事業者や消費者などの第三者に提供する事業者であり（図5-2），このサービスにはオンライン・ショッピング・モール，インターネット・オークション，オンライン・フリーマーケット，検索サービス，予約サービス，電子決済サービス等様々なものが含まれる（デジタル・プラットフォーマーを巡る取引環境整備に関する検討会 2018：1ページ）。デジタル・プラットフォーム事業者は，近年における情報処理可能なデータの飛躍的増大やコンピュータの計算能力向上，人工知能の発達など第四次産業革命とよばれる技術革新の進行に支えられて成長・巨大化しており，現在では我々の社会経済生活に強い影響力をもつに至っている。

表5-1 デジタル分野における取引の実態調査

公表月	調査内容
2019年1月	消費者向けeコマースの取引実態に関する調査について
2019年4月	デジタル・プラットフォーマーの取引慣行等に関する実態調査について(中間報告)
2019年10月	デジタル・プラットフォーマーの取引慣行等に関する実態調査(オンラインモール・アプリストアにおける事業者間取引)について
2020年3月	飲食店ポータルサイトに関する取引実態調査について
2020年4月	フィンテックを活用した金融サービスの向上に向けた競争政策上の課題について
2020年4月	デジタル・プラットフォーム事業者の取引慣行等に関する実態調査(デジタル広告分野)について(中間報告)
2020年6月	共通ポイントサービスに関する取引実態調査について
2021年2月	デジタル・プラットフォーム事業者の取引慣行等に関する実態調査(デジタル広告分野)について(最終報告)

（出所）公正取引委員会公表資料より筆者作成。

図 5-2　デジタル・プラットフォーム事業者のビジネスモデル（事業者・消費者間の仲介）

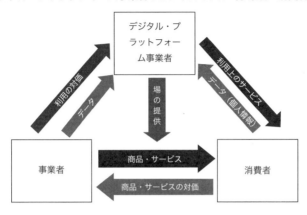

（出所）筆者作成。

　デジタル・プラットフォーム上での取引には，次のような特徴が指摘されている（公正取引委員会編　2019：6-9 ページ）。

(1) 事業者向けと消費者向けという異なる複数の層が存在する両面市場が存在している。ここでは，同じネットワークに属する参加者が多いほど参加者の効用が高まる直接ネットワーク効果や，同じネットワークに属する参加者グループが複数存在し，一方のグループの参加者が増えるほど他方のグループの参加者の効用が高まるという間接ネットワーク効果が働く。

(2) ICT やデータを用いた取引の場であるため，サービスの提供に対する限界費用（生産量を増加させたときに追加で必要となる費用）が低く，効率的にネットワークを拡大し，より低コストでより良いサービスを提供することができる。

(3) 両面市場に散在する大量のデータを集積・構造化し，効率的に活用することによって多大な便益を生み出すことができる。

　このように，デジタル・プラットフォームの取引では，ネットワーク効果が働き，かつ，限界費用が低く規模の経済性が強く働くことから，特定のプラッ

トフォームに利用が集中しやすくなる。また，データの集積・利活用がさらなるサービスの拡充をもたらすことから，利用者に高いスイッチングコスト（サービスを他に切り替えることにより生じる金銭的・物理的・心理的な負担）が生じ，利用者を取引にロックイン（切り替えが困難なこと）する効果が働くようになる。

　デジタル・プラットフォームの成長は，大量のデータを活用したサービス提供により利用者に多大な便益をもたらすものの，巨大化した特定のデジタル・プラットフォーム事業者が利用者に対し優越的地位の濫用を行う，他のデジタル・プラットフォーム事業者の排除につながる行為などを行う，独占・寡占が進行するなど，デジタル市場における競争が制限・阻害される可能性が指摘されている。

2.　独占禁止法上のルール整備の推移

　競争政策，情報政策，消費者政策等の観点からデジタル・プラットフォーム事業者に対する規制を整備するため，2018年12月に経済産業省，公正取引委員会および総務省は，「プラットフォーマー型ビジネスの台頭に対応したルール整備の基本原則」（以下「基本原則」という）を公表して，これに本格的に取り組むようになった。基本原則のうち競争政策の項目では，その特性から巨大化し，寡占化・独占化を果たす傾向にあるデジタル・プラットフォーム事業者に対し，データやイノベーションを考慮した企業結合審査を行うことや，サービスの対価として自らに関連するデータを提供する消費者との関係に優越的地位の濫用規制を適用することなど，デジタル市場における公正かつ自由な競争を確保するための独占禁止法の運用や関連する制度の在り方を検討すると定めている。

　そして基本原則に基づき，公正取引委員会は，前出（表5-1）のデジタル分野に関する調査を実施するとともに，基本原則で指摘された事項のうち，企業結合審査については2019年12月に既存の「企業結合審査に関する独占禁止法の運用指針」を改正し，デジタル分野の企業結合案件を審査する際の考え方を明確化した。

　次いでデジタル・プラットフォームにおいて，デジタル・プラットフォーム事業者と個人情報等を提供する消費者との取引における優越的地位の濫用を規

制するため，「デジタル・プラットフォーム事業者と個人情報等を提供する消費者との取引における優越的地位の濫用に関する独占禁止法上の考え方」を2019年12月に公表した。このガイドラインにおけるデジタル・プラットフォーム事業者の消費者に対する優越的地位の考え方としては，「消費者がデジタル・プラットフォーム事業者から不利益な取扱いを受けても，消費者が当該デジタル・プラットフォーム事業者の提供するサービスを利用するためにはこれを受け入れざるを得ないような場合」としており，事業者間の同規制における考え方を踏襲したものとなっている（第4章第1節を参照）。

　濫用行為の類型としては，①利用目的を消費者に知らせずに個人情報を取得すること，②利用目的の達成に必要な範囲を超えて，消費者の意に反して個人情報を取得・利用すること，③個人データの安全管理のために必要かつ適切な措置を講じずに，個人情報を取得・利用すること，④自己の提供するサービスを継続して利用する消費者に対して，消費者がサービスを利用するための対価として提供している個人情報等とは別に，個人情報その他の経済上の利益を提供させることなどをあげている。

3.　デジタルプラットフォーム透明化法の制定

　デジタル・プラットフォーム事業者に対しては，独占禁止法上のガイドライン整備のほか，新たな立法による規制も行われている。2019年9月には閣議決定によりデジタル市場の評価，競争政策の企画・立案，国内外の関係機関との総合調整を担うデジタル市場競争本部が内閣に設置され，政策推進の旗振り役となった。次いでデジタル・プラットフォーム事業者とデジタル・プラットフォームの利用事業者間との取引の透明性および公正性確保を目的として，特定デジタルプラットフォームの透明性及び公正性の向上に関する法律（令和2年法律第38号）が2020年5月に成立し，2021年2月に施行されている。

　同法では，3,000億円以上の国内売上額を有する物販総合オンラインモールおよび2,000億円以上の国内売上額を有するアプリストアのうち，経済産業大臣が指定する特定デジタル・プラットフォーム提供者が，デジタル・プラッ

トフォームでの取引において取引条件等の情報の開示，自主的な手続・体制の整備を行い，これらの運営状況の報告と評価を行うことを義務づけており，この運営状況を経済産業省がモニタリングするものとなっている。なお，同法では，経済産業大臣が，独占禁止法違反のおそれがあると認められる事案を把握した場合には，同法に基づく対処を公正取引委員会に要請する規定があり，競争政策と連携しながら運用することが想定されている。

このように，デジタル・プラットフォーム事業者の取引に対する競争政策分野における規制は，ガイドラインによる規制の考え方の整理と法整備の両面から進められている。デジタル分野では今後も技術革新が進み，これらを利用した新たなデジタル・プラットフォーム事業が誕生・成長すると思われ，取引の実態に即して継続的に規制の整理・新設を行う必要がある。

第3節　企業結合規制

1.　企業結合規制の概要

会社が株式取得，合併，分割，共同株式移転，事業の譲受け（以下，これらを総称して企業結合）などを行うことによって，一定の取引分野（市場）における競争が実質的に制限されることとなる場合，このような企業結合は独占禁止法で禁止されている（企業結合規制）。私的独占，不当な取引制限および不公正な取引方法という独占禁止法における規制の3本柱は，市場における企業の競争制限的な行為を事後的に規制するものである。これに対し企業結合規制は，競争制限的な市場構造の形成を防止するため事前に規制する点に特徴がある。企業結合は，不当な取引制限のような一時的な結合と異なり，参加者の独立性が失われて効果が永続的であることから「固い結合」とよばれている（公正取引協会 2021:36 ページ）。このため企業結合規制は，私的独占や不当な取引制限が行われやすい状態を生み出す効果だけでなく，固い結合による強い競争制限効果を防ぐために，独占禁止法上重要な規制の1つとなっている。

企業結合のパターンは，競争関係にある会社同士（例えば同じ市場に属する小

売業者同士など）による，競争に与える影響が最も直接的である水平型企業結合，異なる取引段階の会社同士（例えば同じ流通経路に属する卸売業者と小売業者など）による垂直型企業結合，水平型・垂直型企業結合のいずれにも該当しない混合型企業結合（例えば異なる商品分野に属する卸売業者同士など）があげられ，いずれのパターンも規制の対象となる。

　具体的な規制方法としては，一定規模以上の会社が企業結合を行う場合，この会社は公正取引委員会に届出を行い，公正取引委員会がこれを審査する制度となっている。また，いずれの結合方法の場合でも，この会社は届出を受理されてから30日を経過するまで結合することができない。主な企業結合において届出を行わなければならない基準は，次のとおりとなる。

(1) 株式取得

　国内売上高合計額が200億円を超える会社が，株式発行会社およびその子会社の国内売上高が50億円を超える会社の株式について，その議決権の20％または50％の境界を超えて取得する場合。

(2) 合併

　国内売上高合計額が200億円を超える会社と国内売上高合計額が50億円を超える会社が合併する場合。

(3) 事業等の譲受け

　国内売上高合計額が200億円を超える会社が，国内売上高（単体）が30億円を超える会社から事業の全部を譲り受ける場合，または譲受け対象部分の国内売上高が30億円を超える会社の事業等の重要部分を譲り受ける場合。

　他にも，複数の会社がそれぞれ事業の分割を行い，新会社を設立する場合（共同新設分割）や，会社が他社に分割した事業を承継させる場合（吸収分割）であって，一定の規模等の基準を満たした場合には届出が必要となる[5]。また，公正取引

---

5)　企業結合規制では，他にも事業支配力が過度に集中することとなる会社の設立等の制限，銀行・保険会社による株式保有制限などを行っている。

委員会は，企業結合における規制の運用方針を明らかにするため「企業結合審査に関する独占禁止法の運用指針」（以下，企業結合ガイドライン）を公表している。

2. 企業結合審査の流れ

企業結合を行う会社から届出がなされた場合，公正取引委員会は，審査を行ってこの企業結合が市場における競争に与える影響を判断する。具体的な審査の流れとして（図5-3），公正取引委員会は，企業結合の類型ごとに審査の対象となるか否かの判断を簡易的に行い（第1次審査），審査対象になると判断された場合には，審査に必要な報告書等をこの会社に要請する。

図 5-3　企業結合規則の基本的な考え方

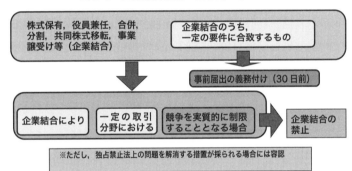

（出所）公正取引委員会公表資料より筆者作成。

次に，報告書等に基づき詳細な企業結合審査（第2次審査）が行われる。この段階では，まず，当事者である会社グループが行っている事業すべてについて，どの範囲の競争に影響を及ぼすかという観点から商品・サービスの種類や地理的範囲などに基づき市場を画定する。市場の画定は，需要者にとっての代替性の観点等から行われる[6]。

---

6) 企業結合ガイドラインによると，需要者にとっての代替性の観点とは，ある商品をある地域で独占して供給している事業者の存在を仮定し，この事業者が利潤最大化を図る目的で，小幅ではあるが，実質的かつ一時的ではない価格引上げ（目安として5%から10%程度）をした場合に，需要者がこの商品の購入を他の商品・地域に振り替える程度を考慮するとしている。この振り替えの程度が小さければこの独占事業者は利潤を拡大することができるため，その範囲をもって市場ととらえている。

　市場が画定されると，それぞれの市場でこの企業結合が競争を実質的に制限することとなるか否かを判断する。具体的には企業結合によって市場の構造が変化して，結合した会社が単独で，または他の会社と協調的な行動をとることによって，ある程度自由に価格などを操作することができる状態がもたらされるかを判断する。

　企業結合ガイドラインでは，この状態の判断要素としてハーフィンダール・ハーシュマン指数（HHI）により算出した数値を用いており，かつ，独占禁止法上問題とならない HHI の基準(セーフハーバー)を設けている[7]。数値がセーフハーバーに該当しなかった場合，企業結合が競争を制限することとなるかについて，結合した後の会社グループの市場シェア・順位，結合する前における当事会社間の競争の状況，競争者の市場シェア・格差，供給者の供給余力，市場への参入の容易性・輸入圧力など具体的な実態から総合的に検討することとなる。

　これらの検討の結果，この企業結合が市場における競争を実質的に制限することとなると判断された場合，当事会社に問題部分を通知して会社が自主的に問題を解消する機会を与え，会社の措置により問題が解消されれば企業結合が容認される。一方で，問題が解消されない場合は，公正取引委員会は当事会社に対する企業結合の禁止を命じる排除措置命令を行う。

3.　流通企業に対する結合規制の事例

　近年，市場の縮小や競争激化により，経営資源の集中・合理化，コスト削減，事業間の相乗効果の創出，競争力の強化などを目的とした流通企業による企業結合が増加しており，これに伴い企業結合の審査事例も生じている。

　2016 年度から 2020 年度までの 5 年間で企業結合の届出件数は全業種で合計 1,522 件であった。このうち公正取引委員会が公表している流通業者による主な審査事例をみると，2017 年度にはインターネットのポータルサイトを運営するヤフーによる電子書籍小売業等を営むイーブックイニシアティブジャパンの株式取得について審査が行われ，2018 年度には医療用医薬品卸売業等

7)　HHI とは，市場における各企業の市場シェアの 2 乗の総和によって算出される数値である。

を営むメディパルホールディングスによる医療用バイオ医薬品製造販売業を営む JCR ファーマの株式取得について，およびホームセンター業を営むコーナン商事による同業を営むビーバートザンの株式取得についてそれぞれ審査が行われ，2019 年度にはドラッグストア業を営むマツモトキヨシホールディングスによる同業を営むココカラファインの株式取得の審査が行われた。いずれの企業結合においても，市場における競争を実質的に制限することとはならないと判断され，結合が承認されている。

トピックス2：企業結合審査における小売業態の考え方

　ドラッグストア業界では医薬品分野での規制緩和や市場における競争激化などにより，経営の合理化や競争力の強化のため大手同士の経営統合や大手による中小規模のドラッグストアの吸収など，規模の拡大を目指した様々な企業結合が行われている。一方で，多様な商品を取り扱うドラッグストアと，類似する商品を取り扱う他の小売業態との間でどのように市場の範囲を画定するかという問題がある。具体例として，ドラッグストア業を営む子会社を有するマツモトキヨシホールディングスが，同業を営む子会社を有するココカラファインの株式を取得する際に，公正取引委員会が商品面から行った市場の範囲の画定に関する考え方を紹介する。

　まず，ドラッグストアが取り扱う商品カテゴリーを一般用医薬品等，化粧品，家庭用品，飲食料品としたうえで，ドラッグストアと他の小売業態との代替性を検討している。需要面での主要な判断をみると，一般用医薬品を取り扱うドラッグストアと処方箋医薬品を取り扱う調剤薬局とは，商品カテゴリーの相違や店舗スペース・ノウハウの相違という観点から両者の間の需要の代替性は限定的（別の市場）であると判断している。

　ドラッグストアと化粧品店とでは，主に取り扱う商品カテゴリーである化粧品についてそれぞれ取扱いがある一方で，化粧品店におけるその他のカテゴリーの商品の取扱いは限定的であると判断している。一方で，ドラッグストアとスーパーマーケット，ディスカウントストア等においては，そ

れぞれ幅広いカテゴリーの商品を取り扱うものの，後者は一般用医薬品等および化粧品の取扱いが限定的であるとしている。これらのことから消費者はドラッグストアと他の小売業態の店舗とを目的に応じて使い分けており，需要の代替性は限定的であると判断している。

　ドラッグストアとインターネット通信販売とでは，前者には店舗で実際に商品を手に取って即時に購入でき，また商品によっては試用できるほか，薬剤師等に対して対面で相談できるという特徴がある。一方で後者には，地理的・時間的制約なく購入が可能であるという特徴がある。消費者は，これらの特徴を踏まえて自らのニーズに合った方を選択していること等から両者の需要の代替性は限定的であるとしている。

【考えてみよう】

1．不当廉売規制に際し注意などの行政指導を主体として行うことのメリットとデメリットを考えてみよう。
2．プラット・フォーム事業者が独占禁止法に基づき規制された事例において，どのような行為が行われているか調べてみよう。
3．市場の範囲として本章で取り上げた商品・サービスの種類，地理的範囲のほか，どのような範囲設定が可能か考えてみよう。

【参考文献】

経済産業省・公正取引委員会・総務省（2018）「プラットフォーマー型ビジネスの台頭に対応したルール整備の基本原則」（2018年12月18日），https://www.meti.go.jp/press/2018/12/20181218003/20181218003-1.pdf（2021年10月1日閲覧）。

経済産業省（2020）「特定デジタルプラットフォームの透明性及び公正性の向上に関する法律のポイント」，https://www.meti.go.jp/policy/mono_info_service/digitalplatform/pdf/dppoint.pdf（2021年10月1日閲覧）。

公正取引委員会（2019）「「デジタル・プラットフォーム事業者と個人情報等を提供する消費者との取引における優越的地位の濫用に関する独占禁止法上の考え方」のポイント」（2019年12月17日），https://www.jftc.go.jp/houdou/pressrelease/2019/dec/191217_dpfgl_21.pdf（2021年10月1日閲覧）。

公正取引委員会（2020）「（令和元年度：事例9）（株）マツモトキヨシホールディング

スによる（株）ココカラファインの株式取得」, https://www.jftc.go.jp/dk/kiketsu/toukeishiryo/rinsetsu/r1jirei/r1jirei09.pdf（2021年12月14日閲覧）。

公正取引委員会（2021a）「知ってなっとく独占禁止法」, https://www.jftc.go.jp/houdou/panfu_files/dokkinpamph.pdf（2021年10月1日閲覧）。

公正取引委員会（2021b）「令和2年度における独占禁止法違反事件の処理状況について」, https://www.jftc.go.jp/houdou/pressrelease/2021/may/210526_kanki_shorijokyo_pdf_img/ 210526honbun.pdf（2021年10月1日閲覧）。

公正取引協会（2020）『独占禁止法ガイドブック　令和2年9月改訂版』公正取引協会。

菅久修一（2021）『独禁法の授業をはじめます』商事法務。

デジタル・プラットフォーマーを巡る取引環境整備に関する検討会（2018）「デジタル・プラットフォーマーを巡る取引環境整備に関する中間論点整理」（2018年12月12日）, https://www.jftc.go.jp/houdou/pressrelease/h30/dec/kyokusou/181212betten1_1.pdf（2021年10月1日閲覧）。

渡辺達朗（2016）『流通政策入門—市場・政府・社会（第4版）』中央経済社。

【さらに深く学ぶために】

公正取引委員会（2021c）『デジタル広告分野の取引実態に関する最終報告書』公正取引委員会。

菅久修一編（2020）『独占禁止法〔第4版〕』商事法務。

第3部　振興政策

第6章　振興政策の概要と歴史

本章の概要

　本章では，競争政策，調整政策と並んで流通政策で重要な役割を有している振興政策を取り上げる。第1節では振興政策の概要，第2節では振興政策の種類と背景，第3節では振興政策の展開について検討する。なお，振興政策，とりわけ中小小売業を対象にした政策は大規模小売業の出店を規制する調整政策と表裏一体の形で展開されてきた。

第1節　振興政策の概要

　中小商業を取り巻く環境は年々厳しさを増している。特に，1990年代以降，大規模小売店舗法の廃止に象徴されるように，流通分野では公的規制の緩和が進められる一方，公正で自由な競争を促進する観点から独占禁止法の運用が強化されるなど，企業間では熾烈な競争が繰り広げられている。

　こうした中で，中小商業が，経営の合理化や近代化に取り組み，特に中小小売業が大規模小売業と共存し，環境対応，活性化を図ることは有効競争上きわめて重要である。このような観点から展開されるのが振興政策である。

　振興政策とは，経営資源的にみて大企業に比べ劣位な中小商業を，市場メカニズムに基づく公正な競争のルールの下で，健全な競争主体として育成し，自立を促したり，環境変化への適応を支援，促進したりするための政策である。中小小売業および中小卸売業が主な対象となる（渡辺2016：135ページ）。

　日本においてこれまで展開されてきた振興政策を振り返ったとき，主に2つ

の特徴を見出すことができる。1つは中小商業に対する支援方法である。公的機関の中小商業に対する支援方法は，個々の店舗や企業に対する支援（個別支援）と，商店街活性化，店舗共同化，連鎖化（ボランタリーチェーンの組織化），物流効率化等といった共同化事業に対する支援（共同支援）の2つに大きく分けることができる。これらのうち従来，政策の重点は後者の共同支援に置かれてきた。その理由は，限られた政策財源（公的資金）の配分を費用対効果という観点から，より効率的，効果的かつ公平に行うという趣旨によるものではないかと考えられる（渡辺 2016：135-136 ページ）。

　もう1つは支援対象である。さきほど述べたように，振興政策の主な対象は中小小売業および中小卸売業である。ただしこれまでの振興政策の実態に照らした場合，こうした政策対象のうち，特に重点的に取り組まれてきたのが，零細性の高い中小小売業を対象とした政策であった（渡辺 2016：136 ページ）。

　振興政策の対象となる中小商業については，中小企業政策全般の基本方針を定めた中小企業基本法（昭和 38 年法律第 154 号）の中で定義されている。すなわち，中小小売業については，資本金または出資総額が 5,000 万円以下の会社または常時使用する従業員数が 50 人以下の会社および個人，中小卸売業については，同じく1億円以下，または 100 人以下の会社および個人である。

　振興政策は様々な目的をもって実施されるが，振興政策の手段は，①組織化，②資金調達，③知識・技術の提供，④その他，の4つに区分される。

　組織化とは，規模の経済性の獲得，政策実施に要するコストの節約，公的資金を投入する場合の公共性の担保等を目的として，中小企業を業種や地域単位で集め，組織をつくらせることである。資金調達は，補助金，低利融資，減税措置，信用保証等の方法によって資金面での支援を行うものであり，振興政策の中核をなしている。知識・技術の提供は，経営診断や経営指導が主なものとなる。製造業と比べると商業分野では新規技術の開発は少ない。その他には，経営状況を判断するための「商業統計表」のような統計調査，その時々に課題となる事案についての各種調査研究，新たな技術や施策を導入する際に先行的に実施されるモデル事業等がある（川野 2016：196-197 ページ）。

第 2 節　振興政策の種類と背景

1．振興政策の種類

　さきに述べたように，振興政策とは，中小商業，すなわち中小小売業および中小卸売業を主たる対象として，その育成や自立，環境変化への適応を支援，促進することを目的として実施される政策である。

　そのような定義に基づいて，日本の振興政策の歴史を振り返ってみると，中小卸売業を対象とした振興政策については，1960 年代中頃から取り組まれた，卸売業の立地適正化に関する政策があげられる程度であり，主要な振興政策の大部分は中小小売業を対象とした政策によって占められていたということができる（加藤 2009：129 ページ）。

　例えば，振興政策の原点とされる商業組合法（昭和 7 年法律第 25 号），商店街そのものを独自の対象として議員提案によって制定された商店街振興組合法（昭和 37 年法律第 141 号），スーパーマーケットの登場を契機として，1960 年代に中小小売業の近代化（規模の拡大）を目指して展開された流通近代化政策，この政策において行われた中小小売商業振興のための諸施策の体系的整理を図った中小小売商業振興法などである。

2．振興政策の背景

　このように，振興政策の重点が中小小売業に対する政策に置かれることになった背景には，中小卸売業よりも中小小売業の側に，政策的な対応を講じざるをえない切実な問題が存在し，それが社会体に広く認識されたことがある。

　いわゆる「中小小売商問題」がそれである。中小小売商問題がはじめて社会的な問題として浮上したのは大正後期から昭和初期にかけてであった。当時の日本の小売業は中小小売業が圧倒的多数を占めていたが，第 1 次世界大戦後に相次いで発生した恐慌下において経済状況は悪化の一途をたどった。

　こうした中で，都市部の大企業で就業機会を失った人々や，農村部において

困窮をきわめつつあった農家経営を助けるため，農家を離れ，職を求める人々の多くが流通業，とりわけ小売業に流れ込み，小売業は雇用の吸収装置としての社会的役割を担うことになった。当時，多くの人々が小売業に身を投じたのは小売業が特別な専門的知識や技能を必要とせず，元手となる資金もわずかで済む等，参入障壁がきわめて低い産業だったためである。この結果，戦前の日本の小売業は過小・過多の構造をもつことになった。

また，第1次世界大戦後に百貨店が大衆化路線を打ち出したことで，百貨店と中小小売業は直接の競合関係に立っていた。さらに，1923年の関東大震災後に百貨店が日用品の廉売を行ったことを契機として，百貨店と中小小売業との間の利害対立が顕在化し，深刻化していった。

このような中で，中小小売業の間で熾烈な過当競争が展開されるようになり，多くの中小小売業が経営難に陥ることになった。

こうした状況はその後，第2次世界大戦を挟み，「復活」することになる。戦時経済体制下にあって，流通業は不要不急の産業として整理統合の対象となった。その結果，終戦直前の1944年の商業従事者は1930年に比べて，総数でほぼ半分以下，男子では3分の1にまで減少していた（石原2011：27ページ）。

しかし，戦後，多くの人々が就業機会を求めて商業に参入した。軍需工場は閉鎖され，戦地からは復員兵が帰還したものの，製造業にはまだ彼らを受け入れるだけの基盤はなかった。人々は都市部にあっては商業に，農村にあっては農業に就業機会を求めた。その結果，1952年には事業所数122.1万店（卸売業14.1万店，小売業108.0万店），従業者数315.9万人（卸売業84.9万人，小売業231.0万人）に達した。商業への参入はその後も進み，1956年には卸売業の従業者数は129.4万人に達し，小売業の従業者数は300万人を突破した。こうした中で，潜在的失業者に就業機会を保証することが社会の安定を確保する上での重要課題であるとの認識から，小売業は再び，雇用の吸収装置としての機能を果たすこととなった（石原2011：27-28ページ）。

こうして戦前期から日本の小売業の特徴であった過小・過多の構造が，戦前とは別の新たな担い手を受け入れながら復活することになった。そして，当時

急速に復興を遂げつつあった百貨店との競争や不況等の要因も重なって過当競争が生じ，中小小売業の経営が圧迫されることになったのである。

第3節　振興政策の展開

　以下では，日本においてこれまでに展開されてきた振興政策の中からとくに重要と思われるものを取り上げて個別に検討することにしたい。

1.　商業組合法

　日本の流通政策は競争政策を基軸とし，それを振興政策と調整政策が相互に車の両輪のごとく機能することで補完する。これが流通政策についての通説的理解であった。このようなとらえ方に基づいて，振興政策と調整政策のルーツをたどると，商業組合法（明治 33 年法律第 34 号）と第 1 次百貨店法という 2 つの法律にたどりつく。この 2 つの法律はすでにみた中小小売商問題に対する政策的対応の結果として成立したものといえる。ここでは，振興政策の原点である商業組合法についてみていく。

　商業組合法が成立した昭和初期の日本は 1927 年の金融恐慌から，世界大恐慌（1929 年）の余波を受けた昭和恐慌後の不況期にあった。このような状況のもとで，百貨店や産業組合（農村の疲弊困窮を背景として小農生産者の自立を促すため，産業組合法に基づいて設立されたもの）との競争や同業者過多に起因する過当競争に直面した中小小売業の多くが深刻な経営難に陥った。そのため，中小小売業に対する政策的な支援を求める声が高まった。こうした背景のもとで 1932 年に制定されたのが商業組合法であった（石原 2000：258-259 ページ）。

　商業組合法は，基本的に地域の同業種の中小小売業が集まって組合を結成し，2 つの共同事業を展開することで経営合理化や事業基盤の強化を図ることを目的としていた。1 つは商品の仕入，保管，運搬のほか，選別，包装等の共同化や共同売出し，共同広告，共同販売所の開設等の共同事業である。もう 1 つは価格統制を含む営業統制事業である。

　ところが，実際に同法が施行されると，もともと法が予定していなかっ
た，地域の異業種の集まりである商店街商業組合が組織されるようになった。
1932年に最初の商店街商業組合が横浜市で設立されると，その後徐々に増加
していった。そして1938年の法改正の際には設立要件が緩和され，商店街商
業組合は商業組合の1つの形態としての地位を確保するようになった。

　商店街商業組合が取り組んだのは小売店の顧客吸引力を高めることによって
積極的にその更生を図ることであった。例えば，実際に試みられた事業として，
共同照明，共同装飾，共同舗装，共同撒水，共同日覆等の共同施設，共同配送，
共同広告，共同外販，共同通帳による掛売り，共同顧客名簿の作成とその相互
交換，共通商品券，献立材料配給事業等があった。しかし，これらの事業に取
り組んだのは全国でも有数の先進的な商店街であって，それが一般的な活動と
して広がるまでには至らなかった（石原2004：270-271ページ）。

　商業組合法の成立によって，個別的には競争力の弱い中小小売業を組織化し，
共同事業を展開するための各種支援を行い，大企業に対抗しうる競争主体に育
成するという振興政策の原型が確立された（渡辺2016：137ページ）。

2.　流通近代化政策

　第2次世界大戦後になると，振興政策の系譜は1949年に制定された中小企業
等協同組合法（昭和24年法律第181号）から1962年に制定された商店街振興組
合法へと受け継がれていく。この間，中小企業政策全般は1963年に制定された
中小企業基本法をはじめとする中小企業関連法の制定を機に，従来の保護から近
代化へと大きく方針転換が図られることになった。戦前期から1950年代に至る
まで，中小企業に対する政策は保護主義的な色彩が強いものであったが，1960
年代に入ると，中小企業の近代化を促進する方向が強く目指された。こうした政
策転換と軌を一にして，中小小売業に対する振興政策も，1960年代中頃から近
代化政策としての性格を強めていくことになった（渡辺2016：137-140ページ）。

　こうした中で展開されたのが流通近代化政策であった。当時，この政策の思
想的背景となったのが流通革命論である。これは，林（1962）によって主張

されたもので，大量生産・大量販売体制の確立を契機に，日本の長く複雑な流通機構が米国のような簡素で短い流通機構へと変貌するというものである。この流通革命論は，スーパーマーケットという新たな小売業が登場し，その中から，ダイエー，西友ストアー，ジャスコ，ニチイ等の総合スーパーが次々と台頭していった当時の状況に良く合致していた（表6-1）。

表6-1　日本の小売業ランキング

1960 年度			1972 年度		
順位	社名	売上高	順位	社名	売上高
1	三越	45,337	1	**ダイエー**	3,052
2	大丸	45,308	2	三越	2,924
3	高島屋	38,515	3	大丸	2,131
4	松坂屋	36,592	4	高島屋	1,994
5	東横百貨店	29,642	5	**西友ストアー**	1,668
6	伊勢丹	23,375	6	西武百貨店	1,550
7	阪急百貨店	20,901	6	**ジャスコ**	1,550
8	西武百貨店	18,508	8	松坂屋	1,493
9	そごう	15,085	9	**ニチイ**	1,442
10	松屋	12,012	10	**ユニー**	1,264

(注) 売上高の単位は1960 年度は百万円，1972 年度は億円。
(注) 太字はスーパーマーケット（総合スーパー）。
(出所) 建野 (1995)，IVページの表をもとに筆者作成。

スーパーマーケットの急成長を受けて，通商産業省の諮問機関である産業合理化審議会流通部会は，1962 年から日本の流通機構および流通政策のあり方についての審議を開始する一方，スーパーマーケットの実態調査に取り組んだ。その結果，1963 年に同部会の『スーパーマーケットの将来に関する報告』，1964 年にスーパーマーケット懇談会の『スーパーマーケットに関する中間報告』がまとめられた。そこでは流通機構の近代化という観点からスーパーマーケットを肯定的に評価するとともに，中小小売業の体質改善，近代化・合理化等の政策を強力に推進すべきであるとの提言がなされた（渡辺 2016：137-140 ページ）。

さらに，その後の産業構造審議会（1964 年に産業合理化審議会から改組）流通部会の第1回中間答申『流通機構の現状と問題点』（1964 年）と，第2回中間

答申『流通政策の基本的方向』(1965年)においても，日本全体の経済的発展にとって，流通機構の生産性向上や流通活動の機能高度化が不可欠であり，その1つの方策として旧態依然とした中小小売業の「近代化」が必要であると指摘された（渡辺2016：137-140ページ）。

当時，流通近代化は喫緊の課題であった。その理由として2点あげられる。1つは資本自由化である。資本自由化による海外資本の日本国内への直接投資は日本の流通企業にとって脅威となることが予想され，これに対抗しうる体制を早急に確立する必要があった。もう1つは消費者物価の上昇である。1960年代に顕在化した消費者物価問題を解決する上で，流通活動の生産性向上は最も有力な方策の1つと考えられた（通商産業省企業局編1968：はしがき）。

流通近代化政策は産業構造審議会流通部会の第6回中間答申『流通近代化の展望と課題』(1968年)で体系化された。ここでいう流通近代化とは，経営合理化と規模適正化によって流通部門の効率化と生産性の向上を図ろうとするものである。

この中間答申では，流通の近代化を図るために流通機能担当者および流通政策担当者に課せられた課題として，①流通機能担当者の強化と近代化（組織化，協業化等），②市場条件の整備（取引慣行の適正化等），③物的流通の合理化（物的流通技術の革新），④これらの課題を果たすための共通の前提となる環境整備（流通金融の円滑化等）をあげている。これらのうち，中心となっているのは流通機能担当者の強化と近代化であり，具体的には，①ボランタリーチェーン化，②小売商の店舗共同化（寄合百貨店，寄合スーパー，総合市場等），③商店街の再開発あるいは新しい建設，④卸商集団化（卸総合センター，卸商業団地）による機能の統合である（通商産業省企業局編1968：78-91ページ）[1]。

こうして，1960年代後半に，流通近代化政策が展開されることになり，中

---

1) 寄合百貨店と寄合スーパーは，複数の中小小売業が集まって共同店舗を設置して営業を行うものである。前者は百貨店のように対面販売方式を採用するのに対して，後者はスーパーマーケットのようにセルフサービス方式を採用する。総合市場は各種の生鮮食料品を取り扱う複数の中小小売業が国営の市場に入居し，セルフサービス方式により営業するものである。

また，卸総合センターとは，適地に特定の建設主体が施設を設け，卸売商一般を入居させるものであり，卸商業団地とは主に中小卸売業が適地に集団的に立地するものである。

小商業は上記の事業に取り組む場合，様々な支援を受けられようになった。ただ，すでに述べたことからも明らかなように，流通近代化に向けた支援の中心は中小小売業を対象とした施策にあった。

3.　流通システム化政策

　こうした流通近代化政策とともに，通商産業省は，日本の流通活動の全体系を，個々ばらばらな流通活動の集合体ではなく，商流，物流，情報流を含めた1つの有機的なシステムとして把握し，システム全体としての機能高度化や生産性向上を図るという方向を打ち出した。この構想を体系的に示したのが産業構造審議会流通部会の第7回中間答申『流通活動のシステム化について』(1969年）であり，これを受けて展開されたのが流通システム化政策であった。

　流通システム化政策は流通基盤の整備に関する政策であるが，流通近代化政策との関連が深いことからここで取り上げることとした。

　流通システム化政策の内容は第7回中間答申における提案に基づいて1970年に設置された流通システム化推進会議で審議された。そして1971年，その成果として『流通システム化基本方針』が公表された。

　これは，1975年を目標年度として，日本における流通システム化の基本的方向と目標およびその実現を図るための手段について検討し，とりまとめたものであった。そこでは，流通システム化計画として，取引流通システム化計画，物的流通システム化計画，規格化推進計画の3つの計画が示されるとともに，それらを前提とした地域別および物資別の流通システム化の方向の提示も行われた（通商産業省企業局編 1971a）。

　なお，『流通システム化基本方針』の公表前となるが，1970年から1971年にかけて通商産業省が行った流通システム化施策の実施状況は次のとおりであった（通商産業省企業局編 1971b：71-73 ページ）。

　(1) 流通システム化推進会議の開催

　(2) 内外にわたる実情調査

　　　①海外基礎調査　　　②国内代表例調査　　　③取引コード調査

④流通情報基礎調査 ⑤大規模物流施設適正配置計画調査

(3) システム化手法についての基礎的研究，啓蒙

　　①流通システム化マニュアルの作成

　　②流通システム・シミュレーション・モデルの開発

(4) システム化の基礎となる各種標準化事業の実施

　　①伝票統一化 ②取引条件標準化

(5) 先駆的プロジェクトに対する助成

　　①記入上の助成措置 ②税制上の助成措置

　流通システム化政策は，情報通信技術が十分に発達していない時期において，かなり先駆的で大胆な試みであった。しかし，その後のPOSシステムの急速な普及に代表される流通情報システム化や物流システム化等を準備し，流通基盤の整備に貢献するとともに，流通をシステムとして捉える視点を浸透させ，全体の発展に寄与した点で大きな意義があった（渡辺2016：142ページ）。

4. 中小小売商業振興法の制定と振興政策の限界

　すでに触れたように，1960年代の中小小売業を取り巻く経営環境は，スーパーマーケットの成長，消費者物価の上昇，資本自由化による有力な流通外資の日本市場参入の脅威の高まり等によって厳しさを増しつつあった。こうした背景のもとで，1973年に制定されたのが中小小売商業振興法であった。

　ここで注目すべきは同法の制定が調整政策の分野における大規模小売店舗法の制定と同時期に行われたことである。そのねらいは，大規模小売店舗法によって一定期間，大型店の出店を調整する一方で，中小小売商業振興法によって中小小売業の振興・育成と競争力の強化を推進しようとしたところにあった。

　中小小売商業振興法は，商店街の整備，店舗の集団化，共同店舗等の整備等の事業の実施を円滑にし，中小小売業の経営の近代化を促進すること等によって，中小小売業の振興を図ることを目的としている。

　中小小売商業振興法の中心は，主務大臣が定める振興指針に基づいて進められる高度化事業計画にある。高度化事業計画とは，商店街振興組合等を単位と

して，企業規模が小さく，その多くが生業的経営にとどまっている中小小売業が，自らの振興を図るために振興指針の内容を踏まえて作成する計画のことである。

　高度化事業計画は，流通近代化政策の枠組みを受け継ぐものであり，商店街整備計画（既存商店街の活性化のための事業への支援），店舗共同化計画（新たに共同店舗を建設するための事業への支援），連鎖化事業計画（ボランタリーチェーンの組織化を目指す事業への支援）から構成されていた。これらはいずれも中小小売業の共同化，協業化によって高度な事業活動の実現を目指そうとするものであった。中小小売商業振興法は，高度化事業計画を実現するため，次に示す各種の政策手段を用意しており，中小小売業は事業計画を国に提出し，それが認定されると次のとおり各種の手厚い支援を受けることができた（渡辺 2016：143-144 ページ）。

(1) 診断指導・人材育成等：一般指導（商店診断，連鎖化事業診断，小売商業共同店舗診断，商店街診断，特定大型店進出地域商店街診断等）および近代化促進診断（商業団地診断，商店街近代化診断，小売商業協業化診断，小売 商業連鎖商業連鎖化診断等）

(2) 資金面の支援措置：補助金（国・都道府県・市町村等），無利子ないし低利・長期・無担保等の好条件の融資（中小企業事業団（現・中小企業基盤整備機構）による高度化融資，中小企業金融公庫や国民金融公庫等による商業近代化等貸付け等），信用保証，利子補給等

(3) 税制面の支援措置：特別償却（減価償却の上乗せ），特別土地保有税や事業所税の減免，土地譲渡益の課税対象からの控除等

中小小売商業振興法の特徴として，中小小売業の集団化・協業化によって振興を図ろうとすること，中小小売業を保護ではなく近代化によって育成強化を目指すものであること，従来の流通近代化政策ですでに取り組まれていた諸施策を体系化し，法的な位置づけを与えたこと等があげられる（濵 2014：204 ページ）。

　大規模小売店舗法が大型店の出店を規制し，中小小売商業振興法が中小小売業の経営基盤の強化を図ることによって，中小小売業の苦境に政策的に対応する。これが大規模小売店舗法と中小小売商業振興法を同時に制定したねらいで

あった。しかしその後も中小小売業の経営環境は好転しなかった。そうした中で明らかになったのが小売商店数の減少であった。それまで増加を続けてきた日本の小売商店数が1982年の172万店をピークに減少に転じたのである。

1980年代は30年近くに及ぶ大規模小売店舗法の歴史の中で同法がもっとも強力に機能した時期だった。それにもかかわらず，なぜそうした状況がもたらされたのか。それは，商店街整備，店舗共同化，連鎖化という3事業を柱とする振興政策そのものに内包された次の問題と関連していた（渡辺2016：145-147ページ）。

(1) 商店街整備事業：個々の小売業の従来の立地や業種，品揃えを前提として行われることが大半であるため，抜本的な対策が打ちづらく，また，アーケード等公的支援策を受けた施設は長期間改修ができないまま，老朽化が進み，競争環境や消費者行動の変化に対応できない。

(2) 共同店舗化事業：建設時の初期投資は公的な支援策が活用できるが，その後の運営に必要な経営資源やノウハウが不足しがちになる。また，公的支援策を受けた施設は長期間建て替えや改修ができず，施設の老朽化が進み，環境変化に柔軟に対応できない。

(3) 連鎖化事業：ボランタリーチェーンは，各店舗の独立性の維持を建て前とするため，店舗や品揃え等の標準化が進まず，規模の利益を十分に享受できない。そのため，総合スーパーや食品スーパー，フランチャイズチェーン等との競争の中で劣位に立たされることになる。

(4) 事業主体としての組合組織における合意形成の難しさ：上記の3事業はいずれも振興組合等の組合組織が事業の推進主体とされている。しかし，組合組織の合意形成は実質的に全会一致の原則によって運営されるため，組合の中に革新的で意欲的な商業者がいて，彼らが主導して新規事業への取組みについて組合員の多数を説得できたとしても，少数の反対者がいるとものごとが前に進まず，事業の迅速な推進がしにくい。

こうして振興政策の限界が明らかとなる中で，新たな政策方向が模索されるようになる。その結果，『80年代の流通産業ビジョン』（1984）において，地

域社会における小売業の役割が強調されるとともに，商店街は地域文化の担い手として重要な地位を占めているとの考え方が提示されることになった。

　この考え方に基づいて立案されたのがコミュニティ・マート構想であった。これは商店街の周辺に小公園や公民館などの各種コミュニティ施設を設置し，イベント等を開催することによって，商店街を単なる「買い物の場」にとどまらない地域住民の「暮らしの広場」とするというものである。コミュニティ・マート構想の背景には，従来のハード面への支援に重点を置いた施策では，中小小売業の衰退や商店街の地盤沈下に歯止めをかけられないとの反省がある。また，事業の継続・発展に対して意欲のある小売商とそうでない小売商との間の意識面の格差はいっそう大きくなった（渡辺 2016：147-148 ページ）。

　こうした認識を踏まえ，中小小売業や商店街の役割を地域社会とのかかわりの中で位置づけ直すとともに，ソフト面も含めた支援策を強化し，意欲ある小売業に対して集中的に行っていく方向が打ち出された。こうした状況下で振興政策の展開にあたって注目されるようになったキーワードが「まちづくり」であった（渡辺 2016：147-148 ページ）。

5.　中小小売商業振興法の改正

　1979 年，英国でサッチャー政権が誕生して以降，市場原理を基軸とする経済運営が世界的潮流を形成するようになる。そうした中で，公的規制が網の目のように張り巡らされていた日本の政策方針転換が急速に進むことになった。

　第 1 章で触れたように，1980 年代後半には経済的規制を緩和する方向が明確に示されたが，この経済的規制には流通分野が含まれており，大規模小売店舗法の運用見直しに向けた議論が国内で行われた。またその後，日米構造問題協議の結果を受けて，大規模小売店舗法の規制緩和に向けた動きが加速する（渡辺 2014：25-26 ページ）。

　1991 年，大規模小売店舗法の規制緩和のための改正がなされた。大規模小売業の出店を規制してきた大規模小売店舗法の規制緩和によって大規模小売業の出店が加速することが予想された。それは中小小売業の経営環境の一層の悪

化を意味する。このため，振興政策の拡充・強化の観点から中小小売商業振興
法の改正が大規模小売店舗法改正と同時に行われた。

　改正中小小売商業振興法では，従来，商店街整備計画，店舗共同化計画，連
鎖化事業計画を高度化事業計画としてきたが，店舗集団化計画，電子計算機
利用経営管理計画，商店街整備等支援計画の3つが新たに追加された。また，
従来の3つの計画のうち，店舗共同化計画と連鎖化事業計画の内容拡充も行
われた。これに伴って，店舗共同化計画は共同店舗等整備計画と改称された。
それぞれの概要は次のとおりである（渡辺2016：149-150ページ，田口2016：

図6-1　中小小売商業振興法の高度化事業支援スキーム

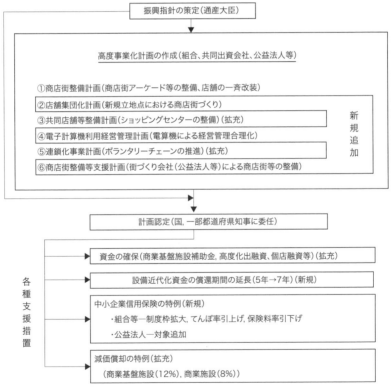

（出所）中小企業庁小規模企業部小売商業課編（1992），参考資料40ページ。

376-377 ページ)。

(1) 商店街整備事業：基本的に従来の内容を継承

(2) 店舗集団化事業：モータリゼーションの進展による消費者の購買行動の変化等に対応して，事業共同組合等が新たな商業適地でショッピングセンター等を設置し，中小小売業を入居させることを支援

(3) 共同店舗等整備事業：共同店舗の設置以外に，多目的ホールや駐車場，スポーツ施設等のコミュニティ施設を共同店舗に設置する事業も支援

(4) 電子計算機利用経営管理事業：中小小売業が共同で電子計算機を利用して，POS や EOS 等の導入を図ったり，商店街でのポイントカード，プリペイドカード等の発行による情報活用の推進や経営合理化することを支援

(5) 連鎖化事業：中小小売業が共同仕入や共同輸入を実施する事業のための施設・設備の整備を支援

(6) 商店街整備等支援事業：街づくり会社（地方自治体と商店街組合等が共同出資した会社や公益法人）が事業の主体となって，共同店舗，駐車場，広場，スポーツ施設，多目的ホール等の設置を支援

以上の新しい高度化事業の支援スキームは図 6-1 に示したとおりである。

トピックス：改正中小小売商業振興法のポイント

　改正中小小売商業振興法の注目点としては，各種コミュニティ施設を併設する際にも支援策が用意されたことと，街づくり会社に対する支援策が正式に導入されたことがあげられる。特に，後者は従来の組合組織を母体にした振興政策の限界を踏まえて設けられたものである。

　また，この法改正では，全国のすべての商店街組合等を一律もしくは平等に支援するのではなく，活性化の取組みに積極的な商店街組合や意欲ある商業者の組織を選別し，それらを優先的に支援するスタンスが取られた点も見逃せない（渡辺 2016：150-152 ページ)。

【考えてみよう】

1. かつて日本の流通政策では調整政策と並行させながら振興政策が展開されてきた。なぜそのような政策展開がなされたのかについて考えてみよう。
2. 中小小売業に関する政策は 1960 年代に「保護」から「近代化」へと大きく舵が切られることになった。その理由について考えてみよう。
3. 1991 年の中小小売商業振興法改正の背景とねらいについて調べてみよう。

【参考文献】

石原武政（2000）「商業政策の構造」石原武政ほか『商業学〔新版〕』有斐閣。

石原武政（2004）「中小小売業過小・過多構造の動態」石原武政・矢作敏行編『日本の流通 100 年』有斐閣。

石原武政（2011）「規制時代の商業調整」通商産業政策史編纂委員会編・石原武政編著『通商産業政策史　1980-2000　第 4 巻　商務流通政策』経済産業調査会。

加藤司（2009）「卸売商業政策集団化・組織化の論理とその限界」石原武政・加藤司編著『シリーズ流通体系〈5〉　日本の流通政策』中央経済社。

川野訓志（2016）「商業振興政策の変遷」番場博之編著『基礎から学ぶ　流通の理論と政策（新版）』八千代出版。

田口冬樹（2016）『体系流通論（新版）』白桃書房。

建野堅誠（1995）『日本スーパー発達史年表』創成社。

中小企業庁小規模企業部小売商業課編（1992）『中小小売商業振興法の解説』通商産業調査会。

通商産業省企業局編（1968）『流通近代化の展望と課題』大蔵省印刷局。

通商産業省企業局編（1971a）『流通システム化基本方針』大蔵省印刷局。

通商産業省企業局編（1971b）『流通システム化へのみち』大蔵省印刷局。

通商産業省産業政策局・中小企業庁編（1984）『80 年代の流通産業ビジョン』通商産業調査会。

濱満久「流通政策」（2014）青木均ほか『新流通論［改訂版］』創成社。

林周二（1962）『流通革命―製品・経路および消費者』中央公論社。

渡辺達朗（2014）『商業まちづくり政策―日本における展開と政策評価』有斐閣。

渡辺達朗（2016）『流通政策入門―市場・政府・社会（第 4 版）』中央経済社。

【さらに深く学ぶために】

岩永忠康・西島博樹編（2020）『現代流通政策』五絃舎。

加藤義忠ほか（2006）『小売商業政策の展開［改訂版］』同文舘出版。

第7章　振興政策の現状

本章の概要

　本章では，第6章に引き続き，振興政策を取り上げる。第1節では中小小売商業振興法が制定されてから今日までどのように運用されてきたのかについて，高度化事業計画の認定件数に関するデータをもとに検討する。第2節では，近年における振興政策として，地域商店街活性化法を取り上げ，その概要を検討する。後者については，商業まちづくり政策との関わりから第9章および第10章もあわせて読むことをお勧めしたい。

第1節　中小小売商業振興法の運用状況

　第6章で触れたように，中小小売商業振興法は，スーパーマーケットの急成長，消費者物価の上昇，資本自由化による有力な流通外資の日本市場参入に対する脅威の高まりといった時代背景のもと，厳しい競争環境に置かれた中小小売業の経営難に政策的に対応するために，調整政策の分野の大規模小売店舗法とともに1973年に制定された。大規模小売店舗法によって，一定期間，大型店の出店を調整する一方で，中小小売商業振興法によって中小小売業の振興・育成と競争力の強化を図ろうとしたのである。

　中小小売商業振興法はそれまで流通近代化政策で取り組まれてきた諸施策を体系的に整備したもので，中小小売商業振興施策の集大成ともいうべきものであった。

　1991年には，内外における規制緩和の議論を受け，日米構造問題協議の場

表 7-1　中小小売商業振興法に基づく高度化事業計画認定状況

(単位：年)

	1973–1976	1977	1978	1979	1980	1981	1982	1983	1984	1985	1986	1987	1988	1989	1990
①商店街整備計画	345	114	100	95	59	64	63	48	54	50	46	52	49	57	43
③店舗共同化計画	132	0	3	1	23	28	28	11	24	32	19	13	21	16	7
⑤連鎖化事業計画	16	1	23	0	0	0	1	1	0	0	0	1	0	0	0
合計	493	115	126	96	82	92	92	60	78	82	65	66	70	73	50

	1991	1992	1993	1994	1995	1996	1997	1998	1999	2000	2001	2002	2003	2004	2005	2006	2007	2008
①商店街整備計画	83	116	130	146	114	100	95	99	75	57	53	64	30	23	22	27	18	20
②店舗集団化計画	0	1	0	1	0	3	1	1	0	1	0	0	0	0	1	0	0	0
③共同店舗等整備計画	18	25	22	32	26	23	16	8	16	5	5	3	1	0	1	0	0	0
④電子計算機利用経営管理計画	0	4	2	2	2	1	1	6	15	13	19	9	10	2	2	1	0	0
⑤連鎖化事業計画	0	2	1	2	2	0	2	0	1	0	0	0	0	0	0	0	0	0
⑥商店街整備等支援計画	5	7	1	4	9	8	4	1	3	0	0	1	0	0	0	3	0	0
合計	106	155	156	187	151	135	119	115	110	76	77	77	41	25	25	31	18	20

	2009	2010	2011	2012	2013	2014	2015	2016	2017	2018	2019	2020	合計
①商店街整備計画	14	15	4	4	1	1	0	0	0	0	1	0	2,242
②店舗集団化計画	0	0	0	0	0	0	0	0	0	0	0	0	9
③共同店舗等整備計画	0	0	0	0	0	0	0	0	0	0	2	0	557
④電子計算機利用経営管理計画	0	0	0	0	0	0	0	0	0	0	0	0	89
⑤連鎖化事業計画	1	0	1	0	0	0	0	0	0	0	0	0	27
⑥商店街整備等支援計画	0	0	0	0	0	0	0	0	0	0	0	0	47
合計	15	15	5	4	1	1	0	0	0	0	3	0	2,971

(注) 1991年、制度改正により、②店舗集団化計画、④電子計算機利用経営管理計画、⑥商店街整備等支援計画が対象に追加。

(注) 1991年、制度改正により、③店舗共同化計画は③共同店舗等整備計画に名称変更。

(出所) 中小企業庁資料に加筆・修正。

でも非関税障壁として非難された大規模小売店舗法の改正が規制緩和の方向で行われることになった。中小小売業にとってそれは経営環境の一層の悪化を意味した。このため，大規模小売店舗法の改正とあわせて，振興政策の拡充・強化の観点から中小小売商業振興法の改正が行われることになった。その後，2000 年には大規模小売店舗法が廃止されることになったが，中小小売商業振興法はそのまま存続することになった。

　こうした状況のもとで，中小小売商業振興法はどのように運用されてきたのであろうか。

　表 7-1 は，中小小売商業振興法に基づく高度化事業計画の認定件数の推移を示したものである。1991 年に中小小売商業振興法が改正された際に，店舗集団化計画，電子計算機利用経営管理計画，商店街整備等支援計画が新たに創設されたため，表 7-1 では，改正前後の中小小売商業振興法の下での高度化事業計画の認定件数を区分する形で提示している。なお，中小小売商業振興法の申請件数に関するデータは入手できなかったので，同法の認定率は不明である。

　まず，この表からわかることとして，法改正の前後を問わず，ほとんどの年度において，商店街整備計画がもっとも多くの部分を占めているということである。商店街整備計画には，個々の店舗の改造を行う事業と，アーケード，カラー舗装，街路灯，駐車場等の共同施設を設置する事業が含まれる。ただし，店舗の改造に関する事業の認定実績はきわめて少なく，共同施設の設置に関する事業が大半を占めていると考えてよい。認定件数をみてみると，法改正前の1980 年には総認定件数 82 件のうち 59 件を占めており，法改正後の 1991 年には総認定件数 106 件のうち 83 件を占めている。このことから，アーケードやカラー舗装等の商店街における共同施設の整備事業に重点が置かれていたことがうかがえる。

　商店街整備計画に次いで認定件数が多いのが共同店舗等整備計画（法改正前の名称は店舗共同化計画）である。これは，中小小売業が共同で商業施設を整備するというものである。認定件数をみてみると，法改正前の 1982 年には総認定件数 92 件に対して 28 件，法改正後の 1995 年には総認定件数 151 件に対

して26件となっている。

商店街整備計画，共同店舗等整備計画に対して，連鎖化事業計画は低調である。連鎖化事業計画は中小小売業が経営の独立性を保ちつつ，共同で商品の仕入れ等を行うボランタリーチェーンの組織化を支援するものである。法改正前の1973年〜79年の合計ではあるが，総認定件数493件のうち，連鎖化事業計画はわずか16件に過ぎず，その後の推移をみても認定件数はきわめて少ない。

1991年の法改正で新たに追加された3つの事業計画についてみてみると，中小小売業が1つの団地に移転して店舗を設置する店舗集団化計画の実績は累計で9件と認定件数はきわめて少ない。街づくり会社がコミュニティ施設や賃貸方式の商業店舗を整備する商店街整備等支援計画は1990年代には毎年数件の認定実績があったが，2000年度以降は累計で5件にとどまっている。新規に追加された事業計画のうち，比較的認定件数が多かったのが電子計算機利用経営管理計画である。これは中小小売業が共同で電子計算機を利用して，POSやEOS等を導入したり，ポイントカードやプリペイドカード等のカード事業を行うことを支援するものである。1992年〜2006年まで89件が認定されている。

次に，全体的・長期的な視点から2点指摘しておく。1つは，大規模小売店舗法による規制との関わりである。1980年代の大規模小売店舗法運用強化期には比較的安定的に推移していた認定件数が，大規模小売店舗法が規制緩和された1991年以降，大幅に増加している。さらにその内訳をみると増加分の多くは商店街整備計画に集中している。このことから，中小小売業の多くは大規模小売店舗法の規制緩和によって郊外部を中心に大型店の進出が進み，郊外部対中心部の図式で競争が激化する中で，従来と同じく，商店街の共同設備の整備で対応しようとしていたことがうかがえる。

もう1つは，中小小売商業振興法に基づく高度化事業計画の認定件数の減少についてである。高度化事業計画の総認定件数の推移をみると，1994年の187件をピークとして，それ以降，若干の増減はあるものの次第に減少傾向をたどり，ここ数年は認定案件がない年もある。

この理由としては，廃業や移転等で商店をやめるケースが相次ぎ，公的支援

の受け皿である商店街組織を維持できなくなる商店街が増加したこと，商店街活性化のための意欲と資金力を有する商店街が減少したこと，補助金の助成率がより有利な他の公的支援への乗り換えが行われたこと等が考えられる。

第 2 節　地域商店街活性化法の制定とその概要

　中小小売業は，多くの場合，商店街を形成している。表 7-2 は商店街組織数の推移を示したものである。組織形態（商店街振興組合，事業共同組合，任意団体）によって若干の違いはあるものの，すべての組織形態で商店街数は減少傾向にあることがわかる。ここでは，近年における振興政策の展開として，商店街を対象とした地活法を取り上げ，その概要をみていく。

表 7-2　商店街組織数の推移（組織形態別）

	2006 年	2009 年	2012 年	2015 年	2018 年
商店街振興組合	2,434	2,378	2,345	2,303	2,040
事業協同組合	1,073	1,147	1,115	1,081	949
任意団体	9,815	10,942	11,195	10,823	9,068
計	13,322	14,467	14,655	14,207	12,057

（出所）新島（2021），3 ページの表をもとに筆者作成。

1.　背景

　第 6 章で触れたように，1980 年代には従来の振興政策の限界が明らかとなった。そうした事態を受けて，振興政策の新たな方向が模索され，その結果，地域社会と小売業との密接な関わりを重視した「まちづくり」をキー・コンセプトとする政策が目指されるようになった。その動きはやがて 1990 年代を通じて中心市街地における商業の衰退・空洞化が全国的に深刻な問題となる中で，まちづくり 3 法（中心市街地活性化法，大規模小売店舗立地法，改正都市計画法）の制定へとつながっていった。

　中心市街地活性化法は 1998 年 7 月，改正都市計画法は同年 11 月，大規模小売店舗立地法は 2000 年 6 月にそれぞれ施行された。しかし，まちづくり 3 法は当初期待されたような成果をあげることができなかった。

　こうしたことから，まちづくり3法の見直しが行われることになったのであるが，3法の見直し以降も，地域商業の低迷・衰退という趨勢に大きな変化はなかった。この傾向は大都市部以外の地方都市において特に強かった。

　このため，3法の見直しによって，中心対郊外という大局的な観点から制度的枠組みの再整備が行われたことをふまえ，よりミクロ・レベルを対象とした政策を導入・展開することで，各地の地域商業の魅力を再構築しようという動きが出てきた（渡辺2014：159ページ）。

　2009年に中小企業政策審議会中小企業経営支援分科会商業部会が作成した「『地域コミュニティの担い手』としての商店街を目指して～様々な連携によるソフト機能の強化と人づくり～」はそうした動きの中での検討成果（報告書）であった。この報告書の作成に当たって念頭に置かれたのは，全国の商店街の9割以上を占めるとされる近隣型ないし地域型商店街であった。これらの商店街は景況感や空き店舗の面からみて，広域型ないし超広域型商店街に比べてはるかに厳しい状況に直面している。こうした商店街を公的支援の対象として検討するのはそれらのほとんどが周辺の住民の生活に直接に向き合い，それを支えているためである。したがって，商店街の衰退は単に商業者だけの問題ではなく，買い物弱者の問題に典型的に象徴されるように，周辺住民の生活に少なからぬ影響を与えることになる（石原2011a：10-11ページ）。

　この報告書は次のように述べて，商店街が地域コミュニティの担い手としての役割を果たすことに大きな期待を寄せた。「商店街は，地域住民の憩い・交流・娯楽の場，地域に関わる情報の宝庫，地域の対外的な顔であり，商品売買の場としての存在を超えた社会的・文化的な中心，地域の雰囲気を醸成する空間であったということができる。地域社会のコミュニティ機能が低下する一方で，地域社会への関心が高まりつつある状況の下，商店街が上記のような期待に積極的に対応していくことは，望ましい地域づくりに寄与するだけでなく，商店街やそこに存する店舗の活性化にも資することとなる。地域経済社会が疲弊する今日，商店街，とりわけ地域密着型の商店街としては，このような『地域コミュニティの担い手』となることにより活性化を図るべきであると考えられる」（3ページ）。

　以上のことからわかるように，この報告書は，商店街を単なる商業振興の対象と捉えるのではなく，「地域コミュニティの担い手」という側面に着目し，そこに新たな役割と支援の方向を見出そうとするものであった (石原 2011b:87 ページ)。

　この報告書では，商店街の現状と課題を踏まえた上で，「支援に当たっては，町村部の商店街を始め，厳しい状況の中にあっても『地域コミュニティの担い手』としての新たな商店街づくりに挑戦しようという，意欲と創意工夫に溢れる前向きな取組みを重点的に支援すべきである」(13 ページ) として，意欲的な取組みに対する支援強化をはじめ，新たな商店街振興策のあり方を提示している。この報告書を受けて，2009 年 7 月に成立したのが地域商店街活性化法 (平成 21 年法律第80 号) であった。

2.　地域商店街活性化法の内容

　地域商店街活性化法では，その目的を「商店街が我が国経済の活力の維持及び強化並びに国民生活の向上にとって重要な役割を果たしていることにかんがみ，中小小売商業及び中小サービス業の振興並びに地域住民の生活の向上及び交流の促進に寄与してきた商店街の活力が低下していることを踏まえ，商店街への来訪者の増加を通じた中小小売商業者又は中小サービス業者の事業機会の増大を図るために商店街振興組合等が行う地域住民の需要に応じた事業活動について，経済産業大臣によるその計画の認定，当該認定を受けた計画に基づく事業に対する特別の措置等について定めることにより，商店街の活性化を図ること」(第 1 条) にあるとしている。

　すなわち，地域住民の生活にとって重要な役割を果たしている商店街の活力が低下している現状にかんがみ，商店街が，地域住民の生活利便の向上や住民間の交流等の地域住民のニーズを踏まえて実施する，ソフト事業も含めた商店街活動 (高齢者・子育て支援，宅配サービス，地域イベント，商店街ブランドの開発等の取り組み)，空き店舗活用事業，意欲ある人材の育成・確保等に対して，法律の認定に基づいて様々な支援を行うというものである (渡辺 2014：170-173ページ)。

　地域商店街活性化法では，まず経済産業大臣が商店街活性化事業の促進に関する基本指針（以下，基本指針）を策定する。商店街活性化事業とは，商店街振興組合等が地域住民の生活に関する需要に応じて行う商店街活性化のための事業のことである。基本方針は商店街活性化事業の促進の意義及び基本的な方向に関する事項，商店街活性化事業に関する事項，商店街活性化支援事業に関する事項の3部から構成される（中小企業庁商業課2009。以下，事業計画の認定スキームに関する記述は，中小企業庁商業課（2009）による）。

　この基本指針に基づいて，商店街活性化事業を行おうとする商店街振興組合等は商店街活性化事業計画を作成し，経済産業大臣に提出する。経済産業大臣は当該事業計画について都道府県および市町村に意見を聴取した上で，商店街活性化事業に関する計画を認定する。

　なお，上記では商店街振興組合等から商店街活性化事業計画の提出を受け，これを認定するのは経済産業大臣であるとしているが，これは法の条文上のことであり，実際には当該地域を管轄する経済産業局が対応を行っている。

　認定を受けた商店街活性化事業計画に対しては，次の支援措置が講じられる。

①認定事業に対する補助金の補助率の引き上げ（1/2 → 2/3）

②認定事業を行う商店街等に土地を譲渡した者に対する税制上の優遇措置
　　（1500万円を上限に譲渡所得を特別控除）

③小規模企業者等設備導入資金助成法(昭和31年法律第115号)の特例により，認定事業を行う小規模企業者（商業・サービス業：従業員5人以下）に対する設備資金貸付け（無利子）の貸付け割合の引き上げ（1/2以内→2/3以内）

④中小企業信用保険法の特例により，保険限度額の拡大（2倍・別枠），てん補率の引き上げ（70%→80%），保険料率の引き下げ（3%以内→2%以内）

　また，一般社団法人，一般財団法人，または特定非営利活動（NPO）法人で，議決権，財産価格等の1/2以上を中小企業者が有している者が商店街活性化支援事業に関する計画を作成し，地域商店街活性化法の認定を受けようとする場合も，基本的な流れは商店街活性化事業計画の場合と同様である。商店街活性化支援事業とは，商店街振興組合等に対して商店街活性化事業に関する計画

の作成に必要な情報を提供し，あるいはこれとあわせて行う研修，指導又は助言その他の取組みによって，商店街活性化事業の円滑な実施を支援する事業である。一般社団法人等が地域商店街活性化法の認定を受けると，中小企業者とみなされ，中小企業信用保険法（昭和 25 年法律第 264 号）が適用される。

　図 7-1 はこれらの事業計画の認定スキームを図示したものである。

図7-1　事業計画認定スキーム

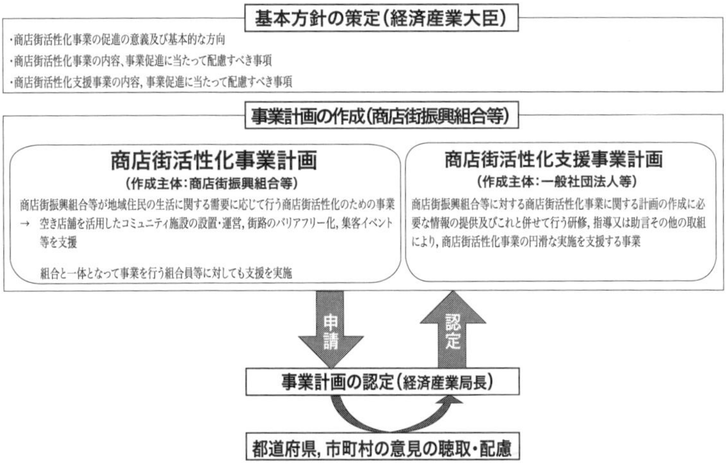

（出所）中小企業庁商業課（2009），4 ページ。

　商店街活性化事業計画および商店街活性化支援事業計画の両方に共通する支援措置として，中小企業基盤整備機構による高度化融資制度の拡充がある。市町村（特別区を含む）が，認定事業者に対して認定事業の実施に必要な資金を無利子貸付けする場合，中小企業基盤整備機構が当該市町村に対してその貸付け資金の一部（80％まで）を貸付けできるようにするというものである。

　基本方針では，商店街振興組合等が商店街活性化事業計画を作成する際，3つの要件を満たすことを求めている。第 1 に，地域住民の需要に応じて行う事業であることである。例えば，地域住民に対するアンケート調査を実施し，そこから明らかになった地域住民のニーズを事業計画に反映させる等の対応が

必要となる。

第2に，商店街活性化の効果が見込まれることである。来街者数の増加や売上高の増加といった具体的指標を用いて，事業を実施しない場合と比較する等，客観的に効果を検証できることが求められる。

第3に，他の商店街にとって参考となりうる事業であることである。例えば，事業内容に新規性があることや実施体制や実施方法に創意工夫が認められる等，他の商店街が商店街活性化事業に取り組むに当たって参考となる要素を含んでいることが要求されることになる。

なお，2009年に地域商店街活性化法が制定された際，国と足並みを揃えて新たな商店街支援を具体的に行う組織として，中小企業関係4団体（全国商工会連合会，日本商工会議所，全国中小企業団体中央会，全国商店街振興組合連合会）が出資して全国商店街支援センターが設立された。

同センターでは，人材不足，情報・ノウハウ・知識の不足，外部との連携の不足といった，多くの商店街が共通して抱える課題を解決し，商店街が自発的な活性化を達成できるようサポートするために，人材育成支援，個店活性化支援，商店街活性化のための計画づくり支援，空き店舗対策の取組み支援等のさまざまな支援事業を行っている[1]。

3. 事業計画の認定状況

地域商店街活性化法が施行された2009年8月以降，これまでに116件の事業計画が認定されている（2021年9月30日現在）。内訳をみると，地域別では，北海道6件，東北25件，関東37件，中部6件，近畿15件，中国8件，四国2件，九州16件，沖縄1件となっている。また年別では，2009年18件，2010年27件，2011年35件，2012年23件，2013年6件，2014年5件，2015年0件，2016年2件となっている。2017年以降に認定された案件は存在しない。なお，認定商店街の詳細は，中小企業庁のウェブサイトで確認することができる[2]。

---

1) 全国商店街支援センター，https://www.syoutengai-shien.com/（2021年9月29日閲覧）。
2) 中小企業庁「認定商店街活性化事業計画の概要（平成28年6月17日現在：116件認定）」，

　2011 年以降，認定件数が急速に減少しているが，これについては 2 つの要因が考えられる。

　第 1 に，他の商店街関連予算が新設されたことの影響である。2012 年度補正予算において事業費 100% 補助の「地域商店街活性化事業」（上限 400 万円）と，同 2/3 補助の「商店街まちづくり事業」（上限 1 億 5,000 万円）が新たに創設された。これは消費税引き上げに伴う商店街の取り組みに対する補助事業として行われたものであったが，これらの予算の新設により，国による支援事業の選択肢が増えたことが影響したのではないかと考えられる。なお，これら 2 つの事業については 2013 年度も継続して補正予算が組まれ，2 年間の予算は総計 480 億円にのぼった（新島 2015：51 ページ）。

　第 2 に，商店街活性化の効果を客観的に検証するための具体的指標についてである。2011 年度までに認定された案件については，来街者の増加や空き店舗，商店街組合員数の増加等の指標が用いられており，商店街売上高に関する指標は任意であった。ところが，2012 年度から，商店街の活性化を検証する指標として商店街売上高が必須項目として設定されることになった。このことは，商店街にとっては，地域商店街活性化法の認定のハードルを上げる動きとして受け止められた。商店街では，商店街組織の構成員が売上高を開示することはなく，商店街振興組合や事業協同組合の長ですら，組合員の売上高について関知しないからである[3]（渡辺 2014：207 ページ）。

　2013 年までに地域商店街活性化法の認定を受けた 109 件を対象として事業計画をみてみると，109 件の中で 515 の事業が計画されている。これらの事業を内容ごとに分類したのが図 7-2 である。街路灯整備（LED 化等化等）およびアーケード整備といったハード面の整備はそれぞれ 5% にとどまっているのに対して，イベント事業が 35% でもっとも多く，2 番目に多い

---

https://www.chusho.meti.go.jp/shogyo/shogyo/shoutengai_ninteijirei/index.htm （2021 年 9 月 30 日閲覧）。

3)　なぜ 2012 年度から商店街売上高が必須項目とされるようになったのかについては，渡辺(2014)，207-208 ページに詳しい。

コミュニティ施設の設置・運営（14%）と合わせると全事業のおよそ半分をこの2つの事業が占めていることがわかる。多くの商店街が，ソフト面を重視した，あるいはハードとソフトを融合させた事業に取り組んでいることがうかがえる（新島2015：51-52ページ）。

　ここでは，地域商店街活性化法の概要を中心にみてきた。個々の商店街が具体的に地域住民のニーズをふまえ，どのようなまちづくり活動を展開しているのかについては，第10章を参照してほしい。

図7-2　事業内容の分類

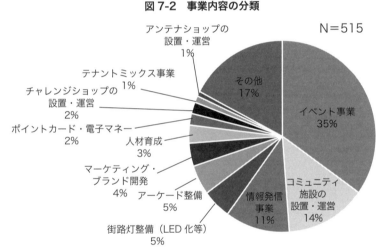

N＝515

イベント事業 35%

コミュニティ施設の設置・運営 14%

その他 17%

情報発信事業 11%

アーケード整備 5%

街路灯整備（LED化等） 5%

マーケティング・ブランド開発 4%

人材育成 3%

ポイントカード・電子マネー 2%

チャレンジショップの設置・運営 2%

テナントミックス事業 1%

アンテナショップの設置・運営 1%

（出所）新島（2015），52ページ。

> **トピックス：共同支援と個別支援**
>
> 　第6章でも触れたように，中小商業者に対する振興政策には，個別支援と共同支援がある。これまで日本における振興政策の中心は後者であった。しかし，近年，従来の政策方法を見直し，個別支援にも力を注ごうとする動きが生じてきている。これは，地域の商店街が置かれている厳しい状況を打破するためには，地域商業の魅力の再構築が不可欠である。その

　ためには,「集積としての魅力」と「個店としての魅力」の両面から考える必要があるが, 従来の政策支援はもっぱら前者に傾斜してきたという反省によるものと考えられる (渡辺 2016：135-136 ページ, 255 ページ)。

　こうした観点からみてみると, 地域商店街活性化法は, 基本的には, これまでに展開されてきた振興政策と同じく, 共同支援に属するものであるといえる。しかし, 同法では, 小規模企業者等設備導入資金助成法の特例により, 認定事業を行う小規模企業者への設備資金貸付け (無利子) の貸付け割合を 1/2 以内から 2/3 以内に引き上げる支援措置を講じたり, 全国商店街支援センターを通じて, 商店街の核となる繁盛店をつくるため, 個店の魅力を向上させて集客力・販売力を高めるノウハウを提供したり, 繁盛店づくりを自立的・継続的に実行できる人材を育成する事業を展開したりする等の個別支援も支援の枠組みに盛り込んでいる。共同支援をベースとしながら個別支援も行うという点は, 同法の大きな特徴として指摘することができる。

　このほか, 振興政策全般の観点から個別支援に該当するものとして, 中小企業等基盤強化税制と企業活力強化資金があげられる。前者は小売・卸売・サービス業を営む中小企業が機械設備等を取得した場合, 取得価額の 30％の特別償却または 7％の税額控除を認める税制上の優遇措置である (2014 年 3 月まで)。

　後者は商業集積や商店街に新規に出店したり, 新たな設備を導入して業務の合理化を図ろうとする中小小売業者等に対して日本政策金融公庫が設備資金や運転資金等の必要な資金を低利で融資するというものである。

　企業活力強化資金は, 個人事業主や小規模事業者を対象とする国民生活事業と, 中小企業者を対象とする中小企業事業のそれぞれに設けられており, 一定の条件を満たすことにより, 前者では 7,200 万円まで, 後者では上限 7 億 2,000 万円まで融資を受けることができる。2015 年度における企業活力強化資金の融資実績をみると, 国民生活事業は融資先数 12,223 件, 融資額 918 億円, 中小企業事業は融資先数 330 件, 融資額

158 億円であった[4]。

【考えてみよう】

1. 中小小売商業振興法に基づく高度化事業計画の認定件数は 1994 年の 187 をピークとして減少していった。なぜそのような現象がもたらされたのか，考えてみよう。
2. 一般に，商店街は商圏の広さによって，超高域型商店街，広域型商店街，地域型商店街，近隣型商店街に区分されるが，それぞれのタイプの特徴について調べてみよう。また，身近な商店街はこれらのうち，どのタイプに該当するのかについて考えてみよう。
3. 地域商店街活性化法の意義と問題点について考えてみよう。

【参考文献】

石原武政（2011a）「地域商店街活性化法制定の背景～地域コミュニティの担い手としての商店街への期待」『自治体法務研究』25 号。

石原武政（2011b）「地域商業政策の系譜」『商学論究』58 巻，2 号。

中小企業政策審議会中小企業経営支援分科会商業部会（2009）「『地域コミュニティの担い手』としての商店街を目指して～様々な連携によるソフト機能の強化と人づくり～」。

中小企業庁（2008）「商店街関連施策の実施状況（中小企業政策審議会商業部会資料）」。

中小企業庁商業課（2009）「地域商店街活性化法について」。

新島裕基（2015）「地域商店街活性化法の事業評価に関する分析視角事例研究に向けた予備的考察」『専修ビジネス・レビュー』10 巻，1 号。

新島裕基（2021）「商店街のコミュニティ対応とその評価：地域商店街活性化法の認定事例を対象にした計量テキスト分析」『専修大学商学研究所報』52 巻，5 号。

渡辺達朗（2014）『商業まちづくり政策—日本における展開と政策評価』有斐閣。

渡辺達朗（2016）研究会編（2010）『日本企業のマーケティング』同文舘出版。

渡辺達朗（2016）『流通政策入門—市場・政府・社会（第 4 版）』中央経済社。

【さらに深く学ぶために】

石原武政・渡辺達朗編（2018）『小売業起点のまちづくり』碩学舎。

南方建明（2013）『流通政策と小売業の展開』中央経済社。

---

4) 政府広報オンライン，https://www.gov-online.go.jp/useful/article/201503/1.html（2021 年10 月 2 日閲覧）。

第4部　調整政策から商業まちづくり政策への転換

第8章　調整政策

本章の概要

　本章では大規模小売業と中小小売業の競争条件を調整し，中小小売業の事業機会を確保することを目的とする調整政策について，その形成・展開・転換過程を，大規模小売店舗法を中心に解説する。第1節では最初の調整政策である百貨店法からスーパーマーケット等の成長を背景とした大規模小売店舗法の成立までを説明する。第2節は政策目的達成のための規制強化，第3節では日米関係等を背景とした規制緩和への展開を説明する。そして第4節では経済的規制から社会的規制へという規制方針の転換により，調整政策がまちづくり政策に転換していく過程を概観する。

第1節　調整政策のはじまり：百貨店法から大規模小売店舗法へ

1.　戦前の調整政策：調整政策のはじまり

　調整政策のはじまりは第2次世界大戦前に制定された第1次百貨店法にさかのぼる。世界初の百貨店は1852年にフランスに誕生したボン・マルシェ[1]と考えられているが，日本においては1900年代に開設されはじめ，高級品を中心とした品揃えや広い売場，定価販売等の特色が消費者の支持を集め成長した。しかし，中小小売業にとって百貨店は経営に悪影響を及ぼす存在であり，

---

1)　1852年にフランスの織物類を扱う小売店であったボン・マルシェの経営にブシコー夫妻が参画し，様々な商法を展開した。（鹿島茂 1991：36ページ）

政府による規制をもとめる声が上がり始める。この結果，1937年に第1次百貨店法が制定，施行され，百貨店の出店に規制がかかることとなった。

「百貨店」というと，駅前や繁華街に立地しており，建物の複数フロアを使った大規模な店舗を思い浮かべるが，第1次百貨店法が施行された当時の百貨店は，現在の百貨店ほど大規模なものではない。規制対象は，店舗面積が1,500㎡以上，（政令指定都市等では3,000㎡以上）の店舗であった。店舗面積1,500㎡といえば，現在では多くの食品スーパーよりも小さい規模である。

2. 戦後の調整政策

(1) 第2次百貨店法

第2次世界大戦後には第1次百貨店法はいったん廃止される。しかし，1954年10月に大丸が東京八重洲店を開店した頃から百貨店の活動が盛んとなり，他の百貨店の新規出店計画などが相次いで発表された。このような状況で，中小小売業と百貨店の紛争が再燃するとともに，百貨店同士の競争も激しくなり，1956年に第2次百貨店法が再び制定され，百貨店に対する規制が復活した。第2次百貨店法は立法の精神，法の構成ともに戦前の百貨店法を踏襲したものであった（坂本1999：12ページ）。

第2次百貨店法では，店舗の新設及び増設，営業時間（閉店時刻と休業日数），出張販売，顧客の送迎が規制項目となった。百貨店の定義は戦前の第1次百貨店法と同じで店舗面積が1,500㎡以上（政令指定都市等では3,000㎡以上）である。しかし，第1次百貨店法では店舗面積のカウントが建物単位で行われたのに対し，第2次百貨店法は企業単位でカウントされることになった。このことが後に述べる擬似百貨店問題を引き起こすこととなる。規制項目を判断するために諮問機関として百貨店審議会が設置された。また，地元の中小小売業の意見をもとめるためには商業活動調整協議会が利用された[2]。

---

2) 地元の商工会議所や商工会を中心とする組織。1974年の通商産業省産業政策局長名の通達で委員構成，運営，意見のとりまとめについて指示が出されている（石原2009：179ページ）。

(2) 小売商業調整特別措置法

　百貨店の活動が盛んになる一方で，小売市場と称される小売業態が成長した。小売市場とは複数の小売業が集まって形成した一種のショッピングセンターである。小売市場には，百貨店同様に中小小売業にとって脅威となったこと，小売市場同士の競争が激しくなったこと，不適切な小売市場の開設者があらわれたこと等の問題点があった（渡辺 2016:165 ページ）。また，第 2 次百貨店法の施行前には，百貨店の駆け込み出店・増設が相次ぎ，中小小売業の団体による規制要求が高まったが，その鉾先が百貨店だけではなく小売市場等にも向いた（久保村ほか 1982：92 ページ）。さらに，生活協同組合や購買会 3) 等の小売事業も拡大した。これらに対応するため，1959 年に小売商業調整特別措置法（昭和 34 年法律第 155 号）が制定・公布された。

　その内容は，生協や購買会に関して員外の利用を禁止すること，小売市場を許可制とすること，生協に対する規制を消費生活協同組合法（昭和 23 年法律第 200 号）にゆだねること，製造業，卸売商の小売業兼営を届出制にしたこと等である（久保村ほか 1984：170 ページ）。

　この法律は分野別調整法 4) との整合性を取るために 1977 年に改正されている。

(3) 大規模小売店舗法の制定

　第 2 次百貨店法の制定後，日本は流通革命期と称される時期に入る。流通革命とは大量生産体制と大量消費体制が実現する中で，両者を結ぶ経路部門の零細性が経済のボトルネックとなっており，この部門に革命的な変化が起こるというものである。具体的には流通の多段階性と零細性の解消等であり，小売部門ではセルフサービス販売を特徴の一つとする総合スーパーや食品スーパー等の大型店舗が出現，成長した。代表的な企業としては 1957 年に誕生した主婦の店ダイエーがある 5)。

---

3)　事業者がその従業員の生活に必要な物品を供給する事業を購買会事業という。
4)　中小企業の事業活動の機会の確保のための大企業者の事業活動の調整に関する法律（昭和 52 年法律第 74 号）。小売業以外の特定事業分野への大企業の参入を規制する制度を指す。
5)　この時期は海外でも大規模店舗の黎明期に当たり，世界最大の小売業であるウォルマート（米国）が 1962 年に創業，フランスのカルフールが 1963 年にはハイパーマーケット 1 号店を出店するなど，世界各地でセルフサービスの大型店舗が相次いで誕生し，中小小売業との紛争が発生し始めていた。

　このようなスーパーマーケットは急速に店舗数を拡大した。取扱品目が食料品や日用品等の最寄り品中心であることから中小小売業への影響は百貨店よりもかなり大きいため，出店反対運動が盛んになった。また，従来の百貨店も，同じ大型店舗を展開する業態としてスーパーマーケットの積極的な出店には不満を募らせることとなった。

　それでは第2次百貨店法があるにもかかわらず，スーパーマーケットはどうして急速に店舗を出店できたのであろうか。久保村は第2次百貨店法の制定時の状況について「当時，スーパーマーケットの将来の成長に着目する人がいなかったためか，法案作成に当たって，スーパーマーケットは全く考慮されなかった。」（久保村ほか 1982：93 ページ）と述べている。

　もう少し具体的に説明してみよう。スーパーマーケットは大量販売とチェーンオペレーションによる低コスト化を背景とした低価格販売が特徴である。低コスト化のためには多店舗展開が必要であり，一般的には百貨店よりも出店意欲が強くなると考えられる。この出店意欲の違いが，第2次百貨店法の制定時には考慮されていなかったのであろう。

　しかし，出店意欲だけでは第2次百貨店法の規制を逃れることはできない。スーパーマーケットは一体どのようにして出店できたのであろうか。その理由は規制対象となる店舗の定義にある。

　前に述べたように，第2次百貨店法の規制対象は店舗面積が 1,500㎡以上となっているが，店舗を判断する基準として企業主義をとっていた。つまり建物の店舗面積があわせて 1,500㎡であったとしても，複数の企業によって営業されておりそれぞれの企業の店舗面積が 1,500㎡を超えなければ規制対象外となるのである。当時のスーパーマーケットはこの点を利用して食品売場，衣料品売場など，各階別に別企業が運営する形態とすることによって第2次百貨店法の規制を逃れた。このような店舗は百貨店に極めて近いものの第2次百貨店法の対象からは外れているということから「擬似百貨店」とよばれた。中小小売業，百貨店ともこのような状況に納得できるはずもなく，政府に規制を求めて活動することとなった。

　また，国内の小売業界を見ると，それまで小売売上高日本一であった百貨店の三越が，1973 年に総合スーパーを展開するダイエーに日本一の座を奪われるという状況になったが，このことも大規模小売店舗法の制定を後押しすることとなった。こうして 1973 年に大規模小売店舗法が制定，翌年には施行され，同年，第 2 次百貨店法は廃止された[6]。

(4) 大規模小売店舗法の概要

　大規模小売店舗法の目的は法第 1 条に規定されており，以下の 3 つである。

①消費者の利益に配慮しつつ，大規模小売店舗における小売業の事業活動を調整する。

②それによって，周辺の中小小売業の事業活動の機会を適正に確保する。

③小売業の正常な発達を図るとともに国民経済の健全な発展を図る。

　このうち，「小売業の正常な発達」，「国民経済の健全な発展」は抽象度が高く，いろいろな解釈が可能であるから，実質的には大規模小売店舗の周辺の中小小売業の事業活動を確保することが目的であり，そのために大規模小売店の事業活動を制限するという極めて保護主義的な性格が強い法律となっている。

(5) 第 2 次百貨店法と大規模小売店舗法の違い

　第 2 次百貨店法との違いについては，以下の 2 点をあげておこう。

　第 1 は店舗面積のカウント方法の違いである。両法とも店舗面積 1,500㎡ 以上（政令指定都市等では 3,000㎡ 以上）を規制対象とする点では同じである。しかし，第 2 次百貨店法が同じ建物の中であっても企業毎の店舗面積で判断する企業主義をとっていたのに対し，大規模小売店舗法は建物主義を採用した。これは，企業主義が擬似百貨店問題を発生させる原因となっていたことに対応したものである。

　第 2 は許可制から事前審査付き届出制へ変更されたことである。第 2 次百貨

---

6)　フランスでは日本の大規模小売店舗法に類似したロワイエが施行され，1000㎡ 以上店舗の新設が制限されたため，小売業は市場を求めて海外進出を加速させることとなった。ドイツでは都市計画法によって店舗の出店が規制され，800㎡ 以上の店舗の出店が困難となった。結果として 800㎡ 未満店舗の出店が加速されたところは日本と同じ状況で，結果としてボックスストアとよばれる業態が成長する要因の一つとなった。

店法では，店舗の営業を許可するか否かを判断するという許可制であったが，大規模小売店舗法では事前審査付き届出制が採用された。ただし「届出制」という名称にはなっているものの，限りなく許可制に近い性格を持つものであった。このような制度となった理由として，大山は「許可制を主張する中小小売業の団体とそれを支持母体とする政治家，届け出制を主張する百貨店等の大型店企業と通商産業省との妥協の産物」と指摘している（大山 1986：65 ページ）。

手続きの具体的手順は次のとおりとなる。

①大規模小売店舗を出店しようとするものは建物設置者としての届出（法第3条）および小売業者としての届出（法第5条）を通商産業大臣に行う。

②届出を受けた大臣は，周辺の中小小売業に相当程度の影響を与える恐れがあるかどうかを事前審査する。

③-1 審査の結果，相当程度の影響を与える恐れがなければ届出を受けつける。

③-2 恐れがある場合は，調整4項目（店舗面積，閉店時刻，休業日数，開店日）に関する届出内容の変更を勧告する。従わない場合は命令を出すこととなる。

②の事前審査は大規模小売店舗審議会（法第7条）で行われるが，審議は各

図8-1 　大規模小売店舗法による出店調整の流れ（1974.3-1982.1）

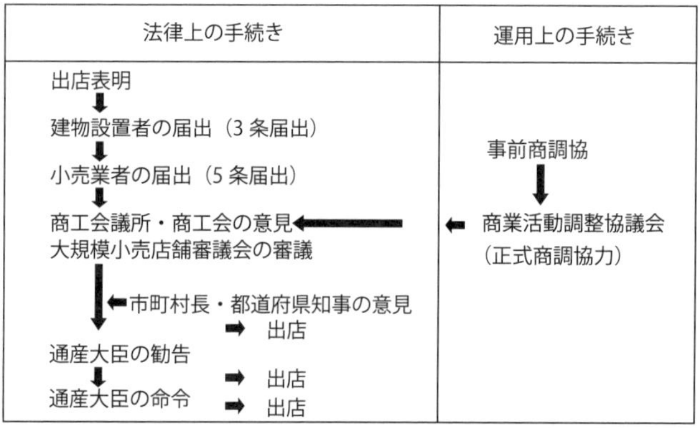

（出所）石原（2009）：178 ページに一部加筆。

地の商工会議所や商工会に設置された商業活動調整協議会（商調協）の意見を踏まえて行われることとなっていた。このような事前審査付き届出制は，そのプロセスや判断に行政的な裁量の余地が大きく，また政治の介入を排除できないなど，政府の失敗の要素を内包するものであったといえよう。

第 2 節　大規模小売店舗法の規制強化

1.　法改正による規制強化

　大規模小売店舗法の施行により大型店の出店は抑制されたが，法の目的である中小小売業の事業機会が十分確保されたわけではなかった。規制対象が店舗面積 1,500㎡以上であったため，これを回避するために 1,500㎡未満の店舗の出店が大幅に増えたのである。店舗面積が 1,499㎡であれば法律上は大規模店舗に該当しないが，周辺の中小小売業に与える影響は小さくない。さらに小売業態が多様化し，総合スーパー，食品スーパー以外にも様々な業態が大型店の出店意欲を高めたことも出店増加の理由である。また，大型店の地方中小都市への急激な進出も重なり，出店を巡る紛争が多発し，規制強化を求める声が大きくなった。これらのことから 1978 年には大規模小売店舗法が改正され 1979 年に施行された。

　改正法の主要な点は 2 つある。第 1 は基準ぎりぎりの店舗の出店に対応するため，店舗面積の下限を 500㎡に下げたことである。500㎡以上 1,500㎡未満を第二種大型小売店舗と位置づけて規制対象とした。これに伴い従来の 1,500㎡以上は第一種大規模小売店舗となった。第 2 は第二種大規模小売店舗の調整権限を都道府県知事に与え，地方自治体の権限を強化したことである。

　このような規制強化により，1,499㎡規模の店舗の出店は減少したが，新たな下限である 499㎡規模の店舗は増加することとなった。

2.　通達による規制強化

　法改正の後，1982 年に通商産業省産業政策局長通達「大規模小売店舗の届

け出に関わる当面措置について」が発出されるが，この通達も実質的な規制強化として機能した。

この通達のポイントは以下の2点である。

第1は事前協議の追認である。大規模小売店舗法の正式なプロセスは，建物設置者の届出が行われた後に小売業者による届出が行われ，その後に，地元の商工会議所等を中心とした商業活動調整協議会を通じて意見聴取が行われることになるというものである。しかし，大規模店舗の設置者と地元の中小小売業は利害が対立しているため，正式なプロセスでいきなり意見聴取や調整を行うことには無理がある。このため1982年の通達が発出される以前から非公式な事前協議が行われていた。非公式な事前協議は，利害関係者が集まって行う密室性の高いものであるから，「地元小売商のテナントとしての優遇，地元納入業者の優遇，商品構成や価格帯，バーゲンセールの頻度などについての条件，さらには「地元活性化協力金」等の名目の金銭供与」（渡辺2016：173ページ）などの生々しい調整が行われることになったという。

第2は出店抑制地域の設定である。出店抑制地域とは，第一種小売店舗が一定程度存在する市町村をいい，このような市町村について事業者に出店の自粛を要請した。「自粛要請」とはいうものの，行政の要請に応じないことは企業にとっては困難であるから実質的には出店禁止地域として機能した。ある地域に必要以上の大規模店舗が存在すると過当競争や中小小売業の過度な衰退が進むことから，市町村毎に大規模店舗が一定以上に増加しないように要請することは，地域レベルの「望ましい流通の状態」を実現する上で必要な措置と捉えることもできる。しかし，このような事業活動を実質的に制限する要請を行うのであれば，判断基準の妥当性，基準決定プロセスの透明性，結果の公表が求められるが，出店調整地域の設定基準や具体的な市町村名が公表されないなど，運用上の問題が大きかった。

3. 地方自治体による規制強化

大規模小売店舗法の改正により自治体の権限が強化されたが，この時期には

自治体独自の規制強化も行われた。それらは「上乗せ規制」,「横出し規制」と呼ばれる。「上乗せ規制」とは,規制の対象となる店舗に関して法が求める範囲を超えて自治体独自が課した規制[7]であり,「横出し規制」とは,法の対象とならない店舗[8]について自治体が別途定めた出店に関する規制をいう。このような地方自治体の規制強化が行われた背景としては,大規模小売店舗の進出に対する中小小売業の危機感が強かったことに加え,地方における中小小売業の政治的パワーが大きかったことがあげられる。

このように 1980 年代は大規模店舗の出店に対して極めて抑制的な政策がとられた時期となっている。

第 3 節 大規模小売店舗法の規制緩和

1. 規制緩和の背景

1970 年代後半から大規模小売店舗法の改正等により規制は強化された。しかし,中小小売店の店舗数[9]は 1982 年の 164 万店舗から 1985 年には 154 万店舗,1988 年には 151 万店舗と減少が継続した。このように中小小売業の事業機会を確保する政策としての大規模小売店舗法は,その限界が明らかになってきたといえる。一方で日米貿易摩擦の激化や大規模小売店舗法の官製カルテル説が有力となってきたこと等から政策は規制緩和の方向に進む。

(1) 第 1 の背景：日米貿易摩擦

1980 年代後半の米国は財政赤字と貿易赤字が大きな問題となっていた。このうち貿易赤字に関しては,日本からの輸入超過が問題視され,米国内では保護主義的な主張も行われるようになっていたのである。米国政府はこの日米貿易摩擦の要因は日本の非関税障壁[10]にあると主張した。その結果,日米構造問題協議が開始され,日米の非関税障壁を取り除くための協議が行われることとなった。

---

7) 例えば地元の同意がなければ届出を受け付けない等である。
8) 例えば店舗面積 500㎡未満の店舗を規制対象とすることである。
9) ここでは従業員数 4 人未満の小売業の店舗数としている。
10) 関税以外の貿易を阻害する要因のこと。

(2) 第2の背景：官製カルテル説

大規模小売店舗法は中小小売業の事業機会確保を目的としており，規制強化によって大規模小売店舗の出店は困難になった。しかし見方を変えると，出店は困難だが一度出店すれば，競合する新たな大規模小売店舗の出店が抑制されていることになる。つまり，大規模小売店舗法は中小小売店であれ大規模小売店であれ，既存小売業の事業機会を保護する性格をもつ。

このように政府の規制により小売業があたかもカルテルを結んでいるかのように機能してしまうことを官製カルテル説とよぶ。小売業同士の競争を阻害していること，とりわけ中小小売業の事業機会を確保することを目的とする法律でありながら，実質的には既存大規模小売店舗を保護してしまうという矛盾が明らかとなり批判を浴びることとなった。

2. 日米構造問題協議を契機とした大規模小売店舗法の規制緩和

(1) 日米構造問題協議の背景

日米間の貿易不均衡問題は日米首脳会談の主要な議題となるまでに大きな問題となった。そして1989年7月のアルシュ・サミット時の日米首脳会談において，当時の宇野総理大臣とブッシュ大統領が日米構造問題協議を開始することで合意した。協議の中で，大規模小売店舗法は非関税障壁の一つとして取り上げられた。米国が非関税障壁であると見なした理由は，大規模小売店舗を展開する米国の小売業が日本に出店することが難しいことおよび小型店では米国製品の取扱いが少なくなることである。米国の小売業が日本に出店できれば当然米国製品の取扱いが多くなるであろうし，大型店が増加すると小型店よりは幅広い品揃えとなり米国製品の取扱いが増える，その結果，米国からの輸入が増えるという主張である。

(2) 90年代の流通ビジョン

日米貿易摩擦を背景とした米国からの圧力や官製カルテル説等に対応するため，通商産業省は1989年6月に「90年代の流通ビジョン」を発表し，大規模小売店舗法の運用等の適正化についての方向をとりまとめている。

主な内容としては，以下の 4 項目である。

①事前説明の趣旨，具体的な方法，長期的な案件への対応措置等を明定し，適正な運営をはかること

②閉店時刻・休業日数の届け出不要基準，調整の目安を見直すこと

③出店抑制地域の制度は継続するが，出店計画の取扱いをするための手続き及び手続きと事前説明との関係を明確化すること

④地方公共団体の独自規制を見直すこと。具体的には強権的上乗せ規制は撤廃，横出し規制は合理性が認められるもののみとしたうえで，手続きの透明性迅速性をはかること

この内容は法の抜本的な改正ではなく，運用の適正化にとどまるものであり，規制緩和を求める米国を満足させるものではなかった。

(3) 日米構造問題協議と大規模小売店舗法の緩和

日米構造問題協議では 1990 年 4 月に中間報告，同 6 月には最終報告がとりまとめられた。そのなかで大規模小売店舗法の規制緩和に関して規制緩和に向け直ちに実施する措置（運用適正化措置等），次期通常国会における提出を目指した法律改正，上記法改正後の見直しの 3 項目が盛り込まれた。時間のかかる法律改正に先立って通達等で可能な運用の適正化を行い，その後，法律改正を行うというスキームになっている。

a) 第 1 段階：運用適正化措置

日米構造問題協議の中間報告（1990 年 4 月）をうけ，「現行大規模小売店舗法の枠組みの中で法律上実施可能な最大限の措置」（日米構造問題研究会 1990：25 ページ）として通達を発出し 5 月 30 日より実施された。

主な内容は以下のとおりである。

①出店調整処理期間の短縮：出店調整処理期間を 1 年半以内とするなど

②輸入品売場にかかる特例措置：輸入品売場を増床する場合，100㎡以下であれば調整手続きは不要とする

③調整不要店舗面積の設定：店舗面積の 10％増または 50㎡以下の小さい方であれば調整手続きを不要とする

④閉店時刻，休業日数に関する規制対象範囲の緩和：規制対象となる閉店時刻を午後6時以降から午後7時以降へ，休業日数を月4日未満から年間44日未満に緩和する

⑤出店調整処理手続きの透明性向上：商業活動調整協議会の審議内容の一層の開示，問い合わせの受付・処理窓口の設置

この通達と同時に，地方公共団体の独自規制の是正についても各都道府県知事に対して通達が発出されている。

b) 第2段階：大規模小売店舗法関連5法の改正

1991年には規制緩和の第2段階として大規模小売店舗法関連5法[11]が制定・改正された。

大規模小売店舗法の主要な改正点は，以下の2点である。

①出店調整期間を1年以内（地元説明に要する期間を最長4カ月，それ以降の調整期間を最長8カ月）に短縮すること

②第一種大型店舗と第二種大型店舗の境界面積を引き上げること

これによって，500㎡超3,000㎡未満（政令指定都市等では6,000㎡以上）を第二種大型店舗，3,000㎡以上（政令指定都市等では6,000㎡以上）を第一種大型店舗とした。

輸入品専門売場特例法は大規模小売店舗法の特例法として制定されたもので，輸入品を販売するための売場を設ける場合は1,000㎡までは大規模小売店舗法による調整を不要とした。また，地方公共団体の独自規制の抑制や，改正後2年以内の見直しも明記された。

このような規制緩和の象徴となったのが米国のおもちゃ小売業であるトイザらスの日本進出である。同社は1991年12月に茨城県の荒川沖に日本国内1号店を開店，1992年1月には国内2号店となる「トイザらス 橿原店」をオープンさせた。2号店の開店セレモニーには当時のブッシュ米大統領が出席して

---

11) 大規模小売店舗法関連5法は，大規模小売店舗改正法，輸入品専門売場特例法，特定商業集積整備法，中小小売商業振興法改正法，民活法改正法。

おり，大規模小売店舗法の規制緩和が日米間の経済問題として重要な位置をしめていたことがうかがえる。

c）第 3 段階：規制緩和

1991 年の法改正の 2 年後に再び大規模小売店舗法を見直すことが日米構造問題協議で約束されていた。さらなる行動の必要性が，産業構造審議会流通部会・中小企業政策審議会流通小委員会合同会議で議論され，その結果が 1994 年 1 月の中間報告「改正大規模小売店舗法の見直しの在り方」としてとりまとめられ，この報告に基づいて同年 4 月に省令の改正と通達が発出された。主な内容は以下の 4 点である。

　① 500㎡超 1,000㎡未満の店舗の出店は原則として自由化すること

　②中小テナント（500㎡以下）の増床は届け出も調整も不要とすること

　③閉店時刻の基準を午後 7 時から午後 8 時に延長すること

　④休業日数の基準を年間 44 日から年間 24 日に変更すること

　このような規制緩和により大規模小売店舗の出店は加速した。具体的に見ると，1989 年の大型店舗設置の届出数は第一種 332 店，第二種 462 店の併せて 794 店であったが，1994 年度には第一種 426 店，第二種 1,501 店の併せて 1,927 店に増加し，1996 年度には第一種 523 店，第二種 1,746 店の併せて 2,269 店舗となった。

トピックス：小売業か卸売業か

　大規模小売店舗法の規制対象は小売店であるから店舗販売を行っていたとしても卸売店舗であれば規制の対象外となる。そこで問題となったのがホールセールクラブである。ホールセールクラブとは会員制の卸売業で，大型店舗での販売を行う。本来の卸売業が提供する配送及び掛け売り機能をもたないため，キャッシュ＆キャリーともよばれる。卸売業なので中小自営業者等が会員となるのだが，会員審査が不適切だと個人客が会員登録できることになり，実質的には小売業との区別が難しくなる。1990 年代に子供用品のホールセールクラブを展開していた赤ちゃん本舗は，「転売の意思のある特約店に販売する」として小売業ではなく卸売業として営業して

いた。しかし，実際は一般消費者でも容易に特約店になることができたため大規模小売店舗法の規制逃れとの批判を集めることとなった。1995 年にはトイザらスが，「赤ちゃん本舗は大規模小売店舗法違反の疑いがある」との訴えを通商産業省に対しておこし 1996 年 1 月に認められた。この結果，赤ちゃん本舗は 1997 年 3 月までにすべての店舗を小売業に転換した。

表 8-1　大規模小売店舗の届出店数の推移

年度	合計	第一種	第二種	事項
1974 年度	399	399		大規模小売店舗法の施行
1975 年度	281	281		
1976 年度	264	264		
1977 年度	318	318		
1978 年度	243	243		
1979 年度	1,605	576	1,029	大規模小売店舗法の改正：規制強化
1980 年度	795	371	424	
1981 年度	502	194	308	
1982 年度	402	132	270	通達による規制強化
1983 年度	401	125	276	
1984 年度	444	156	288	
1985 年度	507	158	349	
1986 年度	527	157	370	
1987 年度	568	203	365	
1988 年度	655	244	411	
1989 年度	794	332	462	日米構造問題協議の開始
1990 年度	1,667	881	786	規制緩和第 1 ステップ
1991 年度	1,392	486	906	
1992 年度	1,692	388	1,304	規制緩和第 2 ステップ
1993 年度	1,406	312	1,094	
1994 年度	1927	426	1,501	規制緩和第 3 ステップ
1995 年度	2,206	528	1,678	
1996 年度	2,269	523	1,746	
1997 年度	2,116	528	1,588	
1998 年度	1,681	401	1,280	
1999 年度	1,338	384	954	
2000 年度	27	5	22	大規模小売店舗法廃止
（4,5 月）				大規模小売店舗立地法施行

（注）　大規模小売店舗法における法第 3 条第 1 項（新設）および法第 3 条の 2 第 1 項（種別変更）の届出である。

（出所）経済産業省ホームページより著者作成，https://www.meti.go.jp/policy/economy/distribution/daikito/todokede.htm（2021 年 8 月 30 日閲覧）。

第4節　大規模小売店舗法から大規模小売店舗立地法へ

1.　経済的規制から社会的規制へ

　3段階の規制緩和を経て，大規模小売店舗の出店障壁は小さくなり，出店数が増加した。(表8-1参照)。一方で1990年代前半のバブル経済の崩壊によって不況に陥っていたわが国においては経済改革が大きな課題となり，内閣総理大臣の諮問機関である経済改革研究会がその方向性をとりまとめた。1997年の最終報告では，「経済的規制については原則自由・例外規制」とし，社会的規制については不断に見直し，透明・簡素なものとするとした（中谷ほか1994：32ページ）。

　大規模小売店舗法については，中小小売業の事業確保が第1の目的であり経済的規制に当てはまるという点で政府の方針には合わないものであった。さらに，大型店の出店は周辺に交通渋滞，騒音，廃棄物，青少年の非行などの問題を発生させる場合がある。この点は国民の生活環境を守る観点から社会的規制が必要ということになる。このように経済的規制としての大規模小売店舗法は原則廃止すべきだが，生活環境を守るための社会的規制として大型店の出店の規制は必要であるということになった。

2.　商業政策からまちづくり政策へ

　大規模小売店舗の出店は地域の中小小売業や周辺住民の生活環境にまで影響を与える。さらに商業は地域の人の流れにも影響するから大規模小売店舗の立地はサービス業や公共施設等の立地とも関係する。このように，出店調整において，地域の都市計画やまちづくり政策との整合性が意識されるようになった。このような調整は地方自治体が中心に行うことが望ましいが，大規模小売店舗法の緩和によって地方自治体の権限は制限されるようになっており，法の枠組みでまちづくり政策を行うことは困難になっていた。

　これらのことから経済的規制として機能している大規模小売店舗法は2000年5月に廃止され，同年6月に周辺の生活環境の保持等を目的とする大規模小売店

舗立地法が施行されることとなった。また，まちづくりの観点からは，中小小売業の振興が必要であることから1998年7月に中心市街地活性化法が，同11月には小売業の立地を調整するための改正都市計画法が施行された。大規模小売店舗立地法，中心市街地活性化法，改正都市計画法をあわせてまちづくり3法とよび，ここで調整政策と振興政策が一体的に機能するようになったのである。

【考えてみよう】

1. ECが拡大し店舗小売業との競争が激しくなっている。このような情況における新しい調整政策の必要性や是非について考えてみよう。
2. 大規模小売店舗法の規制緩和が地域に与えた影響を考察し，政策を評価してみよう。
3. 他の国ではどのような大規模小売店規制が行われているだろうか，調べてみよう。

【参考文献】

石原武政・加藤司編（2009）『日本の流通政策』中央経済社。

大山耕輔（1986）「官僚機構 - 大型店紛争における通産省・商工会議所の『調整』行動 -」中野実編『日本型政策決定の変容』東洋経済新報社。

鹿島茂（1991）『デパートを発明した夫婦』講談社現代新書。

久保村隆祐ほか（1982）『流通政策』中央経済社。

久保村隆祐ほか（1984）『現代の流通政策』千倉書房。

経済産業省「大規模小売店舗法（大店法）の届出状況について」，https://www.meti.go.jp/policy/economy/distribution/daikibo/todokede.html（2021年8月30日閲覧）。

坂本秀夫（1999）『大型店出店調整問題』信山社。

通商産業省商政課編（1989）『90年代の流通ビジョン』財団法人通商産業調査会。

通商産業省産業政策局流通産業課編（1989）『90年代の流通ビジョン』財団法人通商産業調査会。

中谷巌・大田弘子（1994）『経済改革のビジョン「平岩レポート」を超えて』東洋経済新報社。

日米構造問題研究会編（1990）『日米構造問題協議最終報告』財経詳報社。

渡辺達朗（2016）『流通政策入門—市場・政府・社会（第4版）』中央経済社。

【さらに深く学ぶために】

鈴木幾太郎（1999）『流通と公共政策』文眞堂。

中内功（2000）『流通革命は終わらない』日本経済新聞社。

第9章　商業まちづくり政策の概要と歴史

本章の概要

　本章では，商業まちづくり政策とはどのような政策なのか，またそれはどのような経緯で登場したのかについてみていく。第1節では，商業まちづくり政策の概要を解説する。第2節では，商業まちづくり政策の歴史的経緯を確認し，第3節では，流通政策と都市政策を連動させる根拠について解説する。第4節では，まちづくり3法の概要と枠組みを解説する。

第1節　商業まちづくり政策の概要

　商業まちづくり政策とは，大ざっぱにいえば商業をまちづくり，すなわち地域との関連でとらえようとする政策である。一方で，従来の流通政策は，いかに生産と消費を効率よくつなげるかといった流通の機能的側面を重視した内容であり，流通近代化の実現を目指すものであった。こうした観点からは，流通の存在意義は効率性だけとなり，商業がコミュニティを形成するなど地域社会と密着した存在だという側面は浮かび上がってこなくなる。しかし，私たち消費者の次元で流通をとらえると，その多くは流通の末端に位置する小売店舗の姿で立ち現れる。地域で営まれる店舗は，地域社会において効率性を追求するだけではない。むしろ，店舗はその物的な側面から，様々な姿で地域の街並みや雰囲気を形成し，私たちの生活や買い物行動に楽しさや賑わいをもたらしている。ちょうど，皆さんが友人と繁華街などへ出掛ける際に，賑わいのある場

所へ行く理由を思い浮かべると理解しやすいだろう。

　こうした生産と消費を効率的につなぐだけの側面とは異なり，商業が店舗としての物的な側面から地域に何らかの影響をもたらすことを商業の外部性という（石原 2006）。一般的に，外部性とはある主体の存在や行動が市場取引を介さずに，他の主体にプラスあるいはマイナスの影響を及ぼすことをいう。例えば，商店街全体の街並みや賑わいが個別店舗の集客力を超えた多くの消費者を集めることができたり，また逆に，個別店舗がシャッター化すると，そのことによって商店街全体の雰囲気にマイナスの影響を及ぼしたりすることもある。前者のようなプラスの影響を及ぼす外部性を外部経済といい，後者のようなマイナスの場合を外部不経済という。

　以上のことをふまえると商業まちづくり政策とは，地域に対する商業の外部性をふまえた上で，商業を軸にしたまちづくりを行うための政策だということができる（渡辺 2016：189 ページ）。

第 2 節　商業まちづくり政策の歴史

1.　商業まちづくり政策の源流

　これまで，流通政策における二本柱として振興政策と調整政策の分類が通説とされてきた（田島 1982：83-86 ページ）。そうした中，1990 年代の規制緩和以降，調整政策の象徴的存在であった大規模小売店舗法が 2000 年に廃止されたことで，流通政策の主軸は商業まちづくり政策に転換した。しかし，大規模小売店舗法廃止によって突如として商業まちづくり政策が出現するわけではない。では，それはどのような経緯で登場したのだろうか。あらためて商業まちづくりの視点から流通政策の系譜をとらえ返してみよう。

　「まちづくり」という用語が用いられた起源は諸説あるが，戦後に限ってみれば，おおよそ 1950 年代初頭だとされる（渡辺ほか 1997：44-46 ページ）。しかし，当時の日本の経済政策は，製造業の復興が重要課題であったことから，政策的支援も鉄鋼など基幹産業に対して傾斜的に行われていた。したがって，

この時期，経済政策として流通分野に関心が向けられることはほとんどなかったとされる（通商産業政策史編纂委員会編 2011：149-150 ページ）。

　むしろ，この時期には建設省（現在の国土交通省）による都市を不燃化[1] する取組みが，結果としての中心商店街の街並み整備をたもらした。商店街の活性化を直接的な目的にしたものではないが，商業まちづくり政策の源流はこうした施設整備を中心とするハード起点から見出すことができる（石原・渡辺編 2018：12-13 ページ）。

2.　流通政策における地域の視点

　流通政策において地域の視点は，いつごろから認識されたのか。流通分野に経済政策的な課題として関心が向けられるようになるのは高度成長期のころである。1964 年に設置された産業構造審議会（以下，産構審）の流通部会に，流通近代化のためにどのような対策が必要かといった諮問が出されたのが，戦後の本格的な流通政策の始まりとされる（石原 2018：14 ページ）。しかし，諮問内容からも明らかなように，この段階では効率的流通を実現することが課題であり，地域との関連といった商業まちづくりの視点は含まれていなかった。

　流通政策において，初めて地域の視点が導入されたのは，1970 年から始まる商業近代化地域計画事業であった。これは駅前開発でのアーケードやカラー舗装などハード的な施設整備に偏ってはいたが，地域における商業の発展を図るための制度でもあった。したがって，計画の策定過程では，地域をあらためて意識する機会を提供したのも事実であった。

　さらに，1983 年に発表された「80 年代の流通産業ビジョン」では，コミュニティの担い手という社会的有効性の考え方が表明される。また，これに基づいてコミュニティ・マート構想が打ち出され，商店街の自主的なまちづくりを支援する必要性が強調された。この背景には，1982 年の商業統計をピークに

---

1)　日本は伝統的に木造建築が主流であったため，戦災復興において建造物を不燃化することが国家的な課題であった。そのため耐火建築促進法（昭和 27 年法律第 160 号），防災建築街区造成法（昭和 36 年第 110 号）が制定され，多くの中心商店街で街並み整備につながった。

商店数が減少していたことがあった。すなわち，従来のハード偏重の支援策では商店街の衰退に歯止めがかけられないことを意味し，その反省からソフト面での施策が講じられるようになった。

　実際，この時期には行政からの支援を受けながら，地域のまちづくり協定の締結など地域に目を向けた商店街の取組みがみられるようになっており（石原・石井 1992：139-144 ページ），その後の街づくり会社制度につながる動きを生んだ（トピックスを参照）。その意味で，この時期，商業まちづくり政策の機運が生まれていたということができるだろう。

トピックス：街づくり会社制度とモデルとしての川越一番街商店街

　1985 年に，コミュニティ・マート構想のモデル事業の指定を受けた埼玉県川越市が行った調査において，商店街の活性化には空き地・空き店舗の有効活用が必要であることが示された。そうした中，川越一番街商店街では，江戸時代からの蔵が残る情緒あふれる地域であったが，高度成長期にマンションやオフィスに建て替えられ景観が大きく変化したことから，危機感を覚えた市民が蔵の保存運動を始めた。ところが地権者個人の意思に任せるだけでは，街並みの保持など各人の合意を要する課題に有効な解決をもたらすことは難しかった。この背景には，土地利用の賃貸借にかかわる煩わしさやトラブルなどが地権者にとってもっとも大きな不安になっていたことがある。こうしたハードルを緩和するためには，信頼できる組織が仲介者的な存在となる必要がある。つまり，川越市の調査は地権者の理解とそれを管理する組織の必要性を見出したことに意義があり，そのことが後の街づくり会社制度の発端となった。なお，街づくり会社が担うべき事業課題も施設などのハード整備だけでなく，個店の経営指導やタウンマネジメントなどソフト支援も含めた総合的なまちづくりの役割が想定されていた（通商産業政策史編纂委員会編 2011：232-233 ページ）。

3.　商業と中心市街地問題

　続いて 1989 年の「90 年代の流通ビジョン」では，街づくり会社制度の一層の推進に加えて，ハイ・マート 2000 構想が打ち出された。これは，商業が消費者の多様化に対応して，物販だけではない多様な機能を取込んだ魅力的な新しい集積を目指すものとされた。ここでいう多様な機能とは，飲食に限らずスポーツやレジャーなどのあらゆるサービス施設がイメージされていた。

　構想を具体的に引き継いでいるのが，1991 年に制定された特定商業集積整備法（平成 3 年法律第 82 号）である。これは，公共施設を官民一体で整備することで都市環境に望ましい商業集積を整備することを目指したものである。しかも，通商産業省（現在の経済産業省）・建設省・自治省（現在の総務省）の共同管轄体制は，行政の縦割りが当たり前の当時では画期的であった。実際の適用事例はそれほど多くなかったが，商業集積の整備をコミュニティ機能も含めて考え，そのことが地域活性化になるという商業まちづくりの視点が政策的に明示されたことの意義は大きい。

　これまでのビジョンを集大成するものとして，「21 世紀に向けた流通ビジョン」が 1995 年に出された。ここでは流通を効率性という視点だけでなく，消費者と接した社会的な存在であるという 2 つの側面が両立すると強調される。それまでのビジョンでは，どちらかといえば経済的効率性と社会的有効性は対立するものとしてみられていたことから，両者が併存するという明示は地域商業に新たな位置づけをもたらしたということができる。

　しかし，このころの商店街の多くは，すでに衰退の傾向にあった。それは単に大型店という「外の敵」や，商店街内部の空き店舗といった「内なる敵」だけではなく，小売業の承継を支える商人家族の解体といった「内々の敵」によって疲弊していた（石井 1996:5-24 ページ）。このことは商店街だけにとどまらず，中心市街地の衰退といったより広い問題をもたらす。こうして単なる商業振興から，より包括的なタウンマネジメントが必要とされるようになる。すなわち，商業まちづくりが政策の主要な軸となり，後のまちづくり 3 法（第 4 節で後述）の成立につながっていくのである。

第3節　商業まちづくり政策の根拠

　商業まちづくり政策は, 経済的効率性だけでなく社会的有効性が求められる。そのためには, 流通政策と都市政策の連動という新たな視点が必要になる。特に1990年代以降の規制緩和の流れの中で, 振興政策と調整政策の再編が図られたことで, それまで潜在的であった商業まちづくり的な視点は明確にその姿をみせることになる。

　つまり, 商店街・中小小売商の振興や大型店の出店規制に経済的視点のみでとらえる商業調整ではなく, 都市の構成要素としての商業という都市計画的な視点が盛り込まれることになる。すなわち, 流通政策と都市政策を連動させる考え方が, 政策の前提とされるようになったのである。

　しかし, そもそも流通政策と都市政策を連動させて考えなくてはならないのは, いったいなぜだろうか。以下では, 両者が連動する根拠を, 都市と商業は相互作用すること, 商業の外部性, 都市の非可逆性といった, 3つの特性から確認していく (渡辺2016：189-194ページ)。

　都市と商業の関係とは, それぞれが独立しているわけではない。都市は政治・経済・文化などの様々な都市機能によって構成されている。同様に, 商業も真空に存在しているわけではなく都市という基盤に存在しており, それを構成する一要素である。つまり, 商業が賑わっている都市には活力があるし, 都市に活力があれば商業もさらに活性化する。すなわち, 都市と商業には相互に影響を及ぼし合う関係があるということだ。また, このような相乗効果は商業の外部性によって生み出されている。まさに, 商業の外部性という特性が両者の相互作用する関係をもたらしているということができる。

　しかし, 同時に注意しなければならないのは, 外部性はプラスとマイナスの側面を併せもっているということである。都市と商業が双方にプラスに作用するのであれば好循環的に相乗効果をもたらすが, 当然ながら, マイナスに作用することで相乗効果の悪循環に陥ることも起こりうる。

　実際，1990年代以降の郊外型ショッピングセンターの増加や公共施設の郊外化は中心市街地の空洞化をもたらした。また中心地の商店街は，後継者不足や空き店舗問題など内なる敵・内々の敵によって，郊外化という外の敵にうまく対応することができなかった。そうした状況は商店街をシャッター街化して賑わいを失わせるだけでなく治安の悪化など，いよいよ都市の活力を削ぐ悪循環を引き起こした。

　たしかに，郊外型ショッピングセンターや公共施設が郊外に移転することは，広い敷地にきれいに整備された設備で快適に利用することができる。だからこそ，消費者や利用者が選択した結果だという見方もある。しかし，それによっていったん中心市街地が衰退し都市の活力がなくなると，元の状態に戻すことが難しくなるという非可逆的な特性をもつ。

　なぜなら，都市は様々な機能が集中した地域であるが，それは長い時間をかけて蓄積されてきたものだからである。街並み一つをとっても，歴史的雰囲気のあるところにまったく異質の建物ができたり，それまであったものが突然取り壊されたりすれば，一変することは想像に難くない。例えば，京都に多くの人が魅力を感じるのは，長い時間に蓄積された歴史を感じさせる景観が守られているからであろう。もちろん，街並みがまったく変化せずに来たわけではないが，それは歴史の流れの中で時間をかけた変化の積み重ねであり急激な変化ではない。これは物的側面だけでなく，コミュニティにおける人々のつながりにもあてはまることは重要である。

　以上のことから都市と商業の関係を考えたとき，それは単に経済的効率性だけでとらえるのは不十分であることがわかる。郊外化は，その時点で効率的といえるが，長期的には，都市に対して非可逆的な影響をもたらしうる。だからこそ，流通政策を経済的効率性だけで考えるのではなく，それが都市にどのような影響を与えるのかまで考慮を巡らす必要がある。すなわち，都市と商業は外部性によって非可逆的な相互作用が起こりうることを理解したうえで，どのような都市を形成するかといった都市政策との連動が必要になるのである。

第4節 まちづくり3法の成立

　大規模小売店舗法の廃止は日本の流通政策の主流であった商業調整が幕を閉じる象徴的なできごとであった。1990年代の規制緩和以降，市場における競争を抑制することで調整していた政策から，競争そのものを規制せずに，それが行われる土俵をコントロールするという視点に転換された。そこで新たな体系として確立されたのが大規模小売店舗立地法・改正都市計画法・中心市街地活性化法のまちづくり3法である。これら3法が相互に補完する形で，その後の流通政策を方向づけていくことになる。

　それぞれの詳細については後述するが，大規模小売店舗立地法は施設周辺の生活環境保持をチェックし，改正都市計画法はゾーニング的手法で立地を計画的に誘導・規制する。また，中心市街地活性化法が疲弊している中心市街地に政策的資源を集中することで活性化を目指すものとなっている。

1. 大規模小売店舗立地法
（1）大規模小売店舗立地法の概要
　大規模小売店舗立地法は1998年に制定され，2000年に施行された。またこれに伴って，それまでの調整政策で中心的存在であった大規模小売店舗法が廃止された。この法律は調整政策の系譜に位置づけられ，名称も大規模小売店舗法と類似していることから，直接的に後継するものだと思われがちである。しかし，大規模小売店舗立地法は出店に際する周辺地域の生活環境保持という視点からのみの調整である。それは，生活環境に対するマイナスの外部性をチェックするものであり，その意味では出店していることを前提としている。大規模小売店舗法が出店規制を前提として調整4項目を議論していたことを考えると，たとえ名称が似ていても両者の違いは大きいといえよう。

　こうした違いが生まれる背景には，大規模小売店舗法の出店規制が緩和される中で大型店が周辺環境にもたらすマイナスの外部性が，しばしば問題になっ

ていたからである。しかし，大規模小売店舗法はあくまで調整4項目をもって大型店と中小小売商を競争的視点で調整する枠組みであったため，そうした問題に対して有効に対処できなかった。また，こうした問題はすでに述べたように，商業だけの問題ではなく地域全体にかかわることであったことから，まちづくりや環境問題といった観点での社会的規制が求められたのだった。なお，出店における立地の適否判断はあくまでも都市計画的な観点から行われるが，この点については改正都市計画法のところで述べる。

(2) 大規模小売店舗立地法の枠組み

まず，大規模小売店舗立地法の基本的なスキームを図9-1で確認してから，その特徴をつかんでいこう（通商産業政策史編纂委員会編2011：279-290ページ，渡辺2016：204-213ページ）。なお，図中の数字と以下の数字を合わせながら確認してほしい。

図9-1　大規模小売店舗立地法の基本的なスキーム

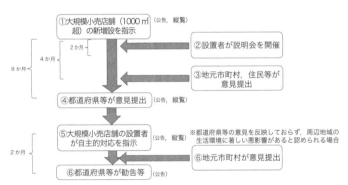

（出所）経済産業省（2000）『大規模小売店舗法の概要』，http://www.meti. go.jp/policy/economy/distribution/daikibo/Ricchi_Ho.pdf（2021年9月30日閲覧）をもとに作成。

① 大規模小売店舗の設置者は開設8カ月前までに都道府県に届け出て，都道府県はこの届出を4カ月間縦覧に供する。

② 届出者は届出から2カ月以内に周知のための説明会を地元市町村で行う。

③ 地元住民や商工会議所等は生活環境の保持について4カ月以内に都道府

県に意見を述べることができる。

④ 都道府県は8カ月以内に届出者に対して「周辺の地域の生活環境の保持の見地からの意見」を述べるが，その際に地元市町村の意見を聴かなければならない。

⑤ 届出者は都道府県の意見を踏まえて届出内容を変更するか否かを回答する。変更する場合は届出から2カ月は新設できない。

⑥ 都道府県は届出内容が意見の趣旨を踏まえていないと判断した時は2カ月以内に勧告することができる。

大規模小売店舗立地法の規制対象は1,000㎡超の大型店に限定されており，非物販の娯楽施設などは規制対象に含まれていない。基本的な趣旨は，周辺住民の生活環境を保持することであり，大規模小売店舗法のように競争を調整して中小小売業の事業機会を確保しようとしていたことと大きく異なる点であった。

また，保持すべき生活環境の範囲は，交通・騒音・廃棄物の3要素に限定されており，身近な買い物機会を確保するなどの経済的要素は含まれていない。生活環境の具体的内容を示した「指針」は産構審・中小企業政策審議会（中政審）合同会議の審議を踏まえて1999年6月に公表された。合同会議では，指針策定にあたって大規模小売店舗立地法の運用について次のことが示された。

① 生活環境は3要素に限定されており，中小小売業との需給調整を意図するものでは決してない。

② 出店者は法的責任の範囲にとどまらず，地域コミュニティの重要な一員としてより積極的に地域貢献に努めるべきである。

③ 指針はナショナル・スタンダードを示すものであることから，自治体は出店者の負担をいたずらに増大させるような「上乗せ規制」をおけない。

④ 豊かなコミュニティを実現するまちづくりにおいて，大規模小売店舗立地法は生活環境上の問題に対処するツールの1つである。

⑤ 指針は施行してから遅くとも5年以内に見直しを行う。

　以上のことから，大規模小売店舗立地法では，中小小売業との調整を意図するものはほぼその姿を消したといえる。実際，大規模小売店舗立地法が施行されるのに合わせて多くの自治体で新たな条例・要綱が制定されたが，大規模小売店舗法時代のような需給調整の上乗せ規制はなく，環境問題を中心とするものであった。その意味で，大規模小売店舗法政策の転換が徹底されていたといえる。また，大規模小売店舗立地法の意義は，出店者に環境配慮の重要性を意識させるとともに，法的義務以上のより積極的な企業の社会的責任や社会貢献の認識を広めたことにあるということができる。

2. 改正都市計画法

(1) 改正都市計画法の概要

　すでに述べたように，大規模小売店舗立地法は大型店の立地適否の判断をする役割ではなかった。だからといって，大型店の出店を完全に自由にすることを意図していたわけではない。これは商業調整からまちづくりの視点に変わったことを意味しており，大型店の立地適否の役割が大規模小売店舗法から都市計画法に変わるということである。そのために，都市計画法を所管する建設省と通商産業省との間で綿密なやり取りが行われた。

　その結果，出店の誘導・規制は，土地利用のあり方など地区ごとの用途を定めて立地を誘導・規制する都市計画の手法が用いられることになる。詳細は後述するが，より柔軟に立地誘導・規制ができるように特別用途地区を自由化するという方向で1998年に都市計画法が改正された。なお，都市計画法は2000年の大規模小売店舗立地法が施行されるタイミングでも改正され，そこでは準都市計画区域と特定用途制限地域の制度が導入された。

(2) 改正都市計画法の枠組み

　都市計画法は，国土利用計画法（昭和49年法律第92号）によって規定される都市地域・農業地域・森林地域・自然公園地域・自然保全地域の5つの地域のうち都市地域を対象とする。以下では，図9-2から枠組みを確認していこう（通商産業政策史編纂委員会編2011：275-278ページ，渡辺2016：214-220ページ）。

図 9-2 都市計画法による分類

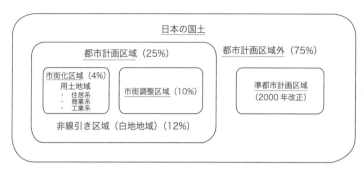

(注) 区域区分の割合は概数のため合計値が異なるところがある。
(出所) 渡辺 (2016), 214 ページ, 図表 7-7 をもとに若干の改変をして筆者作成。

　都市計画法では, 都市を都市計画区域, 都市計画区域外, 2000 年の改正で導入された準都市計画区域の 3 つに区分している。都市計画区域が総合的に整備・開発・保全の必要がある区域とされ, 国土全体の約 25 ％がその区域となる。さらに都市計画区域は, すでに市街化または計画的に市街化していく市街化区域, 市街化を抑制する市街化調整区域, 用途が定められていない非線引き区域 (白地地域) の 3 つに区分される。

　基本的には, 都市計画区域のうち市街化区域が土地利用などの用途を指定される地域である。この用途地域は住宅系・商業系・工業系で 13 種類の用途[2]が設けられている。また先に述べた, 1998 年改正で自由化された特別用途地区制度とは, 当該地区の特性にふさわしい目的の実現を図るために既存の用途地域内に上塗りする形で特別用途地区を設けるものである。改正前の特別用途地区は 11 種類に限定されていたことから, 実際の運用はあまりみられなかった。そのため市町村それぞれの状況に応じて設定できるように限定が撤廃され

---

2) 住宅系は第一種低層住居専用地域, 第二種低層住居専用地域, 第一種中高層住居専用地域, 第二種中高層住居専用地域, 第一種住居地域, 第二種住居地域, 準住居地域, 田園住居地域の 8 種類がある。商業系は近隣商業地域, 商業地域の 2 種類がある。工業系は準工業地域, 工業地域, 工業専用地域の 3 種類がある。ただし, 13 種類は明確な区分というよりは累積的な構造となっており, 商業についていえば, 面積など一定条件を満たせば工業専用地域以外のすべてに立地することができる。なお, 田園住居地域は 2018 年に創設された用途地域である。

自由化されたのであった。

　しかし，これらが簡単にうまくいくわけではなかった。というのは，第1に，特別用途地区を設定することは私有財産である不動産価格と直結することがあるため，地域での合意が容易ではなかった。第2に，仮に合意できても隣接市町村との広域調整ができないと，大型店の適切な立地誘導・規制を実現することができない。第3に，そもそもの対象地域である市街化区域は国土面積の4%弱しかなく，それ以外では特別用途地区を設定できなかった。

　もともとの1990年代以降の郊外型ショッピングセンター大幅増加は，用途地域以外の場所に集中していた。それは，区域区分されていない非線引き区域や，市街化を抑制すべき市街化調整区域が開発対象とされ，都市計画区域外の農地までもが転用されて出店が行われていた。そのため，特別用途地区の自由化だけで郊外開発を規制することが困難であると思われたことから，2000年改正で準都市計画区域と特定用途制限地域の制度が新設された。

　準都市計画区域とは，郊外など都市計画区域外にも都市計画法を準用できるようにしたものである。これは無秩序な土地利用に対して，市町村が将来における都市としての整備・開発・保全に支障をきたすと判断した場合に指定することができる。特定用途制限地域とは，非線引き区域や準都市計画区域に対しても，特別用途地区制度と同様に一定の用途を定めて特定の大型施設の立地を制限できるようにしたものである。

　以上のことから，制度としては郊外の無秩序な開発を抑制することができる枠組みが設けられたということができる。なお，実際の制度運用がどのような結果であったのかは次章で取り上げる。

3.　中心市街地活性化法

（1）中心市街地活性化法の概要

　中心市街地活性化法は流通政策の系譜でいえば，まちづくり3法の他の法律とは異なり振興政策に分類される。同法が制定された1998年はバブル崩壊による景気後退だけでなく，大型店の郊外化による中心市街地の空洞化も深刻

な問題となっていた時期である。また，中心市街地の衰退は日本だけの問題ではなく欧米諸国にも共通した現象であり，中心市街地を活性化するための様々な施策が行われるようになっていた。その意味で，まちづくりの問題として中心市街地活性化の施策を展開することは世界的な潮流でもあった。

　政府は中心市街地活性化についての基本的な考え方として，中心市街地は都市の顔ともいうべき重要な地域であり，自治体の自主性を生かした総合的なまちづくりの拠点として再構築を図るべきことを示した（通商産業政策史編纂委員会編 2011：263 ページ）。その基本的なねらいは，中心市街地に政策的資源を集中することで活性化を実現しようとするものだった。

(2) 中心市街地活性化法の枠組み

　中心市街地活性化法の特徴としては，次の3点に整理される（渡辺 2016：198-200 ページ）。1点目は総合性である。中心市街地の活性化が単に商店街だけの活性化ということでなく，地域の活性化としてとらえられている。つまり，中心市街地における様々な機能との関連の中でとらえることから，それを実施する体制も 11 省庁[3] の共同管轄になるのである。2点目は支援対象があくまでも地域における商業機能を対象としており，今いる商業者を無限定に支援するというものではない。3点目は地方分権化である。詳細は後述するが，中心市街地活性化法の支援は市町村による基本計画を作成するところから始まり，それは自治体における主体的な取組みが必要であることを意味する。

　以下では，図 9-3 から基本的なスキームを確認していこう（通商産業政策史編纂委員会編 2011：265-270 ページ，渡辺 2016：200-203 ページ）。まず，国の基本方針に基づいて市町村が活性化の方針などに関する基本計画を作成する。中心市街地活性化法による支援事業の中心は商業等の活性化と市街地の整備改善であり，それらを一体的に推進することであった。そして，市町村の基本計画に準拠してタウンマネジメント機関（TMO）[4] が中小小売商業高度化事業構

---

3)　通商産業省，建設省，自治省，警察庁，国土庁，文部省，厚生省，農林水産省，運輸省，郵政省，労働省である。省庁再編後の現在では，それぞれ経済産業省，国土交通省，総務省，警察庁，文部科学省，厚生労働省，農林水産省となっている。

4)　TMO は，商工会・商工会議所や第三セクターが想定されていた。

図9-3　中心市街地活性化法の基本スキーム

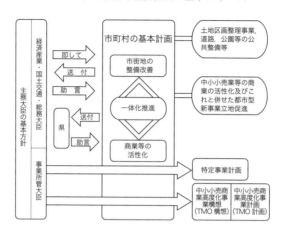

（注）引用は渡辺（2016），200ページ，図表7-2による。
（出所）中心市街地活性化関係府省庁連絡協議会（2001）「中心市街地活性化のすすめ 2001年度版」。

想（TMO構想）を定めて市町村が認定する。また，TMO構想に基づいて作成された中小小売商業高度化事業計画（TMO計画）が，国に認定されることによって様々な支援を得ることができるようになる。

　中心市街地活性化法では，中心市街地をショッピングセンターのように一体的に管理するタウンマネジメントの考え方を重んじており，TMOがその主体として期待された。中心市街地は商業だけでなく住民や企業など多様な関係者がいるため，まちづくりを推進するには構想や目標に関する合意形成を図り，それを実施するための連携関係を構築する必要がある。そして，これら企画調整と事業実施の役割を期待されたのがTMOであった。

　以上，中心市街地活性化法はまちづくりという課題に多数の関係省庁が総力をあげて取り組む政策であった。初年度には総額数千億から1兆円程度の莫大な支援が措置されたことも意気込みの大きさを物語っている。こうして商業まちづくり政策はまちづくり3法という具体的な姿として確立されたということができる。

【考えてみよう】

1. 流通政策と都市政策が連動する根拠について，都市と商業がどういった関係にあるのかという点から調べてみよう。

2. 郊外型ショッピングセンターと商店街を地域における商業といった，まちづくりや外部性の視点から考えてみよう。

3. 従来の流通政策の主要な体系であった振興政策・調整政策と規制緩和後に台頭した商業まちづくり政策を比較し，引き継がれている点や，そもそもの視点の違いなどを調べてみよう。

【参考文献】

石井淳蔵（1996）『商人家族と市場社会：もう1つの消費社会論』有斐閣。

石原武政（2006）『小売業の外部性とまちづくり』有斐閣。

石原武政（2011）「地域商業政策の系譜」『商学論究』第58巻第2号。

石原武政・石井淳蔵（1992）『街づくりのマーケティング』日本経済新聞出版社。

石原武政・渡辺達朗編（2018）『小売業起点のまちづくり』碩学舎。

田島義博（1982）「小売商業調整政策」久保村隆祐・田島義博・森宏『流通政策』中央経済社。

通商産業政策史編纂委員会編（石原武政編著）（2011）『通商産業政策史4 商務流通政策 1980-2000』財団法人経済産業調査会。

渡辺俊一・杉崎和久・伊藤若菜・小泉秀樹（1997）「用語『まちづくり』に関する文献研究（1945〜1959）」『都市計画論文集』第32号。

渡辺達朗（2016）『流通政策入門—市場・政府・社会（第4版）』中央経済社。

【さらに深く学ぶために】

石原武政・西村幸夫編（2010）『まちづくりを学ぶ：地域再生の見取り図』有斐閣。

渡辺達朗（2014）『商業まちづくり政策』有斐閣。

第10章　商業まちづくり政策の現状

本章の概要

　本章では，商業まちづくり政策がどのように運用されたのか，まちづく
り3法成立後の経緯についてみていく。第1節は，大規模小売店舗立地
法の運用実態を確認し，指針がどのように見直しされたのかについてみて
いく。第2節は，1998年と2000年に改正された都市計画法の運用実
態を確認し，そこから，さらにどう改正されたのかについてみていく。第
3節は，中心市街地活性化法の運用実態を確認し，どのように改正された
のかについてみていく。第4節は，商業まちづくり政策のあり方を展望
する。

第1節　まちづくり3法の改正：大規模小売店舗立地法の展開

1.　大規模小売店舗立地法の運用実態

　前章にもあるように，大規模小売店舗立地法は大規模小売店舗法のような運
用にならないよう徹底されていた。

　大規模小売店舗立地法の運用では，出店届出側と審査側が紛糾するような大
きな問題はあまり起こらなかった。実際，施行後の2000年からまちづくり3
法見直し前の2005年までに，新増設の届出に対して都道府県から出された勧
告は1件のみであった。さらに勧告の前段階の意見については，多くが交通
関係と騒音関係についてであり，まちづくりに関するそれ以上の議論までは行
われていなかった（渡辺2016：212ページ）。その意味で，むしろ対象とする枠

組みを3要因に絞り込んでいるからこそ，まちづくりに関連するより踏み込んだ内容までの議論にいたらなかったということができる。

大規模小売店舗立地法単独でみた場合は，大きな問題なく運用されているととらえることもできるが，まちづくり3法の観点から別の問題が指摘されていた（通商産業政策史編纂委員会編2011：288-291ページ，渡辺2016：212-213ページ）。

1つ目は，新規出店・増設時のみにしか審査が行われないことである。そのため，審査プロセスにおいて都道府県から出された勧告が，その後も順守されているかをチェックする仕組みになっていない。さらに，出店後の環境変化によって新たに対応すべきことが出てきたとしても，ルール上はそれを出店者に求めることもできない。店舗を取り巻く環境は変化するため，出店時には適切であったことがそうでなくなる場合もある。ましてやまちづくりは時間的に長い取組みであることを考えると，出店後にもチェックできるフォローアップの枠組みが必要だと考えられる。

2つ目は，施行前に出店している店舗の増床において審査を受ける点についてである。そうした店舗は，指針にある基準を満たしていない場合が多くある。その場合，都市中心部やその周辺に立地している店舗は，指針に見合う新たな敷地を取得することが難しいため，増床や改修ができなくなる。本来であれば，出店からの時間経過が進んでいる既存店こそ，周辺環境の変化に適応するための改修などが行われるべきである。しかし，指針が逆に環境保持のための行為を妨げかねないのである。

3つ目は，指針が結果的に大型店の郊外出店を促進してしまう可能性があるということである。2つ目と関連するが，指針に則って既存店の改修や増床をしようとすると，都市中心部であるほどコストがかかってしまう。不採算店は中心部やその周辺に立地している既存店に集中しており，それにコストがかかるのであれば，そこから退店して新たに郊外へ出店した方が，容易に指針の基準を満たすことができ，小売業者としての経済的合理性は高くなる。しかし，これでは大規模小売店舗法時代の規制強化が結果的に郊外化を招いたことと同様の構図をもたらすことから，まちづくりの観点で何らかの配慮が必要となる。

2.　指針の見直し

　大規模小売店舗立地法は，指針策定時にも 5 年以内の見直しの実施が示されていたように，2005 年と 2007 年に見直しが行われた。

　2005 年の見直しは，配慮事項についての技術的な内容を中心に行われた。例えば，駐車場であれば都市規模や施設面積，主要駅からの距離などから必要な収容台数を算出するが，これを自治体が地域の状況に応じて運用できるようにした。また深夜営業の拡大に伴い防犯や防災に関する配慮の必要性が盛り込まれた。

　2007 年の見直しは，規制対象とする施設を拡張したことと大型店の地域に及ぼす外部性を考慮した社会的責任に関するものである。これまで大規模小売店舗立地法が対象としていたのは物販のみの 1,000㎡以上の店舗であったが，サービス業など複合化が進んでいることをふまえて，一体的に併設されているサービス施設部分も対象に含まれることになった。また，大型店の社会的責任についても，退店した後の中心市街地への影響が大きいことをふまえて，業界のガイドライン作成などを求めるようになった。

　特に，最後にあげた社会的責任の点は重要である。というのは，まちづくりという観点からはもはや大型店と中小小売商の対立軸でとらえることにそれほどの意味はなくなっているからだ。むしろ，大型店も含めた地域商業として，どのようにまちづくりにかかわっていくかが重要である。だからこそ大型店に対して自主的な社会的責任・社会貢献を求めることにもつながり，その認識を広めたことが意義としてあげられるだろう。

第 2 節　まちづくり 3 法の改正：都市計画法の展開

1.　改正都市計画法の運用実態

　都市計画法では，1998 年と 2000 年の改正によって特別用途地区の自由化，準都市計画区域，特定用途制限地域が設けられ，制度としての郊外開発規制は整えられた。ただし，制度が成立して終わりではなく，それが実際にどう運用

されたかが重要である[1]。

　まず特別用途地区制度では，2004年時点で特別用途地区を設定したのはわずか10地区（9市町）にとどまった[2]。前章で説明したように，用途地域は大枠としての地域区分だからこそ，任意に設定できる特別用途地区で補うことで地域の状況に応じた適切な土地利用を実現することができる。しかし，少なくとも大型店の出店規制という点からみれば，その制度が有効に活用されたとはいいがたいのが実態である。

　また，特別用途地区は基本的に用途地域内に設定されるものであるが，郊外部にあたる都市計画区域外では適用することができず，無秩序な開発に対して無力であった。だからこそ都市計画区域外にも用途地域の設定を可能にする準都市計画区域が設けられた。同様に特定用途制限地域についても，非線引き区域と準都市計画区域のうち用途地域を指定していない地域に設定できるようになった。これは，その地域の良好な環境保持・形成のために地域の実情に応じた土地利用が行われることを目的に，制限すべき特定の建築物等の用途を決めることができるものである。

　しかし，準都市計画区域の活用状況は2005年時点でわずか3例のみであり，特定用途制限地域の指定状況も12地区にとどまっている[3]。以上のことから，都市計画法の改正で設けられた新しい制度は，実態として期待された運用がされなかったということがわかる。

2.　都市計画法の見直し

(1) 改正都市計画法の問題点

　なぜ期待されていたように運用されなかったのだろうか。以下では，その要因

---

1)　以下の内容は前章図9-2も合わせて参照してほしい。
2)　詳細は国土交通省（2006）「新しい時代の都市計画はいかにあるべきか。（第一次答申）補足説明資料」，https://www.mlit.go.jp/singikai/infra/toushin/images/04/026.pdf（閲覧日：2021年9月25日）。
3)　詳細は国土交通省（2006）「新しい時代の都市計画はいかにあるべきか。（第一次答申）補足説明資料」，https://www.mlit.go.jp/singikai/infra/toushin/images/04/026.pdf（閲覧日：2021年9月25日）。

表 10-1　都市計画法の改正における大型店立地規制の変化

			2005 年以前	2006 年改正以降	
			床面積 3,000㎡超	3,000㎡～ 10,000㎡	10,000㎡超
都市計画区域	用途地域	商業地域, 近隣商業地域	○	○	○
		準工業地域	○	○	△
		工業地域	○	○	×
		第二種住居地域, 準住居地域	○	○	×
		第一種・二種低層住居専用地域, 第一種・二種中高層住居専用地域, 第一種住居地域, 田園住居地域	×	×	×
		工業専用地域	×	×	×
	市街化調整区域		△	×	×
	非線引き白地地域		○	○	×
都市計画区域外			一部の農地には, 運用上, 準都市計画区域を設定していない。	農地を含め, 必要な区域には広く準都市計画区域を設定できるようにする。	

(注)　田園住居地域は 2018 年から新設された用途地域である。
(出所)『日経流通新聞』2005 年 12 月 23 日, 荒木俊之 (2005)「『まちづくり』3 法成立後のまちづくりの展開」『経済地理学年報』第 51 巻第 1 号 78-82 ページ, 渡辺 (2016) 244 ページ, 図表 8-2 をもとに筆者作成。

について 4 点に整理する (横内 2006：6-7 ページ)。第 1 に, そもそもの立地規制が緩いという点がある。表 10-1 にもあるように, 2005 年までは 3,000㎡超の大型店であっても商業系以外の用途地域に出店可能であり, 実際にまちづくり 3 法成立以降もそうした地域区分への出店が増加した。また, 開発を抑制すべき市街化調整区域も 20ha 以上[4] の大規模開発で計画的な市街化を図るうえで支障がないと判断される場合は, 例外的に大型店の出店が許可される。さらに準都市計画区域についても, 都市計画区域外の農地に設定しないことが原則とされているため, 他の用途 (例えば大型店の出店など) に農地転用される場合は都市計画の観点から規制がかからなくなってしまう。このように, 一見すると都市計画法で区分されているようでありながら, 実際は緩やかな区分であり抜け道も多くあることから, 適切な立地誘導ができるものではなかった。

　第 2 は前章でも指摘しているが, 特別用途地区の設定において地域内のコ

---

4)　条例により開発規模を「5ha 以上」に引き下げることも可能である。

ンセンサスが難しいことから，結果的に自治体独自の運用ができないことである。これは特定用途制限地域制度にもあてはまる。両者とも何かしらの意味で土地利用の用途を設定するものであるが，それは同時に地価に影響を及ぼしうるなど私権にも影響をもたらす。そのため，本来であれば地域の実情に柔軟に対応できる制度であるはずが，実際の活用状況が少数にとどまったのはこういった事情によるものであった。

　第3も前章で指摘しているが，広域調整が困難にあったことである。都市計画法に基づく土地利用規制は市町村単位で行われることから，周辺市町村が行う土地利用の影響を相互に調整することができない。実際，大型店の立地を規制しても周辺市町村がそれに関係なく立地してしまうと，立地規制を行った市町村の小売販売総額が低下するといった事態が生じることもあった[5]。周辺自治体が意見を述べることもできず，都道府県が調整を行う仕組みも設けられていなかった。

　第4は公共公益施設に係る開発許可の適用除外があげられる。都市計画区域内又は準都市計画区域内において，社会福祉施設，医療施設，学校，公民館，その他公益上必要な建築を行う場合は開発許可が不要となる。そのため，地価の安い市街化調整区域等に立地することも多かった[6]。このような施設は高い集客力を有することから，結果的に店舗や住居，来街者の郊外化をもたらしてしまうことになる。

(2) 2006年に行われた都市計画法の改正

　以上のことから，2006年に都市計画法はあらためて改正されることになる。次の3点が改正のポイントとなる（横内2006：9-10ページ，渡辺2016：243-245ページ）。第1に立地規制の厳格化である。表10-1にあるように，具体的

---

5)　1999年に愛知県豊田市が国道沿いの準工業地域に特別用途地区を定めて大型店の立地規制をしたところ，それ以降に大型店を出店した周辺市町村の小売販売総額は増加し，豊田市は減少するという結果を招いた。国土交通省（2006）「新しい時代の都市計画はいかにあるべきか。（第一次答申）補足説明資料」，https://www.mlit.go.jp/singikai/infra/toushin/images/04/026.pdf（2021年9月25日閲覧）。

6)　国土交通省（2006）「新しい時代の都市計画はいかにあるべきか。（第一次答申）補足説明資料」，https://www.mlit.go.jp/singikai/infra/toushin/images/04/026.pdf（2021年9月25日閲覧）。

には 10,000㎡ 超の大規模集客施設 [7] が立地可能なのは，原則として用途地域のうち商業地域・近隣商業地域・準工業地域の 3 つのみとなった。また準工業地域については，三大都市圏と政令指定都市を除く地方都市での大規模集客施設を原則規制することになっている。非線引き区域や準都市計画区域内で用途地域が定められていない地域も原則立地できないものとなった。このように，2006 年の改正前まで 6 つの用途地域に立地可能であったことと比較すると，大規模集客施設への立地規制が大幅に強化されていることがわかる。

　第 2 は開発許可制度等の見直しである。先に述べたように，20ha 以上の計画的大規模開発であれば市街化調整区域への大型店の立地が許可されていたが，こうした特例が原則禁止となった。また，学校や病院等の公共公益施設についても，開発許可を必要とするものとして適用除外の見直しが行われた。さらに，農地など都市計画区域外の取扱いも見直しが進められ，農業関係の規制と連携させて広く準都市計画区域が設定できるようになった。

　第 3 は広域調整の仕組みが整備されたことである。これは，都道府県が広域的な観点から立地調整をして望ましい土地利用を実現できるような仕組みに整備された。具体的には，市町村が用途地域の変更等を行う場合，都道府県知事の同意が必要となる。さらに，その際には影響を受ける他の市町村の意見を求めることが可能となった。また準都市計画区域の指定権者が市町村から都道府県に変更された。これによって，都市計画区域外での無秩序な土地利用を防止する準都市計画区域を，広域的視点から設定することが可能となった。

　以上，この改正では 10,000㎡ 超の大規模集客施設の立地制限が厳格化されたことがもっとも大きな変化であった。しかし，これを実効あるものにするためには，広域調整の仕組みが整備されなくてはならない。というのは，自治体が単独でどれだけ立地調整を行ったとしても，周辺自治体の立地状況が及ぼす影響から免れることはできないからである。

　従来の日本における都市計画法は，まさにこうした自治体間で調整できない

---

7) なお，大規模集客施設には大規模小売店舗だけでなく飲食店・劇場・映画館・展示場・場外馬券売り場など多くの施設も含まれるようになった。

ことが問題の1つとして指摘されてきた。その意味で，この改正では都道府県知事に調整の権限が与えられたり，周辺市町村の意見を聞くことができたりすることは，まちづくりという点から大きな前進であったということができる。

第3節　まちづくり3法の改正：中心市街地活性化法の展開

1.　中心市街地活性化法の運用実態

　前章で枠組みを示したように，中心市街地活性化法では市町村が作成した基本計画をもとにしてTMO構想・TMO計画が作成され，認定されるところから支援が始まる。また，自治体も手厚い支援を得ることができることを認識していたことから，この補助金を活用しようと競うように基本計画を作成しTMOの立ち上げを図った（通商産業政策史編纂委員会2011：267-268ページ）。

　しかし実際のところ，図10-1にあるように改正前の2006年2月時点で基本計画は683地区（624市町村等）にのぼるが，TMO構想をまとめて市町村等に認定されたTMOは405カ所にとどまる。さらに，そこから経済産業大臣に認定を受けたTMO計画となると225となり，段階をふむほど減少していることがわかる。たしかに，すべてがTMO構想・TMO計画に進めなくてはいけないわけではない。しかし，それでも図10-1の①の段階で3分の1が進んでおらず，次の②の段階になるとほぼ2分の1がたどり着いてない。つまり，運用実態としては枠組みのフローにおいて①と②の段階で想定どおりに進んでいないことがわかる。

図10-1　中心市街地活性化法の事業実施までのフローと運用実態

（注）数値は2006年2月15日時点（渡辺2016：202-203ページ）。
（出所）筆者作成。

　まず①については，TMO の運営費の課題が多くの自治体で指摘されていた。このため，TMO を維持・運営するめどが立たず TMO 構想作成に踏み切れないということがあった。しかし，だからといってすべてを国の補助とすると自助努力が不要になり，それこそ法が目指す地方分権と矛盾することになる。そのため，多くの地域では商工会議所・商工会といった既存組織を母体にして TMO を立ち上げるといった対応がとられた[8]。

　次に②の段階では，TMO の企画調整能力についての課題があげられる。商工会議所など既存組織が TMO の母体となることは，制度的にもともと想定されていたことから，それ自体に問題があるわけではない。しかし，だからといってそれらすべてが適切な能力を有しているわけでもない。

　本来，中心市街地活性化の事業を実施するには，商店街や民間企業，地域住民など多くの主体の合意を形成する必要がある。その意味で TMO には，それらをまとめるための高い企画調整能力が求められるが，①の段階で資金的理由など消極的な理由でやむなく TMO の母体になったようなところでは，適切な能力を有していないこともみられた。

　さらに，そのような企画調整能力が不足した TMO が陥りやすいのは，施設整備さえすれば活性化するという安易な考えによって，より大きな問題をもたらしてしまうことである。中心市街地活性化法の手厚い援助があるだけに，身の丈に合わない箱モノが整備できてしまう。しかし，結局はその後の運営で赤字が続き TMO が破綻するといったケースまで出るようになっていた（通商産業政策史編纂委員会 2011：269-270 ページ）。

　以上，中心市街地活性化法の運用実態として肝心の TMO が適切に運営されていなかったことがわかる。もちろん，すべての TMO が失敗したわけではない。また，前節で確認したように，都市計画法での郊外規制が機能せず大型店の郊外立地に歯止めがきかないといった外部要因も無視できない。しかし，それを考慮しても中心市街地活性化法が想定した TMO によるタウンマネジメン

---

8)　実際に TMO の母体になっているのは商工会議所が約 7 割，第 3 セクターが約 3 割という調査結果もある（中小企業庁 2003：7 ページ）。

トが狙い通りに運営できていたとはいえないのが実態であった。

2. 中心市街地活性化法の見直し

(1) 中心市街地活性化法の問題

　期待された結果を生み出せなかったのは，計画の作成やその運用に関する総合的な問題と事業実施に関する個々の問題といった2タイプがあるとされる（横内 2005：5 ページ，通商産業政策史編纂委員会 2011：267-275 ページ）。

　前者は，初期に基本計画を出した多くの自治体が，十分な議論を尽くした計画を作成できなかったことである。それどころか，それら自治体ですでに存在していた事業計画案を各部局から寄せ集めたものに過ぎないものもあった。そういった基本計画は，作成の段階で事前の現状分析や事業効果についての予測が不十分であり，明確な数値目標が示されないような場合も多い。また事後的に事業を評価したり，状況に応じて柔軟に見直したりするといった仕組みも確立されていなかった。

　つまり，十分に練りこまれて作成されていないような基本計画は，先にも述べたように，必要な能力に欠けた TMO を生み出すことが多くなり，適切な企画調整や事業実施ができないという結果をもたらした。そうした根本的な問題が，さらに後者の問題につながっていくことになる。

　まず，市町村が基本計画を作成することだけで終わってしまい，その後のフォローや関与が少なくなる。実際，行政が作成した基本計画を実現するために積極的に取り組んでいる地区は少数であり，それが成果につながっているのはさらに少数であったという調査結果もある[9]。

　次に，TMO に関する問題である。本来，中心市街地は商業だけでなく住宅や福祉など総合的な観点からまちづくりが行われるべきである。しかし，実際には TMO の役割が商店街振興に偏っていたきらいがある。また TMO の運営

---

9)　2005 年時点で 626 地区中 136 地区（22%）だけであり，それが成果につながっているのは 38 地区（6%）に過ぎない。国土交通省（2006）「新しい時代の都市計画はいかにあるべきか。（第一次答申）補足説明資料」，https://www.mlit.go.jp/singikai/infra/toushin/images/04/023.pdf（2021 年 9 月 30 日閲覧）。

費が課題になっていることはすでに述べたが，とりわけ人件費の不足が指摘されており，専任スタッフを置くことができないという問題がある。そのことはリーダー的存在や専門的な人材の不足をもたらした。

　運営費が不足している場合，商工会議所などの既存組織を母体に TMO が設立されることが多いことは先に述べたが，まちづくりを行う能力が十分に備わっていない場合もあった。特に，商工会議所を構成する会員には，まちの中心部以外の郊外に利害をもっている会員もいる。そうした場合，まちづくりとして中心市街地に集中的に資源を投入することが，郊外部の会員と利害対立を生み出すこともあった。その結果，合意形成に時間がかかり TMO としての意思決定に影響を及ぼすという問題をもたらしていた。

　活性化には総合的な取組みが必要であり，そのためには商業者だけでなく，地域住民や行政など多様な主体の連携が必要となる。しかし，そもそもの商業者が後継者不足などで意欲が不足し，結果，空き店舗を活用することに消極的になるなど，活性化のためのコンセンサスが簡単ではなかった。以上のような複合的な要因が複雑に絡まり TMO は機能不全に陥り，当初期待された結果をもたらすことができなかった。

(2) 中心市街地活性化法の改正

　2006 年に抜本的な改正が行われることになり，法律の名称も「中心市街地における市街地の整備改善及び商業等の活性化の一体的推進に関する法律」から「中心市街地の活性化に関する法律」に変更された。「商業」の文字がなくなっているように，経済産業省よりも国土交通省の政策的色彩が強くなっており，まちづくりの意味合いが強調されている。以下では図 10-2 を参照しながら改正の要点をみていこう（渡辺 2016：238-242 ページ）。

　もっとも大きな変更は，TMO に関する規定がなくなったことだろう。従来は TMO 中心的な組織として位置付けられていたが，今回の改正では総合的なまちづくりを一体的に推進する組織として中心市街地活性化協議会（以下，協議会）が設けられた。TMO はこの組織を構成するまちづくり会社の 1 つになり，協議会が全体をコーディネートする中心的な存在となった。ただし，単に

図10-2　改正中心市街地活性化法の基本スキーム

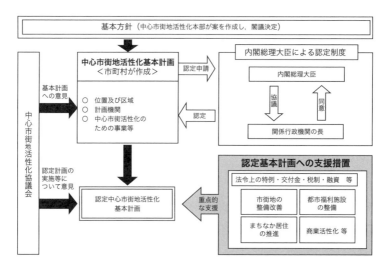

（出所）国土交通省「中心市街地活性化のまちづくり」，https://www.mlit.go.jp/crd/
　　index/pamphlet/06/index.html（2021年9月30日閲覧）。

TMOが協議会に看板が変わっただけでは意味がない。実効あるものとするた
めに，国や自治体による施策の策定や実施に対する責務規定が新設された。ま
た事業者も，それに協力するように努めることが責務として規定された。

　市町村が作成する基本計画も，従来は主務大臣と都道府県へ写しを送付する
のみだったが，2006年の改正では内閣総理大臣による認定制度に変わった。
さらに，自治体の基本計画の前提となる基本方針の作成や省庁間にまたがる支
援措置の総合調整，事業実施状況のモニタリングを行うために，中心市街地活
性化本部が内閣に設置された。支援を受けるには，たとえ改正前に基本計画や
TMO構想・TMO計画が策定されていても，新しい基本方針に沿って基本計
画を作成し認定を受ける必要がある。

　従来と比べて，明らかに国や自治体の関わり度合を高めていることがわかる。
しかし，それを高めたといっても従来型の総花的に支援をばらまくものではな
く，選択と集中に基づいて国が認定した基本計画に沿った意欲的な中心市街地

の取組みに対して重点的に支援をしようとするものである。また，活性化について数値目標を設定したことも特徴としてあげられる。これは途中経過についても定期的にフォローアップできる形で設定されていることから，目標とずれなどが生じた場合の改善対応ができることが意識されている。

　なお，中心市街地活性化法は 2014 年にも改正されている。これは生活に必要な都市機能を集約的に整備することで持続可能な都市構造のコンパクトシティ実現を目指すものである。そのために民間投資を促進して中心市街地の活性化を図ることを目的としたものである。

第 4 節　商業まちづくり政策の展望

　以上，まちづくり 3 法の成立から運用実態，そして改正までの流れをながめてきた。そこでは，3 法それぞれが矛盾しているかのような運用実態がみられ，むしろ郊外の無秩序な開発による都市の衰退が進んでしまっていた。そうした中で，2006 年の 3 法改正において郊外の立地規制を厳格化し，中心市街地も商業だけではなくまち全体としての総合的な枠組みが強調されるようになった。一方で 2009 年には，あらためて商店街をコミュニティの担い手という観点でとらえた地域商店街活性化法が制定された [10]。

　商業まちづくり政策は 1990 年代の規制緩和以降，経済的効率性だけでなく社会的有効性という新たな価値軸が注目されてきた。社会的有効性とは，一企業や商業の個別的利益ではなく公共の利益を実現することである。

　すなわち，商業まちづくり政策以前の調整政策は競争を調整することであり，そのステークホルダーは競争関係にある主体だけであった。ところが，商業まちづくり政策以降は公共性としてのまちづくりが基準となって調整される。そこでは，まちづくりに関係する主体がステークホルダーとなり，より広い主体による公共の利益を目指した調整が行われるということだ。

---

10) 詳細は第 7 章を参照。

前章で確認したように都市には非可逆的な性質があることから、まちづくりにおいて長期的視点をもつことが重要になる。経済的効率性だけを追求すると短期的利益が優先されてしまい、まちに対するマイナスの外部性が引き起こされてしまう。だからこそ公共の利益を実現するためには、外部性について、いかにマイナス効果を抑制しプラス効果を促進するかを考える必要がある。かつ、持続可能な発展のための長期的視点も必要となる。

トピックス：商業まちづくり政策時代における商店街の活動

商業まちづくり政策時代の商店街は、商業的利益を得るだけでなく公共利益の実現が求められる。もちろん、商店街にとってまちづくりは義務ではないが、地域に支持されなければ商売も成り立たない。

ただ、コミュニティ活動といっても地域が抱える課題は多様にある。ここでは、商店街が地域コミュニティにおいてどのような役割を果たしているのか、一部の事例を紹介しよう。

札幌市西区にある発寒北商店街（ハツキタ商店街）は「40年後さっぽろで一番住みやすいまちへ」を合言葉として、地域の頼れる商店街になるべく徹底したコミュニティベースの関係を構築しようとする。

具体的には2012年に「ハツキタくらしの安心窓口」を開設し、工務店や不動産などの地元事業者を集約する受付窓口を商店街が担うというものだ。日頃から地元消費者と接する小売商店とは異なり、通常、こうした事業者は地域住民と接する機会が少ない。また地域住民も家電修理や水回り、身近な法律相談などをどこでお願いすればよいのかわからない。しかし、それを日頃から関係を築いている商店街が総合窓口となることで、地域住民も安心して信頼できる事業者と接することができるようになる。事業者側も住民と接することがきっかけとなり、地域イベントの参加につながるなど一層の関係構築につながっている[11]。

---

11) 2014年には約1,600万円の売上を計上するほど地元で活用されている（石原・渡辺編2018：143ページ）。

　また 2013 年にはコミュニティ施設の「にこぴあ」が開設され，組合運営のデイサービスやレンタルスペース，塾，コミュニティカフェ，くらしの安心窓口の事務局などに活用されている。にこぴあが多様な世代の集まる場となり，そこでは世代を超えた交流がもたらされるなど交流の場となっている。

　こうした取組みが実行できるのは，一朝一夕ではない日頃からの地域貢献が基盤となっている。ハツキタ商店街は地元中学校の職業体験の受入れや廃油受入れステーションを設置するなど多くのコミュニティ活動を行っている。こうした積極的な地域への貢献が商店街への支持を高めることになり，地域との良好な関係構築につながるのである。

【考えてみよう】

1. まちづくり 3 法の運用実態を整理し，それぞれがどういった点で矛盾があったのかを考えてみよう。
2. まちづくり 3 法の改正内容を整理し，どのような点が重視されたのか，そのねらいについて考えてみよう。
3. 商業まちづくり政策時代の商店街活動は，地域社会の抱える多様な課題への対応が求められる。本章で紹介した事例以外の取組みについて，皆さんの地元商店街の取組みやインターネット，書籍などから，どういった特徴があるのか調べてみよう。

【参考文献】

石原武政・渡辺達朗編 (2018)『小売業起点のまちづくり』碩学舎。
中小企業庁 (2003)『TMO のあり方について（TMO のあり方懇談会）』，https://warp.da.ndl.go.jp/info:ndljp/pid/235423/www.chusho.meti.go.jp/shogyo/download/0919tmo_hokoku.pdf（2021 年 9 月 30 日閲覧）。
通商産業政策史編纂委員会編（石原武政編）(2011)『通商産業政策史 4　商務流通政策 1980-2000』財団法人経済産業調査会。
横内律子 (2006)「まちづくり 3 法の見直し：中心市街地の活性化に向けて」『調査と情報 -Issue Brief-』(国立国会図書館) 第 513 号。
渡辺達朗 (2016)『流通政策入門―市場・政府・社会（第 4 版）』中央経済社。

【さらに深く学ぶために】

石原武政 (2006)『小売業の外部性とまちづくり』有斐閣。

角谷嘉則（2021）『まちづくりのコーディネーション：日本の商業と中心市街地活性化法制』晃洋書房。

新島裕基（2018）『地域商業と外部主体の連携による商業まちづくりに関する研究：コミュニティ・ガバナンスの観点から』専修大学出版局。

第5部　その他の流通政策

第11章　消費者政策

本章の概要

　本章では, 流通の一部分である消費者取引 (事業者と消費者との間の商品・サービスの取引) において, 消費者の保護・自立を目的として展開される消費者政策について概説する。第1節で政策の概要について, 第2節で政策の歴史について説明する。第3節から第5節では, 消費者取引と関係の深い政策の展開分野として, 消費者の安全の確保, 表示の充実と信頼の確保および適正な取引の実現についてそれぞれ概説する。

第1節　消費者政策の概要

1.　消費者基本法と消費者基本計画の概要

　消費者と事業者との間には商品・サービスに関する情報の質・量や交渉力等の格差があるため, 消費者取引において安全性などに問題がある商品が流通することや, 事業者が消費者の利益を損なうような販売方法を用いることなど, 消費者問題が発生することがある。本来なら, 消費者問題は民事上のルールに基づき消費者・事業者間で交渉・訴訟等により解決されるのが原則であるが, 消費者が消費者問題を予見しあるいは対応する能力が低いことや, 消費者問題が拡大して多くの消費者に被害を及ぼしうることから, 政府がこれらの問題を解決に導くため消費者政策を推進している。

　消費者政策を推進するための最も基本的な事項を定めているのは消費者基本法である。同法は, 国民の消費生活の安定および向上を確保することを目的と

して，消費者の権利の尊重，消費者の自立の支援，高度情報通信社会への的確な対応，環境保全への配慮などの基本理念を定め，これらに対する国，地方公共団体，事業者，事業者団体，消費者，消費者団体の責務をそれぞれ明確にしている。そして消費者基本法の下に，消費者政策を推進する多くの法律が制定されている。

図11-1　消費者政策の推進

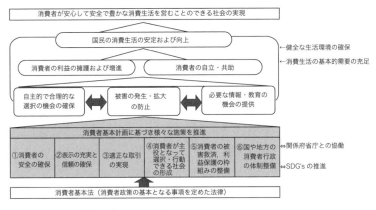

（出所）消費者庁（2019），3ページ。

　同法に基づき，政府は，消費者の権利を尊重するための施策として消費者基本計画を定めている。同計画は，長期的に講ずべき消費者政策の大綱と消費者政策を計画的に推進させるための必要な事項について，5年ごとに閣議で定めている（現在は第4期として2020年に定められている）。同計画に基づいて，対象期間中に消費者政策を推進する府省庁等が講ずべき具体的な施策の取組予定を示した消費者基本計画工程表が作成され，公表されている。

　消費者基本計画に基づく施策の内容は，①消費者の安全の確保，②表示の充実と信頼の確保，③適正な取引の実現，④消費者が主役となって選択・行動できる社会の形成，⑤消費者の被害救済，利益保護の枠組みの整備，⑥国や地方の消費者行政の体制整備の6つに分けられる。これらの施策を推進することにより，消費者が安心して安全で豊かな消費生活を営むことができる社会の実現

が目指されている。(図 11-1)。

トピックス 1：消費者保護を実現する手段としての民事法規と行政法規の違い

　消費者の権利や利益を保護する政策は法律に基づいて推進されており，この法律の種類には，大きく分けて民事法規と行政法規がある（他に刑事法規による保護がある）。民事法規による消費者の保護は，消費者に具体的な権利を与え，事業者によってその権利が侵害されたときに裁判等を通じて消費者自らが権利回復を図るものである。代表的なものとして製造物責任法（平成 6 年法律第 85 号），消費者契約法（平成 12 年法律第 61 号）による保護があげられる。

　行政法規による消費者の保護は，消費者の権利や利益を侵害する事業者の行為を禁止するなどルールを定め，行政機関等がこのルールに基づき規制を行うものである。例えば，行政機関等が法律に基づき事前に事業者の行動を制限し（事前規制），あるいはこの制限を守れそうな事業者にだけ営業の許認可・免許を与える方法（参入規制）や，事業者の活動に一定の枠（ルール）を定め，これを守らない事業者にペナルティを与えるなどしてルールを守らせる方法があげられる。代表的なものとして，消費生活用製品安全法，特定商取引法による保護があげられる。

2.　消費者政策を展開する行政機関

　消費者政策は，消費者取引が行われる各事業分野を所管する多くの行政機関が展開している。個別の事業分野で消費者政策を展開する代表的な行政機関としては，農林水産物では農林水産省，工業製品では経済産業省，食品衛生では厚生労働省，金融商品では金融庁などがあげられる。これら行政機関の司令塔・推進役として消費者庁が設置されている。同庁は，様々な社会経済の変革やそれに伴う新たな消費者問題を見据え，消費者基本計画の策定，消費者被害の防止，悪質商法や不当表示などへの対応など，消費生活に関連する様々な業務を

実施している。さらに，行政機関による消費者政策の展開に対して監視機能を有し，かつ，各種の消費者問題について自ら調査・審議を行う独立した第三者機関として消費者委員会が設置されている。

　地方では，消費者基本法に基づき消費生活センターが設置されており，地域住民に生じた消費者問題の解決や被害防止のための啓発に当たっている。消費生活センターは都道府県・市区町村が設置しており（2018 年 4 月 1 日現在で全国 855 カ所），消費生活全般に関する苦情や問い合わせなど，消費者からの相談を受け付ける業務を行っている。同センターでは資格を有した消費生活相談員が相談を受け，問題解決のための助言・あっせん（事業者との仲立ち）や消費者の啓発などを行っている。

　消費生活センターや民間で設置された消費者団体などと連携して消費者問題に対応する中核的機関としての役割を果たす独立行政法人として，国民生活センターが設置されている。同センターでは，消費生活に関する情報の収集・提供，事業者・消費者間の苦情処理等, 商品試験, 検査および調査研究などを行っている。

　各地の消費生活センターから国民生活センターに寄せられた相談の情報は，オンライン・ネットワークシステムである「PIO-NET」で収集・分析され（年間登録件数約 90 万件），各地の消費センターへの情報提供・支援に活用されている。このように消費者が自らに生じた消費者問題を消費生活センターに相談することは，自らの問題解決につながるだけでなく，問題のある事業者に対する措置が採られ，あるいは情報提供されることにより，さらなる問題を防止することにつながっている。

第 2 節　消費者政策の歴史

1.　規制緩和前の消費者政策

　高度経済成長期には技術革新と大量生産により様々な新しい商品が市場に出回るようになり，本格的な消費社会が到来した。一方で急速な産業・経済の発展により，インフレーションによる物価高騰，不当表示，薬害，公害といった

表 11-1　消費者政策の推移

前史	主舞台	手法	特徴
1950 年代以前	行政	他の目的の法規の執行による結果	ついでの消費者保護
1960 年代	行政	行政規制＋行政による被害相談・あっせん	ハードロー中心（注 1）
1990 年代	司法	裁判所等での権利の行使	規制緩和と民事ルール
2000 年代	市場	市場を利用した消費者保護	ソフトローの活用（注 2）

（注 1）強制力をもつ法律等
（注 2）強制力をもたない規範等
（出所）松本（2018），2 ページの表を一部修正。

ひずみがもたらされた。

　こうした状況においてわが国における消費者政策は，1950 年代以前には消費者の保護とは別の目的で制定された法律の執行結果として付随的に行われていたものの，1960 年代以降には消費者保護を直接の目的とした制度が整備されるようになった。例えば 1962 年に不当表示問題（ニセ牛缶事件）の発生を受けて景品表示法が制定され[1]，1968 年には消費者基本法の前身であり，消費者利益を保護するための基本的な事項を定めた消費者保護基本法が制定され，同法に基づき体系的に消費者政策が推進されることとなった。この当時の消費者は行政に保護される者として位置付けられており，消費者政策も，行政が強制力を持つ行政法規に基づいて事業者に対し事前規制・参入規制を行うという手法が主に用いられていた（表 11-1）。

2.　規制緩和後の消費者政策

　1990 年代に入ると規制緩和の推進により消費者政策に変化が生じた。規制緩和は，自由競争を促進して事業者のイノベーションを促進するために政府が事業者の活動に対し事前規制・参入規制を行うことを必要最少限とするものである。この推進により商品・サービスが高度化・多様化し，消費者による選択の自由度が高まる一方で，消費者にとってはこれらの選択にあたって自己決定・自己責任

---

[1]　1960 年に発生したニセ牛缶事件とは，牛の絵が記載された多くの牛缶の中身が馬肉や鯨肉であったという事件であり，これが社会問題化したものの適切に規制する法律がなかったために景品表示法が制定される契機となった。

が求められることになる。ここに消費者政策は，消費者の保護から自己決定・自己責任をまっとうすることができるよう消費者を自立させることに軸足を移すこととなった。さらに，消費者は消費者問題に直面した際に自身で事後的な被害回復が求められるようになるという，政策の転換が行われた（松本 2018:4 ページ）。

　具体的な消費者政策の変化としては，事前規制から事後規制に，参入規制から行為規制（ルールに違反した行為を事後的に規制すること）へと重心が移動することになった。そこで，1990 年代には裁判所等を活用して消費者が事後的に被害を回復しやすくする権利を付与する民事法規の整備が行われ，例えば 1994 年に製造物責任法が，2000 年に消費者契約法が制定されている（トピックス 1 を参照）。

　2000 年代以降，消費者が市場において消費者志向の事業者を適切に評価し取引をすることによって，悪質な事業者を市場から淘汰するという，市場の機能を利用した消費者保護の推進が目指されている。このため，事業者や事業者団体の自主的な取組みを促進する政策が用いられるようになった。例えば，消費者保護基本法は 2004 年に改正され，消費者の権利の尊重と自立の支援を消費者政策の基本とすることを規定した消費者基本法に改称された。そして同法では，事業者が事業活動に関し自らが遵守すべき基準（自主行動基準）をソフトロー（強制力をもたない規範等）として自ら作成すること等により消費者の信頼を確保するという努力義務が規定され，事業者団体には事業者・消費者間の苦情処理体制の整備や事業者による自主行動基準作成の支援などの努力義務が規定されている。

　その後，2008 年に発生した中国製冷凍餃子に混入した殺虫剤による中毒事件など，消費者の安全を脅かす消費者問題が多発した。これを受け，各行政機関に分散していて縦割り行政の弊害が表れていた消費者政策は，2009 年 9 月に新設された消費者庁が一元的に所管し，かつ，強化されることとなった。

　以上のような変化を遂げてきた消費者政策であるが，次節以降では，商品・サービスの流通と最も関係が深い，消費者の安全の確保，表示の充実と信頼の確保，適正な取引の実現を目的とした 3 つの政策展開の現状をそれぞれ説明する。

第3節　消費者の安全を確保する政策

1. 政策の概要

　消費者の権利のうち最も重要とされているのは，消費者が健康・生命に危険を及ぼす製品・製造過程・サービスから守られるという，安全である権利である。これは，消費者が危険な製品で命を落としてしまった場合，被害の回復は金銭的な賠償しかなく（細川 2018:70 ページ），取り返しのつかないことになるからである。消費者の安全を脅かす事故への対応は次のようなものがあげられる。

(1)　事故を未然に防止すること

(2)　事故等の情報を収集し，発生・拡大を防止するために消費者に必要な情報を迅速に公表し，注意喚起し，原因を究明して再発を防止すること

(3)　発生した消費者の被害を救済すること

　これらを実行する具体的な手法は多岐にわたり，商品分野ごとに定められている法律も多い。以下においてこれらのうち主要な手法の概要を説明する。

2. 事故を未然に防止する政策

　製品の安全を確保して，事故を未然に防止するための方法には，危険な物質・製品について，安全基準を制定する，使用・流通を規制する，危険性に関する情報を提供するなどの事前規制を行うことがあげられる。

　例えば，日常生活に用いられる製品の安全性を高め，消費者被害を防止するための法律として前出の消費生活用製品安全法が定められている。同法では，消費者の生命・身体に対して特に危害を及ぼすおそれが多い製品（圧力がま，石油ストーブ，ライターなど 10 種）について，国の定めた技術上の基準に適合した旨を示す PSC マークがないと販売できず，マークのない製品が市中に出回ったときは，国は製造事業者等に同法では回収等の措置を命じることができる制度を定めている。このほか，同法では製品事故が生じたときに事業者が国に事故の状況等を報告する製品事故情報報告・公表制度と，経年劣化による事故を

防ぐための長期使用製品安全点検・表示制度が設けている。

　他の事業分野では，家庭用品に含まれる化学物質による健康被害を防止するため，これらの含有量等の安全基準を定め，基準に適合しない家庭用品の販売・授与等を禁止する法律として有害物質を含有する家庭用品の規制に関する法律（昭和48年法律第112号），電気用品による危険および障害の発生を防止するため，その製造，販売等を規制する法律として電気用品安全法（昭和36年法律第234号。基準に適合した製品はPSEマークを表示）などが定められている。

3.　事故等の情報を収集し被害の発生・拡大を防ぐ政策

　消費者事故等の情報を収集し，被害の発生・拡大を予防する政策を実行するための法律として，消費者安全法が定められている。消費者庁は，同法に基づき，行政機関・地方公共団体等から直接あるいは国民生活センターのPIO-NETから消費者事故に関する情報を一元的に集約している（第1節を参照）。

　消費者庁は，集約した事故情報に基づき分析・原因究明等を行い，被害の発生・拡大防止を図っている。具体的には，消費者への注意喚起等の情報公表，適用される法律がある場合に所管する各省庁への措置請求，他の法律で対応できない場合（隙間事案）での事業者への必要な措置の命令等を行っている。

　このほか，消費者庁では，前出の消費生活用製品安全法に基づき重大製品事故の情報を収集し，定期的に公表している。また，消費者安全調査委員会を設置し，消費者の生命・身体の被害に関する事故の原因究明を行い，事故の再発や消費者被害の拡大を防止している。

4.　消費者の被害を救済する政策

　製品事故により消費者の生命，身体，財産等に被害が発生した場合，国が加害者に代わって被害者に補償する制度は限られた商品で存在するものの[2]，前出のとおり原則として被害者自らが加害者に被害の補償を求めて裁判を提起す

---

[2]　例えば，医薬品の副作用による重篤な健康被害に対し，医療費や年金などの給付を行う公的な制度として医薬品副作用被害救済制度が定められている。

る必要がある。一方で，消費者が保有する情報の質・量や交渉力，資金力は事業者に劣っているのが一般的であり，これらのことが裁判をする際に消費者にとって不利に働く場合も多い。そこで，消費者の被害救済を目的としてこれらの格差を是正するために消費者が有利になるよう特別な民事法規の立法が行われる場合があり，前出の製造物責任法もその１つである（トピックス１を参照）。

　一般に，製造物の欠陥により生命，身体または財産に被害を受けた消費者が製造者に被害の補償を求める裁判では，民法に基づき消費者が製造物に欠陥があることと，この欠陥が製造者の故意・過失に起因して生じたものであることを立証する必要がある。しかし，実際に製造に携わっていない消費者が製造者の故意・過失を立証することは非常に難しい。そこで製造物責任法では，消費者は製品の欠陥があることを証明するのみで足りるように規定し，消費者による立証上の負担を軽減している法律である。

5.　消費者事故の現状

　令和３年度（2021 年度）版の消費者白書によれば，2020 年度に消費者安全法に基づき消費者庁に通知された消費者事故等は 11,414 件であり，生命・身体に影響する事故等 2,435 件（うち重大な事故等 1,487 件），財産に影響する事故 8,979 件という結果であった。重大事故等の内容にしぼって詳しくみると，火災が 1,204 件と約 8 割を占めており，次いで転落・転倒・不安定 108 件となっている。このうち火災の原因としては，主に自動車，家電製品，情報通信機器や充電器からの出火が火災につながった例がみられる。これら重大事故等の通知を受け行われた消費者庁による注意喚起としては，食品による子供の窒息・誤嚥事故に対するものがあげられる。

　PIO-NET に収集された 2020 年度の危害・危険情報（商品やサービス，設備等により生命や身体に危害を受けた，あるいは危害を受ける危険があったという内容の相談）は，13,961 件であり，このうち危害情報（12,036 件）では化粧品，健康食品等による皮膚障害（かゆみや湿疹など）と健康食品，料理店での飲食による消化器障害（吐き気や下痢など）が全体の 6 割近くとなっている。危険情

報（1,925 件）では，加熱・こげる 306 件，発煙・火花 278 件，異物の混入 244 件の順となっている。

　これらの消費者事故等の情報は，個別の事案では消費者庁・国民生活センターによる注意喚起や被害の拡大・再発防止などに活用されている。また，これらの集約結果は，毎年分析が行われて取りまとめられて国会に報告され，消費者白書として国民に公表されている。

第 4 節　表示の充実と信頼を確保する政策

1.　表示の適正性を確保する必要性

　商品・サービスを提供する事業者と消費者との間には情報の質・量の格差が存在することから，消費者は，事業者が提供する説明書きや広告などの表示などに記載された質や価格，あるいは安全性などの情報を信用して商品・サービスを選択せざるを得ない。しかし事業者は，利益を追求する主体である以上，収益の増大を図るために販売促進手段の 1 つである表示において，商品の優良さや取引条件の有利さに関する情報を消費者に強調して訴求するのが一般的である。ここから表示には一定の強調・誇張が含まれやすい（伊従・矢部編 2009：65-66 ページ）。また，事業者が販売量の減少可能性のある情報を故意に表示しない，あるいは表示し忘れる，表示内容を間違えるといった場合も考えられる。

　このように消費者の商品・サービスの選択に影響を与える表示が適切に行われるようにするためには，大きく分けて 2 つの方法がある。第 1 に，政府が特定の商品・サービスについて表示すべき事項を事前に定め，事業者がこれを表示しない場合に処分する方法である（事前規制）。このタイプの規制には，食品の品質，衛生，保健に関する記載事項を定めた食品表示法や家庭用品を対象にその品質に関する記載事項等を定めた家庭用品品質表示法（昭和 37 年法律第 104 号）などがあげられる。

　第 2 に，禁止される表示内容の範囲を定め，事業者がこれに違反した表示を行った場合に事後的に処分する方法である（事後規制）。このタイプの規制

には，消費者の誤認を招く表示（不当表示）を規制する景品表示法があげられる。

　これらの表示規制のうち，本項では消費者政策を展開する主要な法律の 1 つであり，規制緩和後にも強化改正と積極的な運用が行われている，景品表示法に基づく不当表示規制について概説する。

2.　不当表示規制の概要

　景品表示法は，消費者が商品・サービスを自主的かつ合理的に選択することを阻害するおそれのある不当表示を用い，事業者が顧客誘引することを禁止することにより，消費者の利益を保護することを目的として定められた行政法規である[3]。景品表示法は，すべての業種や商品・サービスの分野に幅広く適用されるため表示の基本法と位置付けられており，消費者に商品・サービスを提供する際に表示を行う事業者にとって，対応が必要不可欠である法律となっている。

　不当表示の規制では，①商品・サービスの品質，規格その他の内容についての優良誤認表示，②商品・サービスの価格その他の取引条件についての有利誤認表示，③商品・サービスの取引に関する事項について一般消費者に誤認されるおそれがあると認められ，内閣総理大臣（ただし，景品表示法に基づく権限は消費者庁長官に委任されている）が指定する表示がそれぞれ禁止されている。③の表示は，無果汁の清涼飲料水等，商品の原産国，消費者信用の融資費用，不動産のおとり広告，おとり広告，有料老人ホームの各分野で指定されている。

　さらに，消費者庁長官などの認定を受けて，事業者・事業者団体が表示・景品類に関する事項を業界のルールとして自主的に設定する公正競争規約制度が設けられている。この規約は 2020 年 6 月 24 日現在で表示規約 65 件，景品規約 37 件，合計 102 件が定められており，各業界で表示・景品提供の指針となっている。

　事業者が不当表示を行った場合，消費者庁は，違反行為の差止め，訂正広告の公示，その後の広告物の消費者庁への提出，再発防止策の策定，従業員へ

---

3) 景品表示法では不当表示のほか，不当な景品類の提供も規制している。

の周知徹底など，必要に応じた内容の行政処分である措置命令を違反事業者に行っている。さらに，一定の条件を満たした違反については，国庫に金銭の納付を命じる課徴金納付命令も併せて行っている。

景品表示法では，事業者に対し，不当表示を防止するために，自らが行う表示が適正なものとなるよう管理するという社内体制（以下，管理措置）の整備を義務化しており，消費者庁は，管理措置に関し適切かつ有効な実施を図るため指導・助言を行い，および必要な措置を講ずべき旨の勧告・公表を行うことができる。

3.　不当表示規制の現状

1990 年代以降，不当表示事件の多発や規制緩和の推進を受け，不当表示規制は，競争の維持・促進と表裏一体の関係がある消費者の合理的な選択を守るため [4]，強化が続いている。近年の主要な法改正の内容として，合理的な根拠がなく著しい優良性を示す不当表示の効果的な規制方法である不実証広告規制の導入（2003 年）[5]，同法の消費者庁への所管変更に伴う他の表示規制との連携強化（2009 年），事業者に対する表示等の管理措置の義務化，課徴金制度の導入および都道府県知事による景品表示法の運用強化（2014 年）が行われている。

ここ 3 年度における措置命令の件数は，2018 年度 46 件，2019 年度 40 件，2020 年度 33 件（いずれの年度も消費者庁が行ったもののみ）となっている。さらに課徴金納付命令の件数も，2018 年度 20 件，2019 年度 17 件，2020 年度 15 件と積極的に行われている。

近年の規制の特徴として，インターネット通販における商品・サービスの内容・取引条件に関する表示や，インターネットで発信した商品・サービスの広告など，

---

4)　市場において適切に競争が行われるためには，消費者が価格，品質，付帯サービスなどに基づく商品・サービスを適切に選択することが必要であり，この選択のための情報を提供する表示が適正なものである必要がある。

5)　不実証広告規制とは事業者に表示裏付けとなる合理的な根拠を示す資料を提出させ，資料を一定期間内に提出しない場合や，提出された資料が合理的な根拠を示すものと認められない場合には，この表示を不当表示とみなす方法である。

インターネット利用に付随する不当表示の事案が増加している。2020 年度には，新型コロナウイルス感染症の流行を反映して，消毒効果がある次亜塩素酸水の有効濃度やアルコール関連商品のアルコール濃度，空間除菌用品の効果などに関する不当表示が多数規制されている。

　これらの規制事例のうち優良誤認表示に対しては，前出の不実証広告規制が積極的に適用されている。例えば，規制件数が多い食肉の産地・銘柄や LED 電球・電気機器等の性能，健康食品の効果など，性能，効果等の立証のために科学的な試験・調査が必要で消費者庁による規制に時間・手間がかかる表示では，この制度が積極的に活用されている。

第 5 節　適正な取引を実現するための政策

1.　政策の概要

　近年は多様な商品・サービスが流通しており，われわれの生活が便利になることにつながっている。一方で，これら商品・サービスを販売する方法や契約内容が複雑化しており，事業者が消費者に対し不当な販売方法を用いたり，消費者の無知に付け込んで事業者が一方的に有利な契約条件を結ばせたりするトラブルも増加している。このため，商品・サービスの販売方法における消費者の利益を保護するための政策が展開されている。

　この政策を実現するための手法としては，主として民事法規および行政法規に基づくものがあげられる（トピックス 1 を参照）。民事法規による保護では，不当な販売方法により結ばされた契約を取り消す権利を消費者に与える，あるいは消費者に不利な契約内容の効力をなくすなどの手法が用いられている。行政法規による保護では，事業者が行う販売方法や契約内容に一定のルールを設け，事業者がこのルールを守らなかった場合に行政機関が処分を下すなどの手法が用いられている。以下において代表的な法律である特定商取引法と消費者契約法に基づく規制とをそれぞれ説明する。

2. 特定商取引法の概要

特定商取引法は，事業者による不適正・悪質な勧誘行為等を防止し，消費者の利益を守ることを目的として定められている。具体的な内容としては，訪問販売，通信販売，電話勧誘販売，連鎖販売取引，特定継続的役務提供，業務提供誘引販売取引，訪問販売など消費者トラブルを生じやすい取引類型（以下，特定商取引）を対象に，事業者が守るべき勧誘上・取引上のルールや，消費者を保護するルールなどを定めている。この法律の特徴は行政法規と民事法規双方の機能を定めている点があげられる。

事業者が守るべきルールを定める行政法規の機能として，特定商取引を行う事業者は，消費者への適正な情報提供等の観点から氏名等の明示の義務付け，不当な勧誘行為の禁止，虚偽・誇大広告等の禁止，契約締結時に定められた内容を記載した書面交付義務が課されている。事業者がこのルールを守らなかった場合，消費者庁は，業務改善の指示や業務停止命令・禁止命令などの行政処分を行うことができる。

消費者に権利を付与する民事法規の機能として，特定商取引による消費者の救済を容易にするため，契約締結時に事業者から書面の交付を受けた後，消費者が一定期間内に無条件で契約を解約することができるクーリング・オフ制度や，事業者が不実告知（虚偽の情報を告げること）・故意の不告知（わざと重要な情報を伝えないこと）などを行った場合の契約に関する意思表示の取消し権が定められている。

3. 消費者契約法の概要

消費者契約法は，消費者が事業者と締結したあらゆる契約（消費者契約）を対象として，不当な販売方法・内容で契約を締結させられた場合に消費者を保護することを目的として定められた民事法規である。具体的には大きく2つの内容に分けられ，第1に，事業者が不当な勧誘（不実告知，不利益事実の不告知など11の勧誘方法）を行うことにより消費者に締結させた契約について，消費者が後から取消すことができる権利を与えるものである。

　第 2 に，事業者が消費者の利益を不当に害する契約条項（事業者の免責，消費者の解除権の放棄，平均的な損害の額を超えるキャンセル料など）を無効として取り扱うものである。

4.　消費者取引における消費生活相談の現状

　本章の最後に，消費者取引における消費生活相談の現状について，令和 3 年度（2021 年度）版の消費者白書を基に概観する。2020 年の消費生活相談件数は93.4 万件であり，新型コロナウイルス感染症拡大に関連した相談等が増加したという結果になった。年齢別にみると，65 歳以上の高齢者が 29.0％であり，迷惑メール・架空請求に関する相談や，光回線の加入などインターネットに関連した相談が多いという傾向がみられる。

　商品・サービス別では，近年のインターネットの普及を反映してデジタルコンテンツやインターネット接続回線など通信サービスに関するものが 15.4 万件，架空請求を含む商品一般に関するものおよび健康食品を含む食料品に関するものがそれぞれ 8.9 万件となっている。健康食品に関する被害は不当表示（第4 節を参照）でも多く，消費者が取引する際に注意を要する商品となっている。

　販売購入形態別では，インターネット通販 29.5％，インターネット通販以外の通信販売 9.7％，合計 39.1％であり，店舗購入 21.4％や訪問販売 7.9％に比べて通信販売での相談が大きな割合となっていることが分かる。インターネット通販の相談件数（27.5 万件）のうち，健康食品，保健衛生品，化粧品など商品に関するもの 67.8％（18.7 万件），各種予約サービス，オンラインゲームなどサービスに関するもの 32.2％（8.9 万件）となっている。このうち商品に関する相談の特徴として，電子商取引の拡大や新型コロナウイルス感染症拡大の影響などを背景に，商品の購入手段としてインターネット通販を利用する機会が増加したことに起因して，これらに関する相談割合も増加傾向にあることがあげられる。これに加え，商品未着・連絡不能（事業者と連絡がつかない）等のトラブルが増加したことがあげられる。

　インターネット通販で相談が増加しているものとして通信販売での定期購入

に関する相談（5.9万件）があげられる。具体的な内容として，消費者が定期購入であることを認識しないまま商品を注文している事例や，事業者に解約の連絡が取れない事例が多く生じている。

トピックス2：保護から自立に向けた消費者市民社会の実現

　近年,消費者政策で推進されている事項の1つとして「消費者市民社会」を目指す消費者教育の実施があげられる。消費者教育推進法（平成24年法律第61号）では消費者市民社会を,「消費者が，個々の消費者の特性及び消費生活の多様性を相互に尊重しつつ，自らの消費生活に関する行動が現在及び将来の世代にわたって内外の社会経済情勢及び地球環境に影響を及ぼし得るものであることを自覚して，公正かつ持続可能な社会の形成に積極的に参画する社会」と定義している。

　この定義を紐解くと，われわれ消費者が商品・サービスを選択・消費する際に，社会経済情勢が地球環境に与える影響力を理解して消費を実践することにより，消費者問題その他の社会課題の解決や，公正かつ持続可能な社会の形成を実現しようとするものである。この考え方は，規制緩和により消費者政策が転換し，消費者が保護される立場から自立して責任を負う立場に変わったことにより，主体的に行動する消費者を育成するための消費者教育が目指すべき方向性として導入されたものである。

　われわれ消費者の具体的な行動としては，商品等を安全に使用するため商品のラベル・説明書をよく読む，環境や社会に配慮された商品・サービスを利用する，消費者問題に直面したときには事業者・行政に対し声を上げるなどがあげられる。

【考えてみよう】

1．最新の消費者白書をみて，消費者取引で多いトラブルの特徴を調べてみよう。
2．規制緩和の前後で消費者政策がどのように変化したのか，規制緩和との関係を踏まえて考えてみよう。
3．消費者市民社会を実現するために，皆さんが商品を購入する際にどのような点に気を付ければよいのか，皆さんの購入行動によってどのような社会問題が解決されるのか具体例をあげて考えてみよう。

【参考文献】

伊従寛・矢部丈太郎編（2009）『広告表示規制法』青林書院。

岡野純司（2019）「景品表示法による不当表示規制の推移―平成期を振り返って―」『消費生活研究（NACS 消費生活研究所）』21 巻，第 1 号。

消費者庁消費者政策課（2019）「図で見て分かる消費者政策の学び」（2019 年 3 月作成），https://www.caa.go.jp/publication/pamphlet/pdf/pamphlet_190320_0001.pdf（2021 年 9 月 10 日閲覧）。

消費者庁（2020）「我が国の消費者政策」（2020 年 12 月公表），https://www.kportal.caa.go.jp/consumer/pdf/handbook.pdf（2021 年 9 月 10 日閲覧）。

消費者庁（2021）「安全・安心豊かに暮らせる社会に（消費者庁パンフレット）」（2021 年 4 月公表），https://www.caa.go.jp/about_us/about/caa_pamphlet/assets/pamphlet_jp_000.pdf（2021 年 9 月 10 日閲覧）。

細川幸一（2018）『大学生が知っておきたい消費生活と法律』慶応義塾大学出版会。

松本恒雄（2018）「消費者政策の変遷と法整備」『ウェブ版国民生活』第 70 号。

消費者庁（2021）『令和 3 年版消費者白書』消費者庁。

【さらに深く学ぶために】

樋口一清・井内正敏編（2020）『日本の消費者政策―公正で健全な市場をめざして―』創成社。

西村多嘉子ほか編（2010）『法と消費者（入門消費経済学 4）』慶応義塾大学出版会。

第 12 章　物 流 政 策

本章の概要

　本章では，物流政策の意義とその歴史・現状について解説する。第1節では，物流政策の概要として物流政策の定義や物流行政の構造について解説する。第2節は，物流環境の変化と物流政策の変遷過程について解説する。第3節は，総合物流施策大綱を中心に，物流政策の方向性について解説する。第4節は，物流総合効率化法の概要と，物流の総合化・効率化に向けた支援装置について解説し，その認定事業の事例を紹介する。

第1節　物流政策の概要

1.　物流政策の意義

　物流は，生産者と消費者の間に存在する空間的・時間的な隔たりを埋めていく経済活動であり，輸送や保管・荷役・包装・流通加工・物流情報といった諸活動によって機能している。これらの物流活動は，商品流通の効率的かつ円滑的を図るために，国が提供する道路や港湾などといった公共施設やサービスの利用が不可欠であるが，その際に物流活動に起因した交通渋滞や騒音，公害などの問題が社会にマイナスの影響を与えている。したがって，物流の基本目標は，商品流通の効率化を実現すると同時に，物流活動に起因した社会的課題に対応することにある。この観点からみるとき，物流政策とは，効率化を志向する企業の物流活動を包括的に対応するとともに，物流活動に関わる「市場の失敗」を排除・補完する政策ということができる。こうした物流政策は，社会経

済情勢の変化に伴う物流業界の課題を解決するため，経済的規制と社会的規制を核として施策が講じられている。経済的規制は物流市場への参入や業種区分，運賃・料金などを対象としており，社会的規制は安全や環境保全などを対象としている（忍田 2002：186 ページ）。

2. 物流行政の構造

　商品が生産者から消費者に届くまでの物流活動には，民間企業や行政など様々な主体が関わっている。物流に関連する行政としては，経済産業省や国土交通省，農林水産省，厚生労働省など多岐にわたっている。例えば，物流システムの効率化や物流機器の標準化などについては経済産業省が中心となっており，物流ネットワーク構築に向けた大型ターミナルや道路などの社会資本の整備については国土交通省が中心となって施策を講じている。また，物流活動に関連する労働問題については厚生労働省が関わっており，物流活動に伴う交通問題や環境問題においては警察庁と環境省が物流政策に関わっている。

　このように物流問題は，複数の省庁に関わっており，その問題を改善するためには，複数の省庁が連携して施策を講じなければならない。一例として，中小企業が大半を占める物流業界では，元請の物流業者が荷主企業から請け負った業務の全部または一部を下請物流業者（1次）に依頼し，それをさらに2次・3次に下請させる重層下請構造となっている。そのため，下の層に位置する中小物流事業者の収益などを低下させ，人材確保や物流効率化を阻害する要因となっている。こうした物流問題の改善に関わっている行政としては，公正取引委員会や経済産業省，厚生労働省などがある。公正取引委員会は，物流業界の重層下請構造による中小物流事業者の利益保護に向けた下請取引の規制に関わっており，経済産業省は中小物流事業者の物流効率化を促進するための支援を行っている。また，中小物流事業者の事業活動に関わる労働問題については厚生労働省が関わっている。このように物流活動には複数の省庁が関わっており，効果的な物流施策を講じるためには，物流関係省庁間の連携を図ることが必要不可欠である。

第 2 節　物流政策の歴史

1.　高度成長期下の物流政策（1960 ～ 1970 年代）

　1950 年代後半に打ち出された「所得倍増計画」(池田内閣) がきっかけとなり，日本経済は高度経済成長期に突入した。当時の日本では，製造業の機械化が進み，商品の大量生産が可能となった。製造業による大量生産体制の構築は，商品流通にも大きな影響を与え，流通レベルでの大量流通体制の確立をもたらした。しかし，当時の日本では，道路や港湾などの社会資本と運輸産業の未整備によって円滑な商品流通が阻害されていたことが，社会的問題として認識されつつあった（中田 2009：108 ページ）。

　こうした状況のなか，1956 年に日本生産性本部が派遣した「流通技術専門訪米視察団」によって物流の概念が持ち込まれた。これに手をつけたのが通商産業省（現経済産業省）と運輸省（現国土交通省）である。通商産業省の産業構造審議会流通部会（以下，流通部会）は，1966 年に物流の重要性とその課題への対応を答申するなど，物流を意識した施策に取り組むようになった。また，1969 年には「流通活動のシステム化について」という答申を発表し，通商産業省が推進していた流通システム化政策[1] において物流を大きな柱の一つとして取り上げていた。この答申を踏まえ，1970 年には「流通システム化推進会議」が発足され，その翌年には「流通システム基本計画」が発表された。同計画では，流通のシステム化に向けて物流の面では，在庫管理の適正化や受発注の自動化，取引条件の標準化・統一化，物流ネットワークの構築などが施策の対象としてあげられていた（中田 2009：109 ページ）。

　一方，運輸省においては 1967 年に運輸経済懇談会が「物的流通ワーキンググループ」を設置し，その 2 年後の 1969 年には，運輸省における物流の全体像

---

1)　流通システム化政策とは，1960 年代から 1970 年代に当時の通商産業省が展開した政策で，効率的な流通活動を遂行するために，個別に行われていた商品管理や物流の合理化などの活動を一つのシステムとして捉え，効率的な流通を行う仕組みを作ることである。

が示された報告を発表するなど，運輸省でも物流を意識した施策への取組みが始まった。当時の物流政策は，省庁間の物流に対する考え方の相違により，通商産業省の物流能力の拡大やその効率化と，運輸省の運輸産業の育成や複合ターミナル[2] の整備などが物流政策の中心となっていた（中田 2013：209 ページ）。

2.　低成長期下の物流政策（1980 〜 1990 年代）

　1970 年代に発生した 2 度のオイルショックが契機となり，日本の経済は安定成長期に移行し，国内物流もこれまでの量的な拡大から質的な充実に変化してきた。このような経済社会の変革に対応するため，運輸省は 1980 年に交通需要の動向を展望し，政策課題を解決のための基本方向を示した「長期展望に基づく総合的な交通政策の基本方向」についての答申を行った。同答申では，省エネルギー対策などによる効率的な物流体系の形成が提言された。また，通商産業省も 1983 年に「80 年代の流通ビジョン」を発表し，多品種化などに対応した効率的な流通システムの確立を提言した。

　しかし，1986 年から 1991 年までのバブル経済期において急激な物量の増加による労働力および輸送能力の不足が大きな課題となったことを受け，通商産業省と運輸省は，1990 年にこれからの物流の方向性を提示した答申をそれぞれ発表した。また，運輸省は輸送能力の確保と物流の社会的課題を改善する目的として，貨物運送取扱事業法（平成元年法律第 82 号）[3] と貨物自動車運送事業法となる物流二法を制定した。

　物流二法の制定に伴い，物流市場への新規参入や業種区分などに関する規制が緩和され，安定した輸送能力の確保が可能となった。この結果，貨物自動車運送事業者の新規参入が急増し，輸送能力が飛躍的に拡大した。一方で，輸送安全や環境保全などの社会的課題については規制が強化されるようになった。

---

2)　複合ターミナルとは，2 種類以上の輸送手段（自動車，船舶，鉄道，航空機など）を利用する貨物輸送を円滑かつ効率的に行うために設置された物流施設である。
3)　貨物運送取扱事業とは，自らは輸送手段を持たずに，運送事業者の輸送手段を利用して貨物輸送を行う事業者のことであり，その事業者の事業要件などを定めた法律が貨物運送取扱事業法である。同法律は 2003 年の法改正により名称が「貨物利用運送事業法」と変更されている。

　さらに，通商産業省の外局である中小企業庁と運輸省を共管とする中小企業流通業務効率化促進法（平成4年法律第615号）が制定された。この法律の制定により，経営基盤の脆弱さから流通業務の効率化が進まなかった中小企業に対する融資や税制，信用保険などの支援措置が取られるようになった。その対象は，流通業務の効率化を図るための共同配送施設や共同倉庫などの整備・利用して流通業務の全部または一部を一体的に行う中小企業に対して支援措置が取られている。この法律の特徴は，物流分野において関連省庁間の連携が図られる契機となった点があげられる。

　その後，物流環境は多様化・複雑化したため，物流関連省庁間の連携が必要性となり1997年に通商産業省や運輸省，農林水産省などが連携して物流施策の方向性や物流行政の指針を示した「総合物流施策大綱」を閣議決定した。この大綱の策定にともない，これまで省庁ごとに取られてきた物流政策が1本

表12-1　運輸省・通産省における主な物流政策の展開

年代	運輸省	通商産業省
1960年代	・運輸経済懇談会「物的流通WG」設置（1967） ・同上報告（1969）	・産業構造審議会流通部会「物的流通の改善について」答申（1966） ・産業構造審議会流通部会「流通活動のシステム化について」答申（1969）
1970年代		・流通システム化推進会議の発足（1970） ・流通システム基本方針の発表（1971）
1980年代	・運輸政策審議会「長期展望に基づく総合的な交通政策の基本方向」の発表（1980）	・産業構造審議会流通部会「80年代の流通ビジョン」の発表（1983）
1990年代	・運輸政策審議会「物流業における労働力問題への対応策について－21世紀に向けての物流戦略」の発表（1990） ・物流二法（貨物自動車運送事業法，貨物運送取扱事業法）の施行（1990）	・産業構造審議会流通部会「90年代の流通ビジョン」の発表（1990） ・産業構造審議会流通部会「物流効率化対策の総合的推進」の発表（1991）
	・中小企業流通業務効率化促進法の施行［運輸省・中小企業庁］（1992） ・総合物流施策大綱の閣議決定［運輸省・通商産業省など］（1997）	

(注)　[　]内の省庁は，所管部署である。
(出所)　中田（2013），210ページより一部変更作成。

にまとめられ，省庁横断的かつ総合的に施策が取られるようになるなど，物流行政は大きな転機期を迎えている。

第3節 物流政策の新たな展開

1. 総合物流施策大綱の誕生

　これまでの物流政策は，物流に対する関係省庁間での認識のズレにより，個々の省庁で政策が取られてきた。例えば，国土交通省では貨物の輸送力の拡大や物流インフラ（道路，港湾，空港など）の整備といった運輸問題として物流のありようを考えており，経済産業省は流通や産業問題として，環境省は環境問題として物流政策を展開していた。しかし，社会経済情勢や物流を取り巻く環境が多様化・複雑化するにつれ，関係省庁が独自に取られてきた物流政策を連携させる必要性が高まってきた。こうした状況を受け，政府は物流施策の方向性や物流行政の指針を示し，関係省庁間の連携を図るものとして，総合物流施策大綱を策定した。この大綱の策定により，関係省庁が独自に取られてきた物流政策が総合的かつ一体的に推進されるようになった。

　総合物流施策大綱は，社会経済情勢や物流環境の変化などを踏まえて4年ごとに改定が行われており，これまで7回にわたって策定されている。1997年に策定された第1次総合物流施策大綱（1997年度-2001年度）では，国際的な大競争時代の到来に伴い，高コスト構造を是正し，消費者利益を確保するとともに，我が国の産業立地競争力を強化することが必要になってきたことや物流ニーズの高度化・多様化に応えていくことなどが重要な政策課題として取り上げられた。政策課題に対処するために，第1次大綱では「アジア太平洋地域でもっとも利便性が高く魅力的なサービスの実現」および「産業立地競争力の阻害要因とならない物流コストの実現」，「環境負荷の低減」という3点を政策目標として掲げていた。これらの目標を達成するため，政府は関係省庁間や施策間などの相互連携と多様化するニーズに対応した輸送モードの選択可能性の拡大，魅力的な事業環境の創出といった3つの視点に基づいて施策が講じ

られてきた。

　しかし，第 1 次大綱の内容は，個々の省庁が取り組んできた物流施策を一つ
に取りまとめたにすぎないという批判の声も寄せられている。確かに関係省庁間
で物流に対する認識のズレがあるなか，関係省庁間での調整が十分に行われず，
具体的な内容にも不備が多かったものの，国家として物流政策に対する目的を明
示し，その実現に向けた方針を提示したという意味では高く評価されている。

2.　総合物流施策大綱のこれまでの展開

　続く 2001 年の第 2 次大綱（2001 年度 -2005 年度）では，第 1 次大綱で掲げ
た目標の継続が求められていたため，第 1 次大綱の進捗状況を踏まえて「コ
ストを含めて国際的に競争力のある水準の物流市場の構築」および「環境負荷
を低減させる物流体系の構築と循環型社会への貢献」という 2 つの目標に絞
り込まれている。しかし，第 2 次大綱の策定以降，アジア諸国との経済交流
の深化や IT 普及の拡大，テロの脅威，京都議定書の発効など社会経済情勢が
大きく変化してきたことを受け，政府は 2005 年 11 月に第 2 次大綱を見直し，
新たに第 3 次大綱（2005 年度 -2009 年度）を策定した。

　第 3 次大綱では，これまでの 2 大綱が目的とした物流施策の体制整理と提
示に加え，官民連携を図る拠り所として大綱を位置づけていた（水味 2007：
197 ページ）。そのため，第 3 次大綱においては「スピーディーでシームレス
かつ低廉な国際・国内一体となった物流の実現」や「グリーン物流など効率的
で環境にやさしい物流の実現」といった従来の物流施策に加え，セキュリティ
確保への要請に対応する「国民生活の安全・安心を支える物流システムの実現」
と民間企業などとの連携強化に向けた「ディマンドサイドを重視した効率的物
流システムの実現」が新たな施策目標として取り上げられていた。

　その後の第 4 次（2009 年度 -2013 年度）・第 5 次大綱（2013 年度 -2017 年度）では，
これまでの大綱が掲げてきた政策目標を継続する必要性から，国際物流の効率
化と環境対応型物流，安全・安心の確保という 3 つの視点に基づいて施策が
講じられてきた。

　続く第 6 次大綱（2017 年度 -2020 年度）は，これまでの大綱が 5 年計画として策定されてきたのとは異なり，物流に対するニーズの変化や IoT，ビッグデータ，AI といった新技術の登場，他の政府計画との整合性などを考慮して 4 年計画として策定された。この大綱では，物流を取り巻く諸課題の変化に的確に対応し，効率的・持続的・安定的に機能を発揮する「強い物流」の実現により物流の生産性向上を図ることを目的に 6 つの施策目標を取り上げている。具体的には，「サプライチェーン全体の効率化・価値創造」や「働き方改革の実現」，「インフラの機能強化」，「災害リスク・環境問題への対応」を推進するため，「新技術（IoT，ビッグデータ，AI 等）の活用」および「人材の確保・育成」を通して「強い物流」の実現を目指すとしている。また，これまでの大綱では

表 12-2　過去の総合物流施策大綱の施策目標

回次（年度）	施策目標
第 1 次 （1997-2001）	・アジア太平洋地域でもっとも利便性が高く魅力的なサービスの実現 ・産業立地競争力の阻害要因とならない物流コストの実現 ・環境負荷の低減
第 2 次 （2001-2005）	・コストを含めて国際的に競争力のある水準の物流市場の構築 ・環境負荷を低減させる物流体系の構築と循環型社会への貢献
第 3 次 （2005-2009）	・スピーディーでシームレスかつ低廉な国際・国内一体となった物流の実現 ・「グリーン物流」など効率的で環境にやさしい物流の実現 ・国民生活の安全・安心を支える物流システムの実現 ・ディマンドサイドを重視した効率的物流システムの実現
第 4 次 （2009-2013）	・グローバルサプライチェーンを支える効率的物流の実現 ・環境負荷の少ない物流の実現等 ・安全・確実な物流の確保等
第 5 次 （2013-2017）	・産業活動と国民生活を支える効率的な物流の実現 ・さらなる環境負荷の低減に向けた取組 ・安全・安心の確保に向けた取組
第 6 次 （2017-2020）	・サプライチェーン全体の効率化・価値創造 ・働き方改革の実現 ・インフラの機能強化 ・災害リスク・環境問題への対応 ・新技術（IoT，ビッグデータ，AI 等）の活用 ・人材の確保・育成

（出所）国土交通省「総合物流施策大綱」より抜粋。

物流を取り巻く諸課題に対応するための目標のみが設定されていたのに対し，第 6 次大綱においては物流の諸課題に効果的に対応し，実効性を高めるために，横断的なサポート体制づくりにも取り組んでいる。

3.　第 7 次総合物流施策大綱における物流政策の方向性

　政府は，2021 年 6 月に物流政策の道しるべとなる第 7 次総合物流施策大綱（2021 年度 -2025 年度）を策定した。この大綱では，第 6 次大綱で掲げた目標のうち，継続が求められる人材の確保・育成などに加え，自然災害や新型コロナウイルス感染症など有事の際にも機能する物流ネットワークの構築に向けて，次の 3 つの今後の政策目標を取り上げている。

① 　物流 DX[4)]や物流標準化の推進によるサプライチェーン全体の徹底した最適化

② 　時間外労働の上限規制の適用を見据えた労働力不足対策の加速と物流構造改革の推進

③ 　強靭性と持続可能性を確保した物流ネットワークの構築

　①は，AI や IoT などの新しいデジタル技術を活用してムリ・ムラ・ムダのない円滑な物流を実現するとともに，物流システムの規格化による収益力・競争力の向上を図り，サプライチェーン全体の最適化を図ろうとするものである。①の目標を実現するために，物流業務のデジタル化や非接続・非対面型物流の推進，物流標準化の加速，物流・商流データ基盤の整備，課題解決能力のある高度物流人材の育成・確保といった施策が実施されている。

　②は少子高齢化などにより労働力不足に拍車がかかると予想されているなか，労働力の確保という観点から物流業務の簡素化・汎用化を図ろうとするものである。②の目標を実現するために，トラックドライバーの時間外労働の上限規制に対応するための労働環境の整備や内航海運の安定的輸送の確保，労働

---

4)　物流 DX（Digital Transformation）とは，物流が抱えている人手不足や輸配送問題などを改善するため，デジタル技術を活用して物流業務の省人化・自動化を推進するものであり，代表的な取組みとして倉庫内の搬送ロボットや自動運転などがある。

生産性の改善に向けた革新，農林水産物・食品等の流通合理化などといった施策が実施されている。

③は国際社会の脱炭素化や国際貿易の保護主義的な動き，新型コロナウイルス感染症などにより国際情勢の不確実性が増すなか，それに対応できる強靭で持続可能な物流ネットワークを構築しようとするものである。③の目標を実現するために，有事にも機能する強靭で持続可能な物流インフラの構築や産業の国際競争力に資する物流基盤の強化，持続可能な地球環境に資する取組の推進といった施策が実施されている。

第7次大綱では，これまでの大綱とは異なり，施策の進捗を定量的に把握するための指標としてKPI[5]を用いているほか，物流に係わるステークホルダーを交えた政策評価の場が設けられているのが特徴である。これにより，第7次大綱では施策の実効性を高めようとしている。

第4節　物流効率化に向けた政策

1.　物流総合効率化法の概要

上記の第1次・第2次総合物流施策大綱が策定された当時は，産業立地の阻害要因とならない物流コストや効率的な物流システムの実現が政策目標の達成において重要な課題であり，具体的な施設が必要であった。こうした背景を受けて制定されたのが，流通業務の総合化及び効率化の促進に関する法律（平成17年法律第85号。以下，物流総合効率化法）である。

当法律は，物資の流通を巡る経済的・社会的な変化に伴い，物流コスト削減による産業の国際競争力の強化や消費者ニーズの多様化・高度化への対応，環境負荷の低減に寄与する物流体制構築を通じて流通業務の総合化および効率化の促進を図る目的として制定された。この法律では，港湾や鉄道の貨物駅など

---

5)　KPI（Key Performance Indicators：重要業績評価指標）とは，事業の進捗状況や実績，目標の達成状況などを数値で表現し，その事業が適切に実施されているかを評価するマネジメントの指標でもあり，政策評価にも用いられている。

の社会資本を活用して物流業務の総合化・効率化を実施するトラックターミナルや卸売市場，倉庫などの特定流通業務施設の整備を前提とし，輸送や保管，荷捌き，流通加工などの流通業務の一体化や，「輸送網の集約」[6)]，「輸配送の共同化」[7)]，「モーダルシフト」[8)] といった輸送業務の合理化を図る流通業務総合効率化事業を対象に各種支援が行われている。この法律の施行に伴い，これまで中小企業の流通業務の効率化を目的としていた中小企業流通業務効率化促進法は，その役目を終えて廃止となった。

　しかし，近年の物流分野において少子高齢化の進展に伴う労働力の確保が大きな課題になりつつある。このような状況を鑑み，従来の国際競争力の強化などに加え，労働力の確保への対応を盛り込む物流総合効率化法の改正が 2016

図 12-1　物流総合効率化法による支援対象事業の例

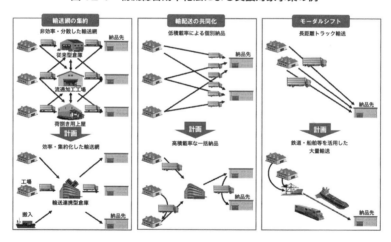

(出所) 国土交通省 (2021)「総合効率化計画認定申請の手引き［2021 年 5 月改訂版］」，https://www.mlit.go.jp/common/001403258.pdf（2021 年 6 月 19 日閲覧）。

---

6)　輸送網の集約とは，荷主ごとに分散していた輸送ルートによる非効率的な輸送を解消するため，輸送ルート上に共同の輸送連携型倉庫を整備し，そこに貨物を集約して，積載率の向上や無駄な輸送ルートを削減する取組みである。

7)　輸配送の共同化は，これまで個別に行っていた輸配送を複数の納品業者が 1 つの輸送手段を活用して共同で同じ納品先に輸配送することにより，積載率の向上を図る取組みである。

8) モーダルシフトとは，トラックなどで行われている貨物輸送を環境負荷の小さい船舶や鉄道へと転換する取組みである。

年10月に行われた。同法の改正に伴い，流通業務総合効率化事業の支援対象も一部変更となった。その対象の条件として，2以上の者（法人格が別の者）が連携することが必須となっているほか，従来は特定流通業務施設の整備が必須であったが，その規定が緩和され，特定流通業務施設の整備を伴わない物流事業者の流通業務総合効率化事業（モーダルシフト，輸配送の共同化）も支援の対象となっている（図12-1）。また，複数の物流業者が行う流通業務の省力化への取組みも支援を受けられるようになっている。このように，物流総合効率化法の改正により，従来は必須となっていた物流施設を整備せずに，複数事業者が連携して取り組む事業も認定を受けられるようになっている。

2.　物流総合効率化法による支援措置

2016年に行われた物流総合効率化法の改正により，流通業務総合効率化事業への申請件数は大幅に増加し，2021年7月末までに累計284の事業が認定され，支援を受けている。認定を受けた物流事業者に対しては，認定事業が円滑に推進できるように，次の4つの支援措置が取られている。

①物流事業の総合的実施の促進

②特定流通業務施設の整備促進

③輸送の合理化等の促進

④金融支援による物流効率化の促進

①の「物流事業の総合的実施の促進」は，物流総合効率化事業を実施する際に，倉庫法などの事業法に基づいて事業の登録や許可などが必要な場合がある。その場合，総合効率化計画の認定時に，各事業の登録や許可などを一括して取得できるようにするものである。

②の「特定流通業務施設の整備促進」は，物流総合効率化計画に基づいて整備される特定流通業務施設に対して償却限度額を10％割増（5年間）することを認めるとともに，営業倉庫に係わる固定資産税や都市計画税は2分の1（5年間）に軽減するなどの税制特例措置を取るものである。さらに，市街地化調整区域などでの開発許可基準を緩和し，特定流通業務施設の整備促進を図るものである。

　③の「輸送の合理化等の促進」は，物流総合効率化計画の認定を受けた輸送業務の合理化事業に対して車両などの運行経費の一部を補助するとともに，物流総合効率化事業のために導入した業務用資産に対して固定資産税の特例措置を講じることで，輸送の合理化を促進するものである。

　④の「金融支援による物流効率化の促進」は，中小企業などが物流総合効率化事業を実施するに当たり，必要な資金調達などを支援するものである。

　これらの支援策の他にも 2007 年に，総合効率化計画の認定を受けたことを示す認定マークを創設し，認定事業者の企業イメージ向上や流通業務の総合化および効率化に関する取組み意欲の向上なども図っている。一方，総合効率化計画の認定を受けている事業は，事業年度終了後の 3 カ月以内に事業の実施状況を報告しなければならない。また，計画期間中（3 年間（特定流通業務施設の整備を伴う計画は 5 年間））に，計画の変更が生じた場合には，計画変更認定を受けることが必要である。

表 12-3　物流総合効率化法による支援措置とその内容

支援措置	具体的な支援内容
物流事業の総合的実施の促進	・事業許可等の一括取得 　－流通業務総合効率化事業の実施に必要な事業許可のみなし
特定流通業務施設の整備促進	・認定計画に基づき取得した事業用資産に係る税制特例措置 　－計画認定を受けた特定流通業務施設（営業倉庫）に対し，法人税や固定資産税，都市計画税等の特例 ・都市計画法等による処分についての配慮 　－市街化調整区域等において施設整備のための開発許可についての配慮
輸送の合理化等の促進	・運行経費等の一部補助等 　－総合効率化計画の認定を受けた事業に対し，運行経費の一部補助や設備導入に対する固定資産税の特例措置
金融支援による物流効率化の促進	・中小企業信用保険法の特定による保険料率の引き下げなど ・中小企業投資育成株式会社法の特例による事業資金の投資 ・食品流通構造改善促進法の特例による債務保証・資金の斡旋 ・中小企業基盤整備機構および都道府県などによる融資

（出所）国土交通省（2021）「総合効率化計画認定申請の手引き［2021 年 5 月改訂版］」，https://www.mlit.go.jp/common/001403258.pdf（2021 年 6 月 19 日閲覧）。

トピックス：物流総合効率化法による認定事例（ダブル連結トラック）

　近年，少子高齢化の進展に伴う労働人口の減少が大きな社会問題となっている。物流業界も例外ではなく，その根幹を担うドライバーの不足や高齢化が課題となってきた。こうした状況を受け，国土交通省は道路の保全や交通の危険防止などを理由に全長19メートルまでとしていたダブル連結トラック[9]の走行規制を緩和する方針を打ち出し，2013年11月に特殊車両通行許可基準（通達）を改正した。この改正により，これまで全長19メートルとされていたダブル連結トラックの走行規制が全長21メートルまでと変更された（写真12-1）。2019年1月には，その規制がさらに緩和され，全長25メートルまでのダブル連結トラックが走行できるようになった。

　こうした規制緩和の動きを受け，ドライバーの不足に悩まされていたヤマト運輸，西濃運輸，日本通運および日本郵便の物流大手4社は，これまで各社が個別に運行していた関東-関西区間においてダブル連結トラックを活用した共同輸送体制の構築に向け，総合効率化計画を策定した。この計画は，物流総合効率化法が定める「輸配送の共同化事業」として，2019年3月に国土交通省から認定を受けている。この取組みでは，西濃運輸や日本通運，日本郵便のトラクター（牽引車）がヤマト運輸の厚木ゲートウェイと関西ゲートウェイ（ヤマト運輸が運営する物流施設の名称である）で，「スーパーフルトレーラー25」[10]と呼ばれるトレーラー（被牽引車）を連結し，共同輸送している（図12-2）。この取組みによる期待効果としては，ドライバーの運転時間は年間9,157時間，トラックのCO_2排出量は年間216.5tの削減が見込まれている[11]。このため，国土交通省はダブル連結トラックの利用促進に向け，

---

9)　ダブル連結トラックとは，先頭車両であるトラクター（牽引車）と後部車両であるトレーラー（被牽引車）を連結したトラックであり，フルトレーラーともいう。
10)　スーパーフルトレーラー25は，ヤマト運輸が幹線輸送を効率化するために導入した全長25m（10tトラック2台分に相当）のダブル連結トラックの名称である。
11)　国土交通省（2019）「ダブル連結トラックによる共同輸送が始まります！」，https://www.mlit.go.jp/report/press/20190328_SF25.html（2021年8月10日閲覧）。

その導入経費の補助や優先駐車スペースの確保，利用路線の拡充などを積極的に支援している。

写真 12-1　ダブル連結トラック（全長 25m）

（出所）ヤマト運輸提供資料。

図 12-2　輸配送の共同化による認定事例

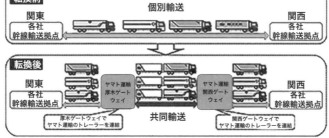

（出所）国土交通省（2019）「物流総合効率化法の認定状況」，https://www.mlit.go.jp/common/001367168.pdf（2021 年 8 月 1 日閲覧）。

【考えてみよう】

1. 物流活動に起因する社会問題を物流諸活動との関係を踏まえて調べてみよう。
2. 総合物流施策大綱が制定されるようになった背景と目的について考えてみよう。
3. 物流総合効率化法の支援対象となっている事業の特徴について調べてみよう。

【参考文献】

忍田和良（2002）『日本のロジスティクス』中央経済社。

中田信哉（2009）「第5章 物流政策」石原武政・加藤司編著『日本の流通政策』中央経済社。

中田信哉（2013）『物流論の講義［改訂版］』白桃書房。

味水佑毅（2007）「第10章 政策の中のロジスティクス」中田信哉・橋本雅隆・嘉瀬英昭編著『ロジスティクス概論』実教出版。

長谷川雅行（2017）「第5章 物流に関する政策」中央職業能力開発協会編『ロジスティクス管理2［第3版］』社会保険研究所。

【さらに深く学ぶために】

中田信哉（1998）『物流政策と物流拠点』白桃書房。

盛山正仁（2020）『トラック運送の課題・政策と働き方改革』大成出版社。

第13章　主要な商品分野における流通政策

本章の概要

　本章では，主要な商品流通における制度や規制などについて解説する。第1節では，酒類の酒類小売業免許制度について主に経済規制の観点からの規制緩和の前後の変化を述べる。第2節では，医薬品の分類とその販売規制の変化について説明する。第3節では，著作物の再販売価格維持制度の変遷について述べる。第4節では，生鮮食品の流通と卸売市場制度について説明する。

第1節　酒類の流通規制

1．酒類の概要

　現在ではほとんどのスーパーマーケットやコンビニエンスストアで酒類が販売されており，酒類販売に免許が必要だということを実感することは少なくなっている。しかし，酒類は担税物資であることと，致酔性，依存性等を有する飲料であることから，製造，卸売および小売は酒税法（昭和28年法律第6号）の免許制度により厳しく規制されている。酒税は小売価格に含まれているから消費者が負担しているが，納税は製造業が行うこととなっている。つまり，酒類製造業は，消費者が支払った酒税を，酒類流通業経由で受け取り納税するのである。したがって，酒類の製造段階はもちろんのこと流通段階でも過当競争が発生すると徴税に支障が生ずることとなる。このことが酒類流通に免許制が導入されている理由の一つである。

　酒類の流通規制は徴税の安定性・確実性を目的とした一種の参入規制であるか

ら経済的規制の一つと見なすことができる。一方，致酔性，依存性等を有する飲料であるという観点から20歳未満の飲酒が禁止されており，このことが酒類流通免許制のもう一つの根拠となっている。この点は国民の安全を守るための社会的規制といえる。つまり，酒類の流通規制は経済的規制と社会的規制の両方の側面をもっているのである。なお，酒類流通に関する免許は，酒類卸売業免許と酒類小売業免許に区分されるが，本節では酒類小売業免許を中心に説明する。

2.　酒類小売業に関する規制：経済的規制

（1）1980年代後半までの酒類小売業免許制度

1980年代の後半まで酒類小売業免許は過当競争防止，適正な販売実施のため厳しく制限されていた。具体的には免許を取得するためには，人的要件，場所的要件および需給調整要件の3つを満たす必要があった。

①　人的要件：申請者の社会的適格性や経営能力，経営資金等。

②　場所的要件：既存の酒販店からの距離。

③　需給調整要件：その地域の酒類需要に対する酒販店の数等。

したがって，新規に免許を取得できるのは，取得しようとする地域に酒販店が少なく，既存の酒販店から一定の距離がある場合に限られていたのである。しかも，これらの要件の判断基準は明確には定められておらず，各地の税務署長が地元の酒類小売組合の意見を聴取した上で総合的に判断する仕組みとなっていた（根本1994：140ページ）。このため，酒類小売業免許を取得することはかなり困難な状況であった。

このため酒販店間の競争は乏しく，ビールを含むほとんどの酒類はメーカーの希望小売価格で販売されていたのである。また，当時，成長が著しいコンビニエンスストアについては，酒販店から業態転換した店は酒類販売ができたが，新たに開設されたコンビニエンスストアや酒販店以外から転換した店は新たに酒類小売業免許を取得することが困難な状況にあった。当時のコンビニエンスストア本部は一般酒販店をコンビニエンスストアに業態変更すべく勧誘活動を行っていたが，酒類小売業免許の新規取得が困難なことがその背景となってい

たのである。

(2) 日米構造問題協議と規制緩和

このような酒類小売業に関する規制は，1983 年の臨時行政調査会（第二臨調）や 1988 年の臨時行政改革推進審議会（新行革審）等で緩和の方向性が示され，1989 年 6 月には国税庁が酒類小売業免許制度の運用基準を見直した。主な内容は以下のとおりである。

① 需給調整要件を世帯基準から人口基準に変更し，地域毎に免許数の総枠を決めて余裕がある場合は抽選で決定。

② 人口基準を上下 20％の範囲内での弾力的運用。

③ 距離基準の緩和。

④ 大型店舗酒類小売業免許制度を新設し，店舗面積 1,000 ㎡以上の大型店には免許を段階的に付与。

⑤ 通信販売免許の新設。

酒類小売業免許制度は 1989 年に開始された日米構造問題協議のテーマの一つとして取り上げられた。1990 年 6 月にとりまとめられた日米構造問題協議の最終報告では，1993 年秋以降はすべての大型店（店舗面積 1 万㎡以上）に大型店舗酒類小売免許が与えられることとした。なお，大型店舗酒類小売免許に関しては，免許付与後 3 年間は販売できる酒類に制限が課せられていた[1]。

その後，2001 年 1 月 1 日に距離基準が廃止，2003 年 9 月には人口基準が廃止され，需給調整要件は原則としてすべてなくなった。しかし，規制緩和に異議を唱える動きもあり，2003 年 4 月には酒類小売業者の経営の改善等に関する緊急措置法（平成 15 年法律第 34 号）が成立し，酒類小売業免許の付与を一年間制限する「緊急調整地域」を指定できることとなった。一方，2005 年 9 月には大型店舗酒類業小売免許が一般酒類業小売免許に統合され，大型店にのみ課されていた販売可能な酒類等の条件がなくなった。さらに 2006 年 8 月末には「緊急調整地域」が廃止され，酒類小売業免許の要件は人的要件のみとなり，原則自由化された。

---

1) 販売できない酒類として，一升瓶の清酒，国産ビールなどがあった。

3.　酒類小売価格に関する政策

　1980年代の後半から酒類ディスカウンターが登場し，酒類の低価格販売を開始していたが，多くの酒販店は横並びの価格で酒類を販売していた。このような状況下，1990年3月にビールメーカー各社が横並びの値上げを行った。これに対し，公正取引委員会はカルテルの疑いがあるとして調査を行うこととなった。カルテルとしての告発は行われなかったが，公正取引委員会の強い要請によりビール各社はビールの小売価格が自由価格である旨の新聞広告を出すに至った。さらに，1994年には大手スーパーのダイエーがほぼすべての酒類の価格引き下げを開始し，酒類小売業間の価格競争は激化することになった。

　大手スーパーや酒類ディスカウンターの価格競争は一般酒販店の経営に与える影響が大きく微税の安定性にも悪影響を及ぼす可能性があることから極端な廉売を防止する必要があった。このため，2006年には「酒類に関する公正な取引のための指針」が国税庁によって示され，価格設定，取引先等の公正な取り扱い，公正な取引条件，透明かつ合理的なリベート等についての考え方が明確化された。また，2017年3月には「酒類の公正な取引に関する基準」[2]において，正当な理由無く，仕入れ値と経費を加えた額を下回る価格で継続して販売すること，自己または他の酒類事業者等に相当程度の影響を及ぼす恐れのある取引をすること，を酒類業者が行ってはならない行為として示した。また，この基準を明確化するため，売上原価の算定方法や販売価格の算定方法を示した。

4.　酒類小売業に関する規制：社会的規制

　1990年代以降，酒類小売業免許制度は経済的規制の観点からは規制緩和が進行する。一方で，社会的規制の観点からは逆に規制を強化する動きがみられた。2000年12月に改正された未成年者飲酒禁止法（大正11年法律第20号）では，酒類販売時に年齢を確認することが義務づけられ，未成年者に酒類を販売した場合の罰則強化が行われた。また，2003年には酒業組合法（昭和28年法律第7号）が改正され，酒類小売業者に対して店舗毎に酒類販売管理者をおくこと，酒類

---

2)　酒類関係のデータ，行政の指針等については，国税庁が毎年発行している「酒のしおり」に詳しい。

販売管理者には研修を受講させるように努めること，が義務づけられた。研修は全国小売酒販組合中央会が実施団体となった。この研修は時間的には 3 時間弱にすぎず大きな負担とはならないが，売場ごとに「管理者」をおくことが義務づけられたので大型店やコンビニエンスストアにとっては負担であった（寺西2010：109 ページ）。さらに 2014 年 6 月には酒業組合法の改正により，酒類販売管理研修の受講が義務化された。

　未成年飲酒防止の観点から酒類の自動販売機についても対応が行われている。1995 年 5 月，全国小売酒販組合中央会は購入者の年齢を識別できない従来型の屋外酒類自動販売機を 2000 年 5 月までに撤廃する決議を行っている。行政はこれを受ける形で酒類自動販売機の撤廃状況等について調査し結果を公表している。この結果，従来型の屋外酒類自動販売機は 1996 年 3 月末には 18 万 5,829台あったが 2020 年 4 月には 2,114 台にまで減少した。

　このように，酒類流通に関する規制は経済的規制の側面が小さくなり，社会的規制が中心となって機能している。

第 2 節　医薬品の流通規制

1.　医薬品の概要

　医薬品は病気やけがを治したり予防したりするものであるが，有効性および安全性の確保，保健衛生上の危害の発生および拡大の防止等が必要であることから，その製造，販売は医薬品医療機器等法などによって規制されている。

　安全性の確保や保健衛生上の危害の発生防止の観点からは医薬品の範囲を広く設定し，販売資格を設ける，対面販売を義務づけるなどの強い規制が望ましいが，必要なときに容易に入手・使用できるという国民の利便性を重視すれば規制は強すぎない方が望ましい。このため医薬品に関する規制の制定・運用は，安全性と利便性というトレードオフを適切に調整する必要がある。

　医薬品分野の規制は医薬品医療機器等法が中心であるが，安全性の確保および保健衛生上の危害防止の側面が強すぎたこと，インターネット販売の成長等

の環境が変化したことを背景に 1990 年代から規制緩和が進んできている。

2. 医薬品と医薬部外品の範囲の見直し

(1) 医薬品の分類

医薬品は,大きく分けると医療用医薬品と一般用医薬品の2種類に分かれる。医療用医薬品とは,医師の診察に基づいて薬剤師が調剤して患者に渡される医薬品で,処方せん薬とよばれることもある。効き目が強い一方で慎重に使用することが必要であることから医師の診断が義務づけられている。一般用医薬品は医師の診察なしに薬局やドラッグストア等で購入可能な医薬品である。

医薬品の製造,販売を規制する医薬品医療機器等法は,医薬品以外にも医薬部外品,化粧品,医療用器具なども対象としている。このうち,医薬部外品は「人体に対する作用が緩和なもの」であり,販売に関する規制がないため薬剤師の常駐しないコンビニエンスストアやスーパーマーケットでも販売することができる。

(2) 医薬部外品の規制緩和

医薬品と医薬部外品の区分に関しては,従来の区分では厳しすぎるとして 1997 年3月に「医薬品のカテゴリーを見直すべきである」との閣議決定が行われた。これを受けて厚生労働省中央薬事審議会が新基準を制定した結果,「約 300 品目(内用薬7製品群,外用薬8製品群)が「新指定医薬部外品」に自動的に移行した」(山崎 2004:79 ページ)。さらに,2004 年には便秘薬,うがい薬など 371 品目が新たに医薬部外品として指定され(「新範囲医薬部外品」という),コンビニエンスストア等の一般小売店での販売が可能となった。

3. 医薬品販売に関する規制とその展開

(1) 薬事法の販売規制

医薬品を販売できるのは薬局および医薬品販売業で,いずれも都道府県知事等 [3] の許可が必要である。ここで薬局が医薬品販売業に含まれていないこと

---

3) 保健所を設置する市あるいは特別区の場合は市長または区長の許可が必要である。

に注意が必要である。薬局とは薬剤師が調剤[4]および医薬品に関する情報提供や指導を行う場所であり，単に販売するための場所ではないからである。

当時の薬事法[5]では医薬品販売業を，一般販売業，薬種商販売業，配置販売業，特例販売業に区分していた。一般販売業と薬種商販売業を合わせて薬店とよぶ。配置販売業は家庭に医薬品を配置し，使用した医薬品の代金を後日回収する業態，特例販売業はへき地の雑貨店，フェリーの船内，飛行場の売店など，近くに薬局・薬店がない場合等の理由により薬を限定して販売を例外的に認めるというものである。

（2）薬剤師不足とテレビ電話による販売の解禁

1999 年 6 月に日本チェーンドラッグストア協会が設立されるなど，ドラッグストア業態が成長し，一般販売業における薬剤師の配置義務が問題となった。ドラッグストア側には，薬剤師を常駐させることは人件費の負担が大きく，安売り店のイメージがあるため薬剤師を雇用しにくいという問題があった[6]。くわえて，2002 年の総合規制改革会議が設置したワーキンググループの会議では，薬剤師配置の意義に関して，「医薬品販売に際しての薬剤師の説明は役立っていない」「薬剤師の説明よりも効能書きのほうが細かい」いう意見が述べられることもあったという（山崎 2004：81 ページ）。また，生活者にとっては，薬剤師が不在になりがちな深夜には医薬品が購入できないという問題も発生していた。このような状況に対応するため，ドラッグストア側からはテレビ電話を使って薬剤師が指導することによって，深夜でも医薬品の販売を可能として欲しいとの規制緩和の要望が出された。厚生労働省は有識者会議を設置し 2004 年 1 月に最終報告をとりまとめた。これによるとドラッグストアでの 24 時間医薬品販売を認める格好にはなっているが，その条件として示された薬剤師センター設置等の条件が厳しく，多くのドラッグストアは規制強化と受け止めたためテレ

---

4) 医師の処方せんに従って，薬剤師が医薬品を取りそろえ，あるいは，患者の飲みやすいように剤形を整え（例えばシロップにしたり，軟膏にしたり，あるいは，何種類かの粉薬を配合したり）投薬すること。
5) 医薬品医療機器等法は 2014 年に改名されるまで薬事法と略されていた。
6) ドンキホーテが薬剤師に支払う時給は 2,000 円以上，マツモトキヨシでは時給に加えて，月に 10 万円の薬剤師手当を出していた（アエラ 2000 年 10 月 6 日号，32 ページ）。

ビ電話方式の導入を見送った[7]。

(3) 登録販売者制度の導入

その後，2006 年の薬事法改正で登録販売者制度が導入された。登録販売者とはそれ以前の薬種商に相当するもので，調剤はできないが一般用医薬品の一部を販売することができる資格である。薬種商試験では受験資格として実務経験が必要で，学説試験（筆記試験）と実施試験が課されていたが，登録販売者試験では実務経験の条件が緩和され，実地試験は不要となった。この結果，登録販売者は 2012 年度末には 12 万 1,137 人となり，一般販売業における薬剤師不足は緩和された。また，一般販売業と薬種商販売業の区分も廃止された。

(4) 医薬品の分類変更

2006 年の薬事法改正では登録販売者の創設に合わせて一般用医薬品の区分が第 1 類から第 3 類に再区分された。

それぞれの特徴は以下のとおりである。

第 1 類医薬品：副作用や薬の飲み合わせなどのリスクから，特に注意を必要とする薬。薬剤師による情報提供が義務。

第 2 類医薬品：副作用や薬の飲み合わせなどのリスクから，注意を必要とする薬。薬剤師または登録販売者が対応するが情報提供は努力義務。

第 3 類医薬品：リスクの程度は比較的低く，購入者から直接希望がない限り，情報提供は不要。薬剤師または登録販売者が販売。

(5) 医薬品のネット販売

2000 年代になるとインターネットで一般用医薬品の販売を行う業者が現れた。2006 年の薬事法改正では一般用医薬品のインターネット販売が想定されておらず，厚生労働省が省令で原則禁止としたため裁判となった[8]。この紛争は最高裁まで争われ，2013 年 1 月「ネット販売を一律に禁じる厚生労働省令の規定は改正薬事法に反し無効」との判決が出された。この判決を受けた厚生労働省は従来の一般用医薬品の分類を見直し，対面販売が必要な一般用医薬品

---

7) 日本経済新聞朝刊 2004 年 1 月 22 日。
8) 日経 MJ 2012 年 5 月 21 日。

を要指導医薬品に再分類し，一般用医薬品に関しては適切なルールのもとで
ネット販売が可能となった。現在の医薬品の分類と販売方法をまとめると表
13-1 のとおりである。

表 13-1 薬局・医薬品販売業の分類

	管理	取り扱える医薬品	備考
薬局	薬剤師	すべての医薬品	調剤ができる
店舗販売業	薬剤師または登録販売者	要指導医薬品及び一般用医薬品（第 1 類，第 2 類，第 3 類）	調剤はできない 要指導医薬品及び第 1 類医薬品は薬剤師が必要 第 2 類及び第 3 類は登録販売者のみで販売可能 インターネット販売は一般用医薬品（第 1 類，第 2 類，第 3 類）のみ
配置販売業	薬剤師または登録販売者	配置販売品目	

（出所）薬機法研究会編（2020）より作成。

第 3 節　著作物の流通制度

1.　著作物の概要：独占禁止法上の適用範囲

　著作物とは，著作権法（昭和45年法律第48号）第 2 条第 1 項第 1 号によると「思
想又は感情を創作的に表現したものであり，文芸や学術，美術又は音楽の範囲
に属するもの」と定義されている。具体的には小説や音楽，映画，コンピュー
タプログラムなどが著作権法上の著作物とされている。
　他にも著作物を翻訳や編曲，脚色，映画化などにより創作した二次的著作物
（著作権法第 11 条）や，編集物で素材の選択または配列によって創作性を有する
編集著作物（同第 10 条），論文や数値，図形などの情報を体系的な構成によって
創作性を有するデータベースの著作物（同第 12 条）も著作権法上の著作物とさ
れている。一方で，著作物の販売価格に関する規定を定めている独占禁止法で
は，文字・活字文化や大衆音楽の振興の観点から再販売価格維持が必要とされ

るものを著作物としてとらえており，その範囲は再販売価格維持制度を導入す
る時に定価販売慣行があった書籍や雑誌，新聞といった出版物と，レコード盤
および音楽用テープ，音楽用 CD といった音楽媒体の6品目に限定している。
これら以外の著作物（DVD や CD ソフトなど）においては独占禁止法の適用が
除外されない商品（非適用除外品）とされ，再販売価格維持の対象外となって
いる。

2.　著作物の再販売価格維持制度

　書籍や雑誌，音楽用 CD などの著作物流通においては，特徴的な取引上の制
度として「再販売価格維持制度」(以下，再販制度)が導入されている。再販制度は，
生産者が取引先である卸・小売業に対して自社商品の販売価格を指示し，それ
を尊守させる制度であり（図 13-1），独占禁止法では，事業者間の公正な競争
が阻害されるおそれがあるとされ，原則禁止としている。しかし，著作物にお
いては過剰な価格競争が文化の健全な育成を歪めるおそれがあることから，再
販制度が認められている。

図 13-1　著作物の再販売価格維持制度の仕組み

（出所）石岡（2001），11 ページより筆者作成。

　日本では，1910 年代頃から書籍や雑誌などの乱売を防止する目的として出
版業界などを中心に再販売価格を維持しようとする動きが本格化した。1913
年に大阪朝日新聞と大阪毎日新聞が売捌店による新聞代の値引き防止のために
定価を定める旨の協定を結んだのをはじめとし，1915 年には岩波書店が全国
の書店に向けて再販売価格維持を要請するなど，出版社や新聞社が単独で再販
売価格維持に向けて取り組んでいた（石岡 2001:15 ページ）。1919 年には，出

版業界と雑誌業界が組合を設立し，組合主導で再販売価格維持を行ってきた。

　この再販売価格維持は，各業界が乱売防止のために独自に行った制度であったが，1953年の独占禁止法改正により再販適用除外[9]に関する規定が設けられ，書籍や雑誌，新聞が「法定再販品」となり，再販売価格維持が認められることとなった。

3. 著作物再販制度の見直し動向

　1980年代末から始まった政府の規制緩和の流れの中で，公正取引委員会は1991年から著作物再販制度の見直しについて検討を開始し，同年7月には「政府規制等と競争政策に関する研究会」（以下，規制研）からレコード盤や音楽用テープ，音楽用CDに対する再販適用除外を見直すべきであるとの提言を受け，翌1992年に著作物の取扱いについての検討結果を公表した。その検討結果を受け，レコード盤や音楽用テープ，音楽用CDの音楽媒体も再販売価格維持の対象に含まれることとなった。

　一方で，著作物再販制度の検討を行ってきた「再販問題検討小委員会」は，1995年7月に発表した中間報告において著作物再販制度が様々な弊害を生じさせるおそれがあると指摘したうえ，制度そのものの合理性について疑問を呈した（石岡2001:28ページ）。さらに，「行政改革委員会規制緩和小委員会」は，1996年12月に発表した報告書において，著作物の再販制度を引き続き，独占禁止法の例外措置として存続させることの是非について十分な論拠を見出すことはできなかったとし（行政改革委員会1996：54ページ），著作物再販制度の存続に対する否定的な考え方が示された。

　上記の2つの報告書による指摘を踏まえて公正取引委員会は，著作物再販制度の存続意義についての検討を行い，競争政策の観点から廃止すべであるが，文化の振興・普及への影響から最終結論は先送りする見解を示した。一方で，

---

9)　再販適用除外とは，廉売防止等の観点から独占禁止法第24条の2の規定に基づき，公正取引委員会が指定する再販指定商品（指定再販品）及び著作物を対象とするもの（法定再販品）については，例外的に独占禁止法の適用を除外する制度である。

著作物再販制度による弊害も生じていることから下記の6点についての是正措置を講じるように求められている。

① 時限再販・部分再販等再販制度の運用の弾力化

② 各種の割引制度の導入等価格設定の多様化

③ 再販制度の利用・態様についての発行者の自主性の確保

④ サービス券の提供等小売業者の消費者に対する販売促進手段の確保

⑤ 通信販売，直販等流通ルートの多様化及びこれに対応した価格設定の多様化

⑥ 円滑・合理的な流通を図るための取引関係の明確化・透明化その他取引慣行上の弊害の是正

そして，2001年3月に公正取引委員会は，著作物再販制度の廃止により文化・公共面での影響が生じるおそれがあることから，同制度を当面存続させる代わりに，再販制度の弾力的運用を検証するため「著作物再販協議会」を設けた。同協議会では，関係業界の取引上の問題是正に取り組んできたが，2010年を最後に廃止となった。この協議会が行ってきた再販制度の弾力的運用を引き続き検証していくため，公正取引委員会では，新聞，書籍・雑誌，音楽用CDの3業種に対するヒアリングを実施し，再販制度の運用状況を把握している。

トピックス：電子書籍を巡る再販制度問題

　近年，スマートフォンやタブレットの普及に伴い，書籍を電子データ化した電子書籍の流通が増えている。一方で，電子書籍の普及に伴う紙の書籍との価格格差から大きくなり，電子書籍にも再販制度の適用を求める出版業界の声が高まってきた。こうした状況を踏まえ，2014年に日本出版者協議会は，公正取引委員会に電子書籍を再販対象商品とする要望を盛り込んだ「著作権法改正に伴う出版物の著作物再販制度上の取扱い等に関する要望」を提出した。要望書に対して公正取引委員会は，ネットワークを通じて配信される電子書籍は「物」ではなく情報として流通するものであるため，著作物再販制度の対象とならないという見解を示した。

著作物再販制度の適用外となっているのは，電子書籍だけに留まらず，再販商品の対象である紙の書籍に電子出版物の情報が記録された CD（対象外商品）をセット商品として販売する場合においても著作物再販制度の適用外とされている。

第4節　生鮮食品の流通と卸売市場制度

1．生鮮食品流通の基礎

　青果物・水産物・食肉といった生鮮食品の多くは卸売市場を経由して流通している。というのは，生鮮食品は工業製品とは異なる以下のような特徴をもっているからである（渡辺 2016：157 ページ）。

　生鮮食品は必需商品であるが，腐敗しやすく商品寿命が短い。また，同じ生産地・生産者であっても商品としての違いが生じ，自然条件に左右されるため台風などの災害で計画通りに供給できないこともある。さらに，農家や漁師は個人や小規模であることが多く，産地も分散的にならざるを得ない。

　以上の特徴から生鮮食品は必需性が高いにもかかわらず，安定的供給が難しいことがわかる。だからこそ，売手・買手と商品が一堂に集まり専門知識による目利きで現物を評価しながら，公正に値付けされた商品をすみやかに引き渡して代金決済が行われる商物一致の場としての卸売市場が必要になる。では，卸売市場は安定的で効率的な生鮮食品流通を実現するために，どのような役割を果たしているのかを確認していこう。

2．卸売市場制度の概要

　政策としての卸売市場は 1923 年に制定された中央卸売市場法（大正 12 年法律第 32 号）に始まり，1971 年に卸売市場法が制定されたことで現在にいたる。以下では図 13-2 をもとに卸売市場の概要を確認しよう。

　まず，中央卸売市場は，開設者が農林水産大臣からの認定[10]を得て開設した卸売市場であり，広域的な生鮮食品流通の中核的な拠点として64市場が開設されている。地方卸売市場は，開設者が都道府県知事からの認定を得て開設した卸売市場で1,009市場が開設されている。物品は全国の出荷者から卸売業者に委託・買付で集荷され，買手の仲卸業者・売買参加者[11]にせり・入札や相対取引によって卸売される。仲卸業者は卸売業者から仕入れた物品を販売先のニーズに合わせて小分けなどを行い，卸売市場内の店舗で買出人（小売商や飲食店）に販売する。

　また，卸売市場は次の4つの機能を担っている。①集荷・分荷機能は全国各地から多種・大量の物品を集荷し，販売先のニーズに応じた品目・量に分荷する。②価格形成機能は公正な売買取引により需給を反映した価格が決められる。③代金決済機能は出荷者の所得安定のため販売代金のすみやかな支払いが行わ

図13-2　生鮮食品の主要な流通経路と卸売市場の基本的な仕組み

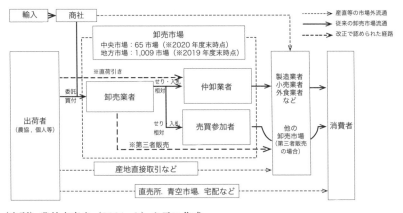

（出所）農林水産省（2021a,b）を元に作成。

10）もともと中央卸売市場を開設できたのは都道府県や人口20万人以上の市だけだったが，2018年の改正で一定の基準や要件を満たせば民間組織でも開設が認定されることになった。なお他の改正内容は後述する。
11）開設者に参加を認められた小売商や食品加工業者などで，仲卸業者と同様に卸売業者から物品の卸売を受けることができる。

れる。④情報受発信機能は出荷者に販売動向，販売先に生産状況などの需給情報を提供する。以上，卸売市場は生鮮食品を円滑に安定して流通させるための重要な役割を果たしている。実際，水産物・青果物の約 5 割が卸売市場を経由しており，国産青果物にいたっては約 8 割が卸売市場を経由している（農林水産 2021b：19 ページ）。つまり，卸売市場は生鮮食品流通の基幹的なインフラであるということがわかる。

3.　卸売市場制度の展開

　一方で，中央卸売市場と地方卸売市場は減少傾向にあり，市場経由率も長期的には低下傾向にある。これは加工技術や冷凍・冷蔵など保存技術の向上，情報技術・物流技術の向上による産直や輸入品など市場外流通の増加，全国チェーンの大規模小売業の増加など卸売市場を取り巻く状況が激変していることによる。こうした変化は生鮮食品流通の多様化をもたらし卸売市場の位置づけを変える。実際，卸売市場法はこれまで 1999 年，2004 年，2018 年の 3 度にわたって大幅な規制緩和が行われてきた（小野 2006：9-11 ページ）。

　1999 年改正法では「せり・入札原則の廃止」があり，これによって相対取引も主要な取引方法とされるようになった[12]。せり・入札の場合は他の買手と仕入れを競うことになるため，必要とする量や価格で仕入れられない可能性がある。相対の場合は 1 対 1 の交渉となることから，特にチェーン展開する大規模小売業のような大口の買手にとっては，競争相手に影響されず安定的に仕入れの量・価格を実現することができる。さらに大量仕入であれば仕入値を低くすることもできるため，価格形成も「質」ではなく「量」によって決まる傾向が強まったとされる。

　2004 年改正法では同様に「第三者販売と直荷引きの原則禁止」[13]も開設者の許可のもとで緩和された。また卸売業者の「買付集荷原則」が自由化された

---

12) 例えば 2019 年度金額ベースでの青果部門の取引方式割合は，せり・入札 10％，相対取引 90％となっている（農林水産省 2021a）。

13)「第三者販売」とは卸売業者が市場内の仲卸業者以外に販売することであり，「直荷引き」とは仲卸業者が卸売業者を経由せずに産地などから直接仕入れることである。

ことで，集荷は委託・買付のいずれもが可能になった[14]。さらに卸売業者の「定率の委託手数料」が自由化され2009年から実施された。

2018年改正法（2020年6月施行）では規制緩和がさらに進み，「中央卸売市場が民間組織でも開設可能」となり，「商物一致原則」，「第三者販売と直荷引きの原則禁止」のいずれもが廃止され，卸売市場ごとで取引ルールが設定できるようになった（農林水産省 2016, 2021a,b）。この改正で卸売市場がどのように変わるのかは今後をみることになるが，次のような方向が期待されている。

生産や保存の技術向上により生鮮食品の規格化が進んでいることから，現物がなくても取引できる商物分離が広がると考えられる。その場合，取引は卸売市場で行われても，物流は産地直送されることにより高い鮮度保持が期待され，出荷者の物流コスト削減にもつながる。また，仲卸業者が産地から直接集荷する直荷引きは，生産量が小ロットのため通常は出回りにくい有機農産物や珍しい地場野菜などを品揃えすることができる。この場合，多様な消費者ニーズに対応できたり，小規模生産者の販路提供をもたらしたりすることが期待されている。卸売業者が卸売市場内の仲卸業者以外に販売する第三者販売は，他の卸売市場などへの販売を通して，それぞれの地域での過不足を調整することが可能になる。つまり，卸売市場間でのネットワークが構築されることで，より広域的な需給状況に即して転配送が円滑に行われることが期待されている。

以上，卸売市場制度は，国民生活を支える食品の安定的供給を実現するための流通制度である。しかし，現代のように様々な技術が発展することにより食品流通は多様化する。卸売市場が食品流通の基幹的インフラであることは変わらないが，環境変化においてそのあり方も時代に合わせて変化させることが求められる。今後は，生産者の所得を向上させるとともに多様な消費者ニーズに的確に応えていくために，需要開拓や付加価値向上などより積極的な食品流通システムを構築していくことが卸売市場の発展にとって重要になる。

---

14) 例えば2019年度金額ベースでの青果部門の集荷方式割合は，委託59%，買付41%となっている（農林水産省 2021a）。

【考えてみよう】

1.　欧米の酒類販売規制を調べて，日本と比較してみよう。

2.　ドラッグストア業態が成長した理由について，規制緩和がどのように関係しているのか，整理してみよう。

3.　独占禁止法における著作物の範囲とその流通制度について説明してみよう。

4.　生鮮食品と一般的な工業製品（雑貨や家電など）の違いを比較しながら，卸売市場が果たしている役割を整理してみよう。

【参考文献】

第 1 節（酒類の流通規制）

国税庁酒税課（2021）『酒のしおり』国税庁酒税課。

寺西重郎編（2010）『構造問題と規制緩和』慶應義塾大学出版会。

日米構造問題研究会編（1989）『日米構造問題協議最終報告』財経詳報社。

根本重之（1994）「規制緩和時代の酒類流通」田島義博編『規制緩和　流通の改革ヴィジョン』NHK ブックス。

第 2 節（医薬品の流通規制）

厚生労働省医薬食品局総務課（2014）「一般用医薬品のインターネット販売について」厚生労働省，https://www.mhlw.go.jp/bunya/iyakuhin/ippanyou/pdf/140214-1-3.pdf（2021 年 8 月 30 日閲覧）。

厚生労働省（2021）「これまでの登録販売者試験実施状況等について」，https://www.mhlw.go.jp/stf/seisakunitsuite/bunya/0000086214.html（2021 年 8 月 30 日閲覧）。

薬事法規研究会編（2001）『やさしい薬事法』薬業時報社。

薬機法研究会編（2020）『よくわかる薬機法令和改正編』薬事日報社。

山崎幹夫（2004）「医薬品販売に関する規制緩和」『薬剤学』Vol.64　No.2。

第 3 節（著作物の流通制度）

石岡克俊（2001）『著作物流通と独占禁止法』慶應義塾大学出版。

行政改革委員会編（1996）『創意で造る新たな日本：平成 8 年度規制緩和推進計画の見直しについて』。

総務省編（2017）『著作権ガイドブック（第 4 版）』。

渡辺達朗（2016）『流通政策入門—市場・政府・社会（第 4 版）』中央経済社。

第 4 節（生鮮食品の流通と卸売市場制度）

小野雅之（2006）「2004 年卸売市場法改正の特徴と歴史的意義に関する商業論的考察」『神戸大学農業経済』第 38 号。

農林水産省（2016）「（参考）卸売市場法改正により期待されるビジネスモデル」，

https://www.maff.go.jp/j/shokusan/sijyo/info/attach/pdf/index-41.pdf（2021年9月25日閲覧）。

農林水産省（2021a）「卸売市場をめぐる情勢について」，https://www.maff.go.jp/j/shokusan/sijyo/info/attach/pdf/index-160.pdf（2021年9月25日閲覧）。

農林水産省（2021b）『令和2年度版　卸売市場データ集』，https://www.maff.go.jp/j/shokusan/sijyo/info/attach/pdf/index-162.pdf（2021年9月25日閲覧）。

渡辺達朗（2016）『流通政策入門—市場・政府・社会（第4版）』中央経済社。

【さらに深く学ぶために】

第1節（酒類の流通規制）

高杉良（2018）『最強の経営者 アサヒビールを再生させた男』講談社文庫。

第2節（医薬品の流通規制）

日野眞克（2021）『ドラッグストア拡大史』イースト・プレス。

第3節（著作物の流通制度）

宮沢厚雄（2021）『再販制度と独占禁止法』樹村房。

第4節（生鮮食品の流通と卸売市場制度）

日本農業市場学会編（2019）『農産物・食品の市場と流通』筑波書房。

第14章　流通政策の新たな展開（1）
——小売・流通分野——

本章の概要

　本章では，小売・流通分野における流通政策の新たな展開について解説する。第1節では，インターネット通販市場の規制について説明する。第2節では，フランチャイズチェーンにおける問題と規制について説明する。第3節では，消費税の導入や税率の変更に際し，小売業が消費者に表示する価格がどのように規制されてきたかを説明する。第4節では，情報技術を活用した流通情報基盤（ICタグ・電子マネー）の整備に向けた新たな政策について説明する。

第1節　インターネット通販に対する規制

1.　インターネット通販市場の拡大

　インターネットの普及にともない，近年，企業と消費者によるネットを通じた商取引，すなわちインターネット通販市場（旅行予約や飲食予約等のサービス分野や，電子書籍や音楽・動画配信等のデジタル分野を含む）が拡大している。日本では，アマゾンが2000年に書籍のインターネット通販を始めてから普及が加速した。

　コンビニエンスストアを除くと年中無休24時間営業している小売業は少ない。また，特定の場所に店舗を出店している小売業は，たとえ都心の百貨店であっても，売場面積という制約があることから，その品揃えには限界がある。品揃えに限界があるため売れ筋商品を中心とした品揃えにならざるを得ない。その一方，インター

ネット通販は特定の場所に店舗を出店する必要がないため，店舗建設費や店舗賃借料が必要なく，店員も必要ない。そのため，インターネット通販事業者は都心でない場所に大きな倉庫（物流センター）をもち，そこで商品在庫を管理すればよいため，低コストで運営を行うことができることから，売れ筋でない商品も取り扱うことができ集客力を高めことができる。いわゆる「ロングテール」現象である。

　消費者はインターネット通販を利用すれば，日本全国さらには世界各国の小売業から買い物をすることができる。カタログ通販やテレビ通販でも近くにない小売業から買い物できるが，インターネット通販では消費者自身が買い物する企業を自由自在に探し出すことができるため，買い物範囲はさらに広がる。インターネット通販事業者側も商圏を日本国内さらには世界各国に広げることができる。さらにコロナ禍において店舗立地の小売業に買い物に行くことを避けることができる。

2. インターネット通販の問題点

　こうした利便性によりインターネット通販は成長してきたが，特有の問題もある。第1に，インターネット通販事業者は日本全国または全世界の小売業と競争しなければならないため，サイト上におけるプロモーション（広告）が誇大なものとなりやすい。すなわち誇大広告になりやすく，景品表示法（昭和37年法律第134号）における不当表示となるおそれがある（第11章第4節を参照）。テレビCMや新聞折り込み広告等は，その内容をすぐに変更することは難しいが，サイト上ではすぐに変更することができるため，企業側が誇大広告により消費者を惹きつけようとすることが起こりやすいからである。

　第2に，インターネット通販事業者の競争相手は多く，自社サイトに誘導するのは簡単ではない。そのため「アマゾン」，「楽天市場」等のオンラインモールに出店することが多い。中小規模のインターネット通販事業者ほどこの傾向が強く，そうした中で発生するのが，オンラインモール運営企業とそこに出店する事業者間における問題があり，下記に代表的なものを取り上げる。

　アマゾンは自社サイトの出店者に対して，他サイトと同等以上の品揃え（出

品）をすること，そして価格についても他サイトと同額もしくはそれ以下の価格での出品を求めたことが，独占禁止法第 19 条（一般指定第 12 項（拘束条件付取引））の規定に違反するとし，その改善を求められた[1]。アマゾンは電子書籍事業においても同様のことを行っており，その改善を求められた[2]。アマゾンは出店者との間のポイント利用規約を一方的に変更し，出品されるすべての商品に最低 1 ％のポイントを付与し，当該ポイント分の原資を出店者に負担させようとしていたこともあった[3]。

　楽天は「楽天トラベル」において，出店者（宿泊施設）に対し他サイトに掲載している部屋すべてを掲載することを求めるとともに，料金については他サイトと同等もしくはそれ以下の金額に設定することを求めたことが独占禁止法第 19 条（一般指定第 12 項（拘束条件付取引））の規定に違反するとし，その改善を求められた[4]。もう 1 つは「楽天市場」において 3,980 円以上（消費税込み（沖縄・離島等が 9,800 円以上））の注文においては，「送料無料」と表示するなどして，消費者から送料を徴収しないよう，すべての出店者に求めた事例がある[5]。これは独占禁止法第 2 条第 5 項ハ（優越的地位の濫用）の規定に違反するとし，同法第 19 条を基に緊急停止命令が出された。この問題に対し，楽天は「送料無料ライン」を適用するかどうか自由に選択できるようにしたとしたが，後にこれに参加しないと出店契約満了時に退店になる等の発言をしたことが明らかになり問題となった[6]。

　オンラインモールを利用する理由としてオンラインモールの出店者[7]は，「消費者の数が多い」77.0 ％となっており，集客力の高さが魅力となっている。そしてオンラインモールでの販売を取りやめることの難易度については，「取りやめることは可能だが，容易とまではいえない」40.0 ％，「取りやめることはかな

---

1)　公正取引委員会（2017a）。
2)　公正取引委員会（2017b）。
3)　公正取引委員会（2019b）。
4)　公正取引委員会（2019c）。
5)　公正取引委員会（2020）。
6)　公正取引委員会（2021）。
7)　公正取引委員会（2019a）。同報告書ではオンラインモールの出店事業者を「メーカー」と「小売業者」に分類している。

り困難である」16.0％，「取りやめることは不可能（著しく困難）である」11.0％
という回答であり，オンラインモールの出品者が集客力のあるオンラインモー
ルに依存せざるを得ない状況であることがわかる。オンラインモールの「利用
料に不満を持っている」38.0％，「決済方法に不満をもっている」15.0％であっ
た。利用料や決済方法については，自己の取引上の地位が出店者に優越してい
るオンラインモール運営企業が，正常な商習慣に照らして不当に，利用料や決
済方法を変更してオンラインモールの利用者に不利益を与えるなどの場合には，
優越的地位の濫用として独占禁止法上の問題が生ずるおそれがある（第3章第1
節を参照）。

　顧客情報の利用条件については，「顧客情報は商品の発送等に必要な範囲で利用
でき，販促活動等他の目的に利用できない」46.0％，「顧客情報は商品の発送等の
ほか，オンラインモールでの販促活動や商品開発等に利用できるが，自社独自の
ダイレクトメール，メールマガジン等の発送には利用できない」46.0％であった。
顧客情報の利用条件については，自らも小売事業を営むオンラインモール運営企
業が，出店者による販売により入手した顧客情報を，当該オンラインモールにお
ける自らの小売事業を有利にするために利用し出店者には利用させないことによ
り，出店者の小売事業を不当に妨害する場合には，競争者に対する取引妨害等に
より独占禁止法上問題となるおそれがある（第3章第1節を参照）。

　インターネット通販に限定されないが，日本通信販売協会が実施した通販
広告実態調査によれば，問題のおそれがある通販広告全118件中，「誇大な性
能・効果効能表現」76.3％，「不明瞭な商品内容」39.8％，「煽情的な広告内容」
37.3％，「あいまいな取引条件」32.2％，といった問題広告（商品説明を含む）が
あった[8]。最近大きな問題となっているのが，安い価格で購入できるのは定期購
入が条件であるにも関わらず，その表記が不足していたり，小さな字で記載す
ることにより消費者が見落としてしまい，トラブルとなる事例が発生している。
特定商取引法（昭和51年法律第57号）だけでなく，景品表示法や医薬品医療機
器等法に抵触するおそれのある広告もみられる。

8)　公益社団法人日本通信販売協会広告適正化委員会編（2021）。

第 2 節　フランチャイズ規制

1.　チェーンストアとは

　コンビニエンスストアは，同じ看板を掲げて多数の店舗を展開するチェーンストアの一種である。チェーンストアには，レギュラーチェーン（コーポレートチェーン）とボランタリーチェーン，そしてフランチャイズチェーンの 3 つがある。レギュラーチェーンは主にスーパーマーケットで採用されるものであり，本部と店舗が同一資本で運営されている。ボランタリーチェーンは，個別の中小小売業者ではレギュラーチェーンと競争することができないため，1 つのチェーンのようにまとまり共同仕入れ等による規模の利益の享受をめざすものである。フランチャイズチェーンは，本部が考案したビジネスモデルに賛同した独立の事業者が加盟して 1 つのチェーンとして規模の利益の享受をめざすものである。

2.　フランチャイズチェーンにおける独占禁止法上の問題

　本節におけるフランチャイズ規制では，主にコンビニエンスストアについてみていく。なぜならフランチャイズチェーン数全体におけるコンビニエンスストアチェーン数は 1.4% と小さいが，売上高では 43.0% と大きな割合を占めており，さらに消費者の利用頻度の高いフランチャイズチェーンがコンビニエンスストアだからである。そしてコンビニエンスストア 1 店舗当たりの人口は，2010 年は 2,953 人であったが，2017 年には 2,290 人に減少して競争が激しいため問題が発生しやすい[9]。またコンビニエンスストア加盟店の倒産・休廃業・解散数は，2010 年には 91 件であったものが，2019 年には 316 件へと約 3.5 倍に増えている。

　コンビニエンスストアに関する独占禁止法上の問題は納入業者に対するものと，加盟店に関するものの 2 つがある。

---

9)　公正取引委員会（2020）。

(1) 納入業者に対する優越的地位の濫用

　納入業者に対するものとして，1998年7月30日の公正取引委員会によるローソンへの審決がある。同審決において，ローソンは日用雑貨納入業者に対し事前の約定（やくじょう）以上のリベート提供を要請したこと，そして商品を1円で納入させたことが優越的地位の濫用に該当するとされた。

　約定以上のリベートの要請とは，納入業者からローソンに対するリベート額が期首予定を下回る見込みとなったことから約定以上のリベートを要請したというものである。これはローソン店舗における日用品の売上げが予想を下回ることによりリベートも減額されることを避けるために行われたものである。また全国の店舗において日用品の統一的な陳列を行うことを目的として商品を1円で納入させようとした。これらの要請は次年度の取扱商品選定時期であり，ローソンとの取引を継続したい納入業者はこの要請を受け入れざるを得ない立場にあった。ローソンのこうした要請は，納入業者よりも優越的な立場にあることを利用したものであり，優越的地位の濫用に該当するとされた。

(2) 加盟店に対する優越的地位の濫用

　加盟店に対するものとして，2009年6月22日の公正取引委員会によるセブン - イレブン・ジャパン（以下，セブン - イレブン）への排除措置命令がある。これは品質が劣化しやすく消費期限が短い日配商品の廃棄ロスをおそれる加盟店に見切り（値下げ）販売させないようにし，それにより加盟店が日配商品の原価相当額の負担を軽減する機会を失わせたものである。加盟店が見切り販売をやめない場合には，経営指導員 [10] の上司が加盟店契約の解除等の不利益な取扱いをする旨を示唆するなどして見切り販売の取りやめを余儀なくさせていた。加盟店契約が解除されることは，加盟店がコンビニエンスストア経営を行うことができなくなることを意味しており，すなわち収入を絶たれることになるため加盟店は本部の指示に従わざるを得なくなる。これは本部による加盟店への優越的地位の濫用に該当する。

　公正取引委員会は2001年，2011年，2020年に，コンビニエンスストア本

---

10) 業界ではスーパーバイザー（Supervisor：SV）とよばれている。

部と加盟店との取引等に関する調査報告書を公表しているが，ここでは最新の2020 年調査報告書[11] について独占禁止法に関係する項目を中心にみていく。

①　テリトリー権

　フランチャイズ契約においては，開業後に，直営店または他の加盟店による周辺地域への追加出店をさせない，いわゆるテリトリー権の有無を定めるのが一般的であるが，コンビニエンスストア大手 3 社であるセブン - イレブンとファミリーマートそしてローソンは，加盟店に対しテリトリー権を付与しておらず，配慮するという記載のみである。読者の皆さんも自宅や職場の近くに同じコンビニエンスストアチェーンの店舗が複数出店しているのをみたことがあるかもしれないが，これは本部が加盟店に対しテリトリー権を付与していないからである。ただし近接店舗を同じ加盟店が経営していることもある[12]。

　コンビニエンスストアの場合は，同一チェーンによる競合と他チェーンによるそれでは，どちらの方が売上減少につながるかという問いに，「同一チェーンによる競合の方」70.2% であった。

　本部が加盟店に対しテリトリー権を付与していなくても，周辺への出店に配慮するという記載があることにより，実際のフランチャイズ・システムの内容よりも著しく優良または有利であると誤認させて，競争者の顧客を自己と取引するように不当に誘引する場合には，一般指定第 8 項（ぎまん的顧客誘引）に該当することがある。

　また加盟前の説明において，周辺地域への出店に対し本部が何らかの支援を行うことや一定の圏内には出店しないと約束しているにもかかわらず，本部がその地位を利用して約束を反故して支援等を行わなかった場合には，優越的地

---

11) 前掲書（2020）。
12) 筆者の両親は 1980 年代に地方都市で洋菓子のフランチャイズチェーンに加盟し，郊外の幹線道路沿いに出店した。同チェーンの県内初出店や立地等により経営状況は厳しかった。そこで出店から数年後に本部からもう少し中心部近くに移転しないか，もし移転しないなら他加盟店による出店をすることもあるといわれ，中心部近くに移転した。移転したことにより売上げも増えて経営状況がよくなった。売上げが増えたことにより，本部は，もう 1 店舗増やしてもいけると考え，他加盟店に出店させた。すなわち本部は加盟店同士の競合よりもチェーン全体の売上げが増えることが大切であり，加盟店同士の競合に大きな関心を持つことは少ない。

位の濫用に該当することがある。本部から受けた配慮への回答では，「店舗候補用地が出た段階で，もう1店舗経営する気があるかどうかの確認があった」26.2%であり，「本部から何も提案されなかった」62.3%であった。

②　24時間営業問題

　コンビニエンスストアは年中無休24時間営業の店舗が多い。コンビニエンスストアが日本に導入される頃までのスーパーマーケット（総合スーパーを含む）の閉店時刻は19時もしくは20時であったことから，深夜営業を行うコンビニエンスストアの利便性は高かった。しかしながら近年はスーパーマーケットが22時頃まで営業していたり，都心部の駅周辺では終電時刻まで営業していたり，さらには24時間営業していることもある。コンビニエンスストアはその言葉のとおり利便性を提供する小売業態であるが，深夜時間帯の売上げでは人件費や水道光熱費を賄うことができない加盟店が多い。さらに深夜時間帯のアルバイト時給がそれ以外の時間帯より高く採算が取れない。「深夜営業の採算性が赤字」77.1%である。

　24時間営業問題が大きく取り上げられるようになったのは，2019年2月に大阪府内のセブン-イレブン加盟店が本部の了解なく営業時間を6時〜深夜1時の19時間営業に切り替えたのが始まりである。深夜時間帯は時給が高く採算が取りにくいが，アルバイトも確保しにくいという問題があったからである。同報告書において，非24時間営業店の割合は2018年の3.12%から2020年には6.55%へと倍増している（この割合には駅構内などの事情により元々24時間営業が不可能な店舗は含まれていない）。本部は24時間営業が必要な理由として，深夜時間帯に雑誌等の商品が納入されること，品出し，店内清掃等をあげている。

　年中無休24時間営業を加盟店募集の段階で十分な説明が行われている場合には，独占禁止法上問題となるわけではないが，情報の十分な開示を行わず，または虚偽もしくは誇大な開示を行ってそれにより実際のフランチャイズ・システムの内容より著しく優良または有利であると誤認させて，競争者の顧客を自己と取引するように不当に誘引した場合には，一般指定の第8項（ぎまん的顧客誘引）に該当することがある。また本部と加盟店の協議により時短営業が

認められているにもかかわらず，本部がその地位を利用して協議を一方的に拒絶して24時間営業を継続させた場合には，優越的地位の濫用に該当することがある。

③　廃棄ロス問題

　コンビニエンスストアの日配商品の代表である「おにぎり」と「お弁当」は，1日に3回店舗に配送されるが，長年廃棄ロスが問題となっている。同報告書によると，1店舗1日当たりの廃棄割合は，「おにぎり」9.5％，「お弁当」13.3％である。なぜ廃棄ロスが問題となるかは，コンビニエンスストアのロイヤリティは，月間売上総利益を本部と加盟店で分配する形を取っているからである。一般的な小売業においては，売上総利益を算出する際の売上原価に廃棄ロス等を含めるが，コンビニエンスストア大手3社の場合には廃棄ロス等を含まず，実際に売れた商品の仕入原価しか計上しないため，コンビニエンスストアでは月間売上総利益が高くなりやすい。その高い売上総利益を本部と加盟店で分配するため，本部へのロイヤリティが高くなる。消費者がコンビニエンスストアで「おにぎり」や「お弁当」を購入する場合，1つしか残っていない時より複数残っている時の方が売れる可能性が高まる。さらに在庫がゼロになると買いたくても買えない消費者が発生し，それを防ぐ（販売機会ロスを防ぐ）ためにも，本部は売れ残ることを承知で加盟店に多めの発注を勧めたり要請する。しかし加盟店からすると，本部と分配して残った月間売上総利益から廃棄ロスを差し引いた分が実質的な売上総利益となるため，廃棄ロスが多いほど実質売上総利益は減少することになる。この問題に対し，最近，本部は廃棄ロスの一定割合を本部が負担する形に契約を変更している。

　廃棄ロスは近年，SDGs（Sustainable Development Goals：持続可能な開発目標）の観点からも問題視されるようになっている。コンビニエンスストアの廃棄ロスが特に大きく取り上げられるのは，クリスマスケーキと恵方巻であった。「本部から強く推奨されて意に反して仕入れている商品がある」51.1％，「必要以上の数量を仕入れるよう強要された経験がある」47.5％，「必要以上の仕入れを行っている頻度が恒常的にある」33.5％である。さらに本部からの経営指

導員に「無断で発注された経験がある」44.6%である。各経営指導員には商品ごとに売上目標や利益目標があること，前述のロイヤリティシステムゆえに，加盟店に廃棄ロスを前提とした商品発注を行わせることにつながっている。これに対し加盟店はそれに従わないと契約更新等に響くという弱みから従うことが多い。こうした廃棄ロスを前提とした商品発注が行われており，その影響を少なくするために見切り（値下げ）販売を行おうとすると，それを本部が制限することが問題視されている。「見切り販売を制限された経験がある」12.0%である。

　公正取引委員会は2020年調査報告書を基に2021年4月28日に「フランチャイズ・システムに関する独占禁止法上の考え方について」を改正し公表した。

第3節　消費税の総額表示

1.　消費税の創設と総額表示の義務化

（1）消費税の創設

　消費税は，「所得税を軽減し，消費者に広く負担を求める等によって国民の税負担の公平感をもって納税しうる税体系の構築」（税制改革法（昭和63年法律第107号）第4条）を目的に，1989年4月1日に導入された。導入時の税率は3%である。導入された理由は以下の2点である，第1点は税の直間比率の見直しである。国民が負担する税は直接税と間接税[13]に区分され，この割合を直間比率という。わが国の税収は直接税の割合が高く間接税が低いため，間接税である消費税が導入された。第2点は間接税の体系の再構築である。消費税が導入される以前の間接税としては，砂糖消費税，物品税等の特定の物品またはサービスを対象とした税があった[14]。このような間接税は，課税ベースとなる物品の選択基準，例えば新しい製品が登場したときに対象とするかどうかなど，また，物品毎の税率をどうするか等の面で公平性を保つことや適切

13) 税金を納める人と負担する人が同じである税を直接税(所得税など)，異なっている税を間接税(消費税，酒税など) という。
14) 酒税，たばこ税など，消費税導入後も存続している間接税もある。

に執行することに関する問題点が生じていたのである（松本 2012：3 ページ）。

（2）消費税の表示

　事業者が消費者に対して価格を表示する方法としては，本体価格と消費税を合計した価格を表示する総額表示方式と本体価格と消費税を別々に表示する外税表示方式がある。1989 年の導入時には，小売価格の表示は特に規定されておらず事業者に任されていた。その理由は，「消費税が我が国になじみのない税であり，事業者の転嫁に対する不安を解消する必要があったことなど」（松本 2012：314 ページ）である。

　この結果，自動販売機等は総額表示方式を採用したが，多くの小売業では以前の価格に消費税率を乗じた消費税額を表示するという外税表示方式を採用した。

2.　総額表示方式の義務化

（1）総額表示義務規定の創設

　その後，2003 年に消費税法（昭和 63 年法律第 108 号）が改正され，消費者に価格を表示する場合には消費税額を含めた価格を表示する総額表示方式が義務づけられた。この規定が創設された理由としては，当時主流の税抜価格表示では，レジで請求されるまで最終支払金額がわからないこと，税抜価格と税込価格が混在しているため，価格比較がしづらいこと，である [15]。

（2）事業者にとっての総額表示方式の問題点

　消費者にとってのわかりやすさでは総額表示方式が優れているのだが，流通業にとっては問題点もある。この点について根本（2013：60-61 ページ）を参考に主要な点を整理すると以下のとおりである。

①価格の値頃感を出しにくくなり，値下げを誘発する

　価格設定においては，値頃感を演出するため 98 円，980 円などがよく使われる。しかし，総額表示方式では本体価格が 98 円であっても消費税込みの価格は 107 円（消費税率 10％の場合）となってしまう。100 円がいわゆる閾値 [16]

15）経済産業省（2003），3 ページ。
16）境界線となる値のこと。「しきいち」と読む。

として機能しているとすれば総額表示によって購買意欲が大きく薄れてしまう可能性がある。すると，小売業は消費税込みで98円と設定したくなり，実施的な値下げとなる。こうして小売業間の値下げ競争が発生すると納入業者に対する価格引き下げ要求にまで発展する可能性も大きい。

②価格表示変更作業の増加

消費税率が変更されるとそのたびに価格表示を変更する必要があることから，小売業では事務作業が発生する。

これらのことから，2012年11月には日本チェーンストア協会が「価格表示等消費課税のありかたに関する要望」を公表し，総額表示方式の義務づけ廃止を要望している。

3. 消費増税と特例措置

その後，2012年8月に消費税法が改正され，消費税率を2014年に8％，2015年に10％に引き上げることが決まった。消費税率を引き上げた場合，企業間取引であっても，企業-消費者間取引であっても消費税が適切に転嫁されることが重要である。しかし，両者の力関係によっては転嫁拒否等の行為が行われる可能性が危惧された。このことから，消費税転嫁対策特別措置法[17]が2013年10月から施行された。

この法律では，本来，独占禁止法で禁止行為となっているカルテルについて，一定の条件を満たせば消費税の転嫁方法を共同で定める「転嫁カルテル」や消費税の表示方法を共同で定める「表示カルテル」を独占禁止法の適用除外としている。また，消費税率が変更になると本体価格に変更がなくても値札の変更等の業務が発生するため，事業者の負担を考慮して，2014年および2015年の増税が定着するまでの特例として，表示する価格が税込価格であると誤認されないための措置を講じているときに限り，税込価格を表示することを要しないという総額表示義務免除の特例措置が盛り込まれた。

17）正式名称は消費税の円滑かつ適正な転嫁の確保のための消費税の転嫁を阻害する行為の是正等に関する特別措置法（平成25年法律第41号）という。

　この措置は，当初，2018 年 9 月 30 日までの予定であった。しかし，わが国の経済成長を確かなものとするため等の理由で 2015 年に予定されていた消費税の増税時期は 2 回にわたって延期され，当初 2015 年の予定が 2019 年 10 月になるとともに軽減税率制度の導入が行われた。このため，特例措置が延期されていたが，2021 年の 3 月 31 日に終了し，2021 年 4 月 1 日から総額表示方式の義務化が復活した。なお，総額表示に該当する価格表示については，財務省が図 14-1 のような例を示している。

図 14-1　総額表示に《該当する》価格表示の例

◇　**総額表示に《該当する》価格表示の例**

※　税込価格 10,780 円（税率 10%）の商品の例

10,780 円	10,780 円（税込）	10,780 円（うち税 980 円）

10,780 円（税抜価格 9,800 円）	10,780 円（税抜価格 9,800 円、税 980 円）

9,800 円（税込 10,780 円）

　税込価格が明瞭に表示させていれば，**消費税額や税抜価格を併せて表示することも可能**です。

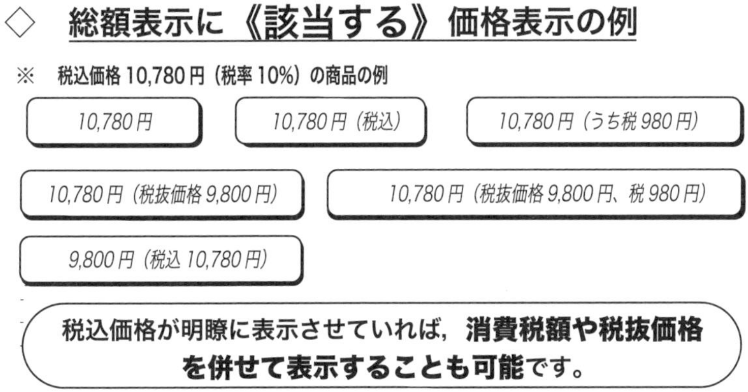

（出所）財務省（2021）より抜粋。

第 4 節　流通情報基盤の整備

　近年，情報技術の著しい進歩を背景に，流通業界においても情報システム化の波が押し寄せつつあり，POS システムに代表される流通情報システムは，流通活動の効率化を実現する基盤として重要性が増している。こうした状況を踏まえて本節では，近年の流通業界で注目されている IC タグと電子マネーを普及させるための流通情報基盤の整備政策を考察する。

1. IC タグ普及に向けた基盤整備

(1) IC タグとは

自動認識システムの技術の一つとして，IC チップに書き込まれた商品情報など読み取り，商品を識別する電子荷札のことを IC タグという。IC タグは，従来のバーコードおよび 2 次元コード（QR コード）と比較して，短時間で大量のデータを読み取ることができ，商品の特性や用途などに合わせて形状を加工したり，情報を書き込んだりすることが容易であるという特徴があり，さまざまな分野で広く利用されている。

日本で多く利用されている IC タグの形状は，カード型とラベル型であり，カード型としては企業や大学などが採用している社員証や学生証などがある。一方で，ラベル型はアパレルや物流などの分野で広く普及している。

(2) IC タグ普及の歴史

IC タグが商用目的として使用されるようになったのは，1960 年代後半頃である。当初は商品の盗難を防止する目的として IC タグが利用されていた。日本では，1980 年頃から導入されていたが，当時の IC タグは電池が搭載されている大型タイプで，価格も比較的に高かったため，それを使用していたのは一部の製造業に限定されていた。

しかし，2001 年に発生した牛海綿状脳症（BSE）問題を契機に，食の流通履歴管理に対する関心が高まってきた。こうした状況を踏まえて政府は，IC タグを新価値創造の基盤ツールとして位置づけ，その普及に向けた方針を盛り込んだ「e-Japan 戦略 II」を 2003 年に発表した（宮武 2005：13 ページ）。また，2004 年 6 月には総務省と経済産業省が IC タグの普及拡大に伴う消費者のプライバシー侵害を防止するため，IC タグの装着表示や情報管理者の設置，消費者に対する説明および情報提供などについての規則を取りまとめた「電子タグに関するプライバシー保護ガイドライン」を策定した（総務省 2004：301 ページ）。

さらに，経済産業省は 2004 年 8 月から IC タグの安定供給に向けた「響プロジェクト」をスタートさせた。「響プロジェクト」では，UHF 帯（860 ～ 960MHz）の IC タグを 2006 年 7 月末までに 5 円で供給することを目標とし

て掲げ，必要な技術開発を推進していた。これに合わせて 2006 年 1 月には，電波法（昭和 25 年法律第 131 号）が改正され，IC タグへの使用が規制されていた UHF 帯の周波数が利用できるようになった。このような取組みに伴い，2000 年代半ば以降から IC タグの読み取り性能や単価が大幅に改善され，流通業界においても広範囲での利用が期待されている。

トピックス：小売業界における IC タグ普及に向けた取組み

　近年，小売業界では少子高齢化の進展に伴う慢性的な人手不足や消費者ニーズの多様化による食品ロスなどが課題となっている。こうした課題は，小売業界における経営コストの増大につながっている。

　こうした状況を踏まえて経済産業省は，2017 年にセブン - イレブンなどのコンビニ大手 5 社と共同で「コンビニ電子タグ 1,000 億枚宣言」を策定した。また，2018 年にはドラッグストア各社と「ドラッグストア・スマート化宣言」を策定し，IC タグを活用した次世代サプライチェーンの構築に向けた効果の検証を行った。

　この効果を踏まえ，2021 年 3 月に日本チェーンドラッグストア協会は，「スマートストア実現に向けた電子タグ（RFID）実装へのアプローチ」を策定し，IC タグを活用したサプライチェーンの効率化・生産性向上を目指している[18]。こうした取組みは，小売業界において在庫管理の自動化や省力化，消費期限管理の効率化による食品ロスの削減などの効果が期待されている。

2.　電子マネー普及に向けた基盤整備

（1）電子マネーとは

　電子マネーは，電子データとして保存された貨幣を使った支払手段の総称で，資金決済に関する法律（平成 21 年 法律第 59 号。以下，資金決済法）に基づき，「前払式支払手段」として分類されている（山本 2018：1-2 ページ）。現在，日本で多

---

18) 経済産業省「IoT 等を活用したサプライチェーンのスマート化」，https://www.meti.go.jp/policy/economy/distribution/smartsupplychain.html（2021 年 9 月 13 日閲覧）。

く利用されている電子マネーは，ICカード型とネットワーク型の2種類がある。前者のICカード型はICチップが内蔵されたカードに貨幣情報を書き込んだ電子マネーで，一般的に電子マネーはICカード型のことを指す場合が多い。代表的なICカード型電子マネーとしては，交通手段の乗車券として利用されている「Suica」や「PASMO」などと，大手小売業は発行する「nanaco」や「WAON」，「楽天Edy」などがある。

　後者のネットワーク型は，あらかじめインターネット上の専用ソフトウエアなどに登録し，それを利用して決済情報をやり取りする電子マネーのことであり，インターネットやスマートフォンの普及を背景に利用者が急増している。代表的なネットワーク型電子マネーとしては，「iTunes」や「Google Play」などがある。

(2) 電子マネー普及の歴史

　電子マネーが日本で普及し始めたのは，2000年以降である。1990年代半ばから全国各地で電子マネーの普及に向けた実証実験が行われていたが，本格的な普及には至らなかった。しかし，大手コンビニなどが2002年以降，ソニーが開発した無線ICカード技術の「Felica」をベースとした電子マネーを導入したのを皮切りに，2004年からJR東日本の「Suica」にも電子マネー機能が追加されるなど，2000年代半ば以降から電子マネーの利用が広がった（竹内2006：299ページ）。

　こうした状況を受け，政府は2009年に資金決済に関するサービスの適切な実施により，利用者などを保護するとともに，当該サービスの提供を促進することを目的とする資金決済法を制定した。また，2016年に発表された「日本再興戦略2016」において，キャッシュレス化を政策課題として位置づけるとともに，2017年には2027年6月までにキャッシュレス決済比率を4割程度とすることを目標として掲げた「未来投資戦略2017」を発表した。しかし，経済産業省は2018年に発表した「キャッシュレスビジョン」において，「未来投資戦略2017」で発表した目標を前倒しして2025年の大阪万博にまでに達成することを目指し，「マイナポイント事業」[19] などを推進している。

---

19) マイナポイント事業は，マイナンバーカードの普及を促進するとともに，官民キャッシュレス決済基盤の構築を目的として推進されている事業である。

　そして，地方自治体でのキャッシュレス化を推進するため，2020 年に「キャッシュレス決済導入手順書」を策定し，キャッシュレス決済の基盤整備や導入計画の策定などを支援している。

【考えてみよう】

1.　実際のインターネット通販の広告をみて，景品表示法上問題となるおそれがあるものを探し出してみよう（参考文献　公益社団法人日本通信販売協会広告適正化委員会編（2021）を参照してもよい）。
2.　コンビニエンスストアにおける他のフランチャイズ問題について調べてみよう。
3.　「図 14-1 総額表示に該当する価格表示の例」をみて，小売業態や商品カテゴリーによる価格表示の使い分けについて考えてみよう。
4.　IC タグが流通業界にもたらす効果と，普及上の課題について考えてみよう。

【参考文献】

第 1 節（インターネット通販に対する規制）

公益社団法人日本通信販売協会広告適正化委員会編（2021）『通信販売取引改善のための通販広告実態調査　2020 年通販広告実態調査報告書』，https://www.jadma.or.jp/pdf/2021/koukokujittai2020.pdf（2021 年 12 月 24 日閲覧）。

公正取引委員会（2017a）「アマゾン・ジャパン合同会社に対する独占禁止法違反被疑事件の処理について，https://www.jftc.go.jp/houdou/pressrelease/h29/jun/170601_files/1706011.pdf（2021 年 12 月 24 日閲覧）。

公正取引委員会（2017b）「アマゾン・サービシズ・インターナショナル・インクからの電子書籍関連契約に関する報告について」，https://www.jftc.go.jp/houdou/pressrelease/h29/aug/170815_files/170815.pdf（2021 年 12 月 24 日閲覧）。

公正取引委員会（2019a）「消費者向け e コマースの取引実態に関する調査報告書」，https://www.jftc.go.jp/houdou/pressrelease/2019/jan/190129_4houkokusyo.pdf（2021 年 12 月 24 日閲覧）。

公正取引委員会（2019b）「アマゾンジャパン合同会社によるポイントサービス利用規約の変更への対応について」，https://www.jftc.go.jp/houdou/pressrelease/2019/apr/190411.pdf（2021 年 12 月 24 日閲覧）。

公正取引委員会（2019c）「楽天株式会社から申請があった確約計画の認定について」，https://www.jftc.go.jp/houdou/pressrelease/2019/oct/yonjyo/191025_1.pdf（2021 年 12 月 24 日閲覧）。

公正取引委員会（2020）「楽天株式会社に対する緊急停止命令の申立てについて」，https://www.jftc.go.jp/houdou/pressrelease/2020/feb/200228honbun.pdf（2021 年 12 月 24 日

閲覧）。

公正取引委員会（2021）「楽天グループに対する独占禁止法違反被疑事件の処理について」，https://www.jftc.go.jp/houdou/pressrelease/2021/dec/211206files/2021120601.pdf（2021年12月24日閲覧）。

第2節（フランチャイズ規制）

公正取引委員会編（2020）『コンビニエンスストア本部と加盟店との取引等に関する実態調査報告書』，https://www.jftc.go.jp/houdou/pressrelease/2020/sep/200902_1.html（2021年12月24日閲覧）。

第3節（消費税の総額表示）

経済産業省（2003）「消費税の総額表示について」，https://www.chusho.meti.go.jp/zaimu/zeisei/shouhizei/syouhizei_sogakuhyoji.pdf（2021年9月1日閲覧）。

財務省（2021）「令和3年4月1日以降の価格表示について：リーフレット」，https://www.mof.go.jp/tax_policy/summary/consumption/210107leaflet_sougaku.pdf（2021年9月1日閲覧）。

消費者庁（2016）「消費税転嫁対策特別措置法の概要」，https://www.caa.go.jp/policies/policy/representation/consumption_tax/（2021年9月1日閲覧）。

日本チェーンストア協会（2012）「価格表示等消費課税の在り方に関する要望について」日本チェーンストア協会広報部，http://www.jcsa.gr.jp/public/data/20121119_shohizei.pdf（2021年9月1日閲覧）。

根本重之（2013）「消費税率引き上げに対する対応のあり方に関する基礎的検討」『流通情報No.502』45巻1号，公益財団法人流通経済研究所。

松本正春（2012）『消費税法 理論と計算五訂版』税務経理協会。

第4節（流通情報基盤の整理）

財団法人流通システム開発センター編（2021）『流通情報システム化の動向2021~2022』財団法人流通システム開発センター。

総務省編（2004）『平成16年版 情報通信白書』総務省。

竹内晴夫（2006）「電子マネー」日本流通学会編『現代流通事典』白桃書房。

宮武和弘（2005）「RFID（ICタグ）の本格的な普及に向けて」日本政策投資銀行『調査』第82号。

山本正行（2018）「電子マネーの現状と課題」東京都消費生活総合センター編『わたしは消費者』No.153。

【さらに深く学ぶために】

第1節（インターネット通販に対する規制）

丸山正博（2020）『電子商取引とeビジネス ネット通販からプラットフォーム，AIの活用へ』八千代出版。

第 2 節（フランチャイズ規制）

一般社団法人　日本フランチャイズチェーン協会編（2017）『改訂版　フランチャイズ・
　ハンドブック』商業界。

第 3 節（消費税の総額表示）

白石浩介（2019）『消費税の転嫁と帰着』拓殖大学研究叢書。

上田隆穂（2021）『利益を最大化する価格決定戦略』明日香出版社。

第 4 節（流通情報基盤の整理）

秋山功他（2004）『IC タグの仕組みとそのインパクト』ソフトリサーチセンター。

岡田仁志（2008）『電子マネーがわかる』日本経済新聞出版。

第15章　流通政策の新たな展開（2）
——消費者・環境分野——

本章の概要

　本章では，消費者・環境分野における流通政策の新たな展開について解説する。第1節では，社会問題となっている買い物弱者問題の背景と現状，その政策的な対応について解説する。第2節では，消費者の健康をサポートする健康食品の機能性表示制度の歴史を解説する。第3節では，食品ロス削減に向けた政府（農林水産省）の取組みと政策的な対応について解説する。第4節では，商品流通に伴う環境問題の改善に向けた3R政策への取組みを解説する。

第1節　買い物弱者対策

1.　買い物弱者問題の背景

　日本の人口は，2008年を境として減少に転じており，65歳以上の高齢化率は2007年頃から21％を超える超高齢社会に突入している。全国的な人口減少や高齢化の進展により，高齢者を中心に食料品などの日常の買い物が困難な買い物弱者が問題として認識されるようになってきた。買い物弱者問題の背景には，人口減少や高齢化などによる流通機能や公共交通の弱体化がある。

　大規模小売店舗立地法の制定を契機に大型店の出店に関する政策は，規制緩和へと転換され，小売業の大型化および郊外化が顕著となった（関 2015:20 ページ）。この結果，豊富な品揃えやバイイングパワーを生かした低価格を武器と

する大型店の出店が急増し，地方圏の商店街は壊滅的な状況に追い込まれた。日本における小売事業所数の推移をみると，1994年に150万店であったものが，2016年には99万店と約3分の2に減少しており，その内，飲食料品小売業の事業所数は57万店から30万店とほぼ半減していた[1]。こうした動きにともない，食料品などの買い物を近隣商店街に依存してきた高齢者などは，小売店へのアクセスが制約されるようになった。

　近隣商店街の衰退とともに，買い物弱者問題をもたらしたもう一つの要因として公共交通の衰退があげられる。徒歩圏内に小売店がない高齢者などにとって自動車は，小売店への唯一のアクセス手段となっている。しかし，2017年3月に改正された道路交通法（昭和35年 法律第105号）によって認知機能検査が厳格化され，高齢者の運転免許返納数が年々増加している。これにより，自動車の運転ができない高齢者はますます増加し，小売店へのアクセス手段として公共交通の重要性が増している。

　一方で，地方圏では利用者の減少により赤字経営を余儀なくされてきた公共交通が次々と廃止となっており，路線バスは9,482km（2010年〜2019年）の路線が廃止，鉄道も2007年以降565kmの路線が廃止となっている（国土交通省 2021:72ページおよび92ページ）。特に，地方圏における公共交通の衰退は，高齢者などの買い物の行動範囲を制約する大きく要因として働き，買い物弱者の増加に拍車をかけている。

2. 買い物弱者の現状

　前述のように，近年の日本では流通機能や公共交通の弱体化の影響により，日常の買い物が困難な買い物弱者が急増している。農林水産政策研究所の調査によれば，食料品販売店までの直線距離が500m以上かつ自動車をもっていない65歳以上の買い物弱者数は，2015年時点で825万人にも上り，10年前の2005年と比較して21.7％も増加している（表15-1）。この数値でみると，

---

1) 経済産業省HP「平成28年経済センサス - 活動調査」，https://www.meti.go.jp/statistics/tyo/census/hyo.html（2021年8月13日閲覧）。

65 歳以上の高齢者のうち，24.6％が何らかの理由により日常の買い物が困難な買い物弱者となっていることがわかる。地域別でみると，人口減少などにより過疎化が進む地方圏の買い物弱者数は，2005 年に比べて 7.5％増加した447 万人となっている。これは，買い物弱者全体の 54.2％を占め，地方圏での買い物弱者問題が大きな課題となっている。

　一方で，東京・名古屋・大阪の三大都市圏における買い物弱者は，2005 年時点で 262 万人に留まっていたが，2015 年には 44.3％増加して 378 万人に上り，三大都市圏での増加が目立っている。三大都市圏では，高度成長期に人口集中に対応するため大規模な住宅団地が数多く開発されており，団地内には住民の日常生活を支える飲食料品小売業も入店していた。

　しかし，入居者の高齢化に伴い，団地内にあった飲食料品小売業の閉鎖が相次いでいる。この結果，高度成長期に開発された大規模な住宅団地などを中心に，買い物が困難な高齢者が急増している。これまで買い物弱者問題は，地方の過疎地域だけの問題として認識されてきたが，東京・名古屋・大阪といった三大都市圏においても買い物弱者が深刻な社会問題となっている。

表 15-1　買い物弱者の推移

（単位：万人，％）

	2005 年	65 歳以上人口割合	2010 年	65 歳以上人口割合	2015 年	65 歳以上人口割合
全国計	678	26.4	733	25.1	825	24.6
三大都市圏	262	22.5	307	22.1	378	23.3
東京圏	124	20.8	155	21.4	198	23.2
名古屋圏	51	24.6	56	23.1	61	21.5
大阪圏	86	24.2	96	22.8	119	24.4
地方圏	416	29.7	426	27.7	447	25.9

（出所）農林水産政策研究所「食料品アクセスマップ」，https://www.maff.go.jp/primaff/
seika/fsc/faccess/a_map.html#1（2021 年 8 月 13 日閲覧）。

3.　買い物弱者問題への対応策

　買い物弱者問題が顕在化してきた中，政府や地方自治体は補助金や交付金などを活用し，様々な取組みが行われている。その代表的な取組みとして，①宅

配サービス，②移動販売，③店舗立地，④移動支援があげられる。

　①宅配サービスは，高齢化や単身世帯の増加に伴い，買い物に行けない消費者に代わって食料品などの商品を届けるサービスで，消費者から注文を受けて自宅まで商品を届けてくれる買い物代行や，定期的または随時に弁当などを配達する配食サービスなどがある。これらのサービスを通して買い物弱者の日常生活を支えるものが宅配サービスである。しかし，宅配便の再配達問題に見られるように，人手不足が深刻化している今日において宅配サービスが維持できるかどうかが大きな課題となっている（林 2020：12 ページ）。

　②移動販売は，何らかの理由で近隣の小売店がなくなり，買い物が困難な地域をトラックなど移動型の小売店が巡回して商品を販売する取組みである。この取組みを買い物弱者支援ビジネスとして成功させ，注目されたのが福島県に本社を置く「とくし丸」である。「とくし丸」は，提携しているスーパーマーケットから商品を調達し，決められた場所を巡回しながら移動販売を行う仕組みで，このノウハウの提供を受けた販売パートナーが全国で移動販売サービスを提供している。近年では，移動販売専業者の他にもスーパーマーケットなどが自ら移動販売を行う事例も増えている。しかし，事業として利益になるような十分な需要がないことや事業の運営コストが高いことなどから（吾郷 2019：7 ページ），政府や地方自治体などからの支援に依存している事例が多い。

　③店舗立地は，買い物が困難な地域の近くに買い物場を開設する取組みで，定期市の開催と常設店舗の誘致に分けられている。定期市は，鎌倉時代から全国に普及されていたが，商業の近代化などにより衰退していた。こうした定期市を買い物が困難な地域で開き，買い物弱者をサポートするもので，横浜市の公田町団地や北九州市の茶屋の原団地などで，週1回の定期市が開催されている（林 2020：13 ページ）。常設店舗の誘致においては，地域の住民や行政などが出資し，小売店を誘致する取組みで，兵庫県神河町の「まちの灯り」や大分県中津市の「ノーソンくらぶ」などが地域の買い物を支援する常設店舗として開設されている[2]。

2）農林水産省 HP「地域に応じた各地での買い物支援の取組」，https://www.maff.go.jp/j/shokusan/

④移動支援は，小売店へのアクセス手段を確保する取組みである。上記の①から③までの取組みが買い物そのものを支援する対策であるのに対し，移動支援は高齢者などの買い物弱者の足を確保するものである。移動支援には，コープさっぽろなどのように小売店が買い物バスを運行して移動手段を提供する場合と，地方自治体やNPOなどが協力し，乗合タクシーやコミュニティバスなどを利用して買い物への移動手段を提供する場合がある。

　これらの取組みは，政府や地方自治体などの補助金に依存している場合が多いことから，買い物弱者対策を継続させるためには，採算が確保できる仕組みづくりが重要な課題となる。

第 2 節　健康食品表示と流通

1.　健康食品の法的分類と流通

　近年の日本では，サプリメントや栄養補助食品，栄養強化食品などいわゆる健康食品とよばれる食品が数多く流通している。しかし，それらの食品は法律的に定義されているものではなく，一般的に「健康食品」は，食品表示法が定めた「食品表示基準」[3] に基づいて機能性表示食品，栄養機能食品，特定保健用食品に分けられており，使用目的や機能，成分などを明示することが義務付けらている。機能性表示食品とは，事業者の責任において，科学的根拠に基づいて機能性が表示されている食品のことをいう。この食品を販売しようとする事業者は，商品を販売する 60 日前までに安全性や機能性などの根拠資料や容器包装に表示内容を含む商品情報などを消費者庁長官に事前届出することが必要である（食品表示検定協会 2020：298 ページ）。

　一方で，栄養機能食品は，ミネラルやビタミンなどのように科学的根拠が認められている特定の栄養成分を摂取することを目的として製造・販売される食

---

eat/access_jirei.html（2021 年 8 月 15 日閲覧）。
3)　食品表示基準とは，食品を消費者が安全に摂取するとともに，自主的に選択するために必要と認められる事項を表示するように定めたもので，2015 年内閣府令として制定された。

品で,「食品表示基準」に従って栄養成分の名称や機能, 摂取目安量, 保存方法, 注意事項などを表示する必要がある。栄養機能食品を販売する場合は, 国への許可申請や届出はせず,「栄養機能食品の規格基準」[4] に適合していることを自己認証するだけで販売が可能である。

　特定保健用食品は, 健康の維持・増進に影響を与える保健機能成分が含まれている食品のことをいう。特定保健用食品を販売する場合は, 国から商品ごとに有効性と安全性についての審査を受け, 消費者庁長官から特定保健用食品表示の許可を受けなければならない。また, 外国で生産された商品を日本国内で販売する場合には, 消費者庁長官からの承認が必要となるなど, 特定保健用食品は消費者の健康に直結する商品であるため, 他の保健機能食品と比べて審査基準や手続きが厳しくとなっている。

図 15-1　健康食品の分類

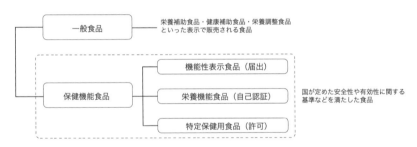

（出所）食品表示検定協会編（2020）, 297 ページより一部変更作成。

2.　健康食品の機能性表示制度の歴史

　日本において機能性食品が注目されるようになったのは, 文部省（現文部科学省）が 1984 年から実施した特定研究「食品機能の系統的解析と展開」である。同研究では, 食品成分には栄養面での働き（1 次機能）と嗜好面での働き（2 次機能）に加え, 生体調節面での働き（3 次機能）があると提唱した。この研究

---

4) 栄養機能食品の規格基準とは, 栄養機能食品の 1 日当たりの摂取目安量に含まれる栄養成分量や栄養機能表示, 注意喚起表示を定めた規格基準である。

により，日本では機能性食品の考え方が初めて示されることとなった。それ以降，厚生省（現厚生労働省）は機能性食品の市場導入への取組みを進め，1991年には栄養改善法（昭和 27 年 法律第 248 号）の一部を改正し，健康強調表示を許可・承認する制度として「特定保健用食品制度」を創設させた（トピックスを参照）。その 10 年後の 2001 年には，ビタミンやミネラルなどの機能性表示を認める「栄養機能食品制度」が創設されており，両制度は「機能性表示制度」とよばれていた。

　しかし，「機能性表示制度」は優良な健康食品を制度内に吸収するとともに，消費者が食品の特性を正しく理解し，食生活の状況に合った食品を選択できるようにするために創設されたが，制度を用いるためのハードルの高さや誤った情報など，制度の運営面で多くの課題が残されていた。制度運営上の課題を受け，「健康食品に係る制度のあり方に関する検討会」は，健康食品制度に関する論点をまとめた提言を発表した。これをきっかけに，2005 年に健康食品に係る制度の見直しが行われるとともに，特定保健用食品ならびに栄養機能食品には「食生活は，主食・主菜・副菜を基本に，食事のバランスを」の表示が義務付けられることとなった（山田ほか 2017：92 ページ）。

　そして，2009 年 9 月には厚生労働省が管轄していた「機能性表示制度」が消費者庁に移行され，新体制下で制度が運営されることとなった。新たに制度運営を引き継いだ消費者庁は，健康食品を含む食品表示規定の一元化を図るため，食品衛生法や JAS 法，健康増進法で個別規定していた食品表示規定を整理・統合する食品表示法を制定した。

トピックス：画期的な制度としての「特定保健用食品制度」

　「特定保健用食品制度」は，食品に健康表示を許可する画期的な制度として 1991 年に創設された。当時の世界では，食品に健康表示を認めている国はなかったため，日本の「特定保健用食品制度」は世界初の画期的な制度として世界各国から注目された。この制度が創設された 2 年後の 1993 年には，資生堂の「ファインライス」と森永乳業の「低リンミルク

L.P.K.」が特定保健用食品として許可された。2020年12月末現在は，1,071品目が特定保健用食品として許可されており，その市場規模は約5,610億円に達している。

　さらに，健康増進法の施行に伴い，科学的根拠に基づく表示内容の一層の充実を図るため，特定保健用食品の審査基準が見直され，条件付き特定保健用食品と規格基準型特定保健用食品，疾病リスク低減表示が容認されることとなった。現在，市場には表15-2が示しているように4種類の特定保健用食品が流通されており，それらの食品はラベルやパッケージに賞味期限や原材料などの一般事項に加えて，許可マークや許可表示，摂取上の注意などの表示が義務付けられている。

表15-2　特定保健用食品の区分と内容

区　分	内　容	マーク
特定保健用食品	健康増進法第26条第1項の許可または同法第29条第1項の承認を受けて，食生活において特定の保健の目的で摂取をする者に対し，その摂取により当該保健の目的ができる旨の表示をする食品	
特定保健用食品 (疾病リスク低減表示)	関与成分の疾病リスク低減効果が医学的・栄養学的に確立されている場合，疾病リスク低減表示を認める特定保健用食品	Ⓚ
規格基準型特定保健用食品	特定保健用食品としての許可実績が十分であるなど科学的根拠が蓄積されている関与成分について規格基準を定め，消費者委員会の個別審査なく，消費者庁において規格基準に適合するか否かの審査を行い許可する特定保健用食品	
条件付き特定保健用食品	特定保健用食品の審査で要求している有効性の科学的根拠のレベルには届かないものの，一定の有効性が確認される食品を，限定的な科学的根拠である旨の表示をすることを条件として，許可対象と認められている特定保健用食品 許可表示：「○○を含んでおり，根拠は必ずしも確立されていませんが，△△に適している可能性がある食品です。」	Ⓚ

(出所) 食品表示検定協会編 (2020)，306ページより一部変更作成。

第3節　食品ロス削減対策

1．食品ロスの現状

　食品ロスとは本来食べられるにもかかわらず廃棄される食品をいう。我が国の食品ロスは2018年度の推計によると600万トンで，国連世界食糧計画

（WFP）による食料援助量の 1.4 倍にも達している。食品ロスの内訳としては，事業系（規格外品，返品，売れ残り，食べ残しなど）が 324 万トン（54%）で家庭系が 276 万トン（46%）である。

　事業系食品ロスの構成は，食品製造業が 39%，外食産業が 36%，食品卸売業 5%，食品小売業が 20% で，流通段階での食品ロスは 25% ということになる [5]。

　このような食品ロスの問題については，2015 年 9 月の国際連合総会において採択された持続可能な開発のための 2030 アジェンダにおいても言及されており，わが国においても真摯に取り組むべき課題となっている。

2.　農林水産省の商慣行検討ワーキングチームによる検討

（1）ワーキングチームの検討課題

　食品ロスの取組みには消費者庁，農林水産省，環境省，経済産業省，文部科学省が関わっている。このうち，食品関連事業者から発生する食品ロスに関しては農林水産省が担当している。様々な対策のなかでも，個別の企業では対応の困難な商慣行に起因するものについて，2012 年に農林水産省が商慣行検討ワーキングチームを立ち上げて検討してきている。例えば，納品期限の見直し，賞味期限の見直し，表示方法の見直し，消費者理解の促進等である。ここでは以下の 3 つについて詳しく紹介する。

（2）検討課題 1：加工食品の納品期限（1/3 ルール）の緩和

　加工食品には賞味期限が設定されている [6]。賞味期限はおいしく食べられる期限を目安として示したもので，この期限を過ぎたから食べられなくなるというわけではなく，この点が消費期限とは異なっている。しかし，賞味期限切れの商品はもちろんのこと，賞味期限間近の商品であっても小売店頭においては消費者から敬遠される。このため小売業者は賞味期限まで一定期間の余裕がある商品を販売しようとする。この状況を作るためには，小売業者は卸売業者や

---

5)　農林水産省，環境庁及び国連世界食糧計画によるが，消費者庁が様々なデータを集約し公表している（消費者庁 2021：4-7 ページ）。

6)　賞味期限の表示は食品衛生法及び JAS 法によって定められている。チューインガム，冷菓，砂糖，アイスクリーム等の品質の劣化が極めて少ないものは省略が可能である。

製造業者から仕入れる際に，賞味期限が一定程度残っている商品を仕入れる必要がある。このようなことから，加工食品業界では1/3ルールという商慣行が存在している。

1/3ルールとは，小売業に納入する商品は，賞味期限を1/3経過するまでに，つまり賞味期限までの期間が2/3残った状態で，納入しなければならないというルールである。例えば賞味期限が製造日より6カ月に設定されている商品であれば，製造後2カ月以内に小売業に納入する必要がある。小売業は残りの1/3の期間を販売期限として設定し，販売期限を過ぎたものは賞味期限までの期間が1/3残っているにもかかわらず店頭から撤去し，返品，廃棄するか値引き販売することになる。メーカー等に返品された商品は他の小売業に納入することができないため，結局は多くが賞味期限の残った状態で廃棄処分になってしまうのである。

農林水産省では2012年度に設置した製造・卸・小売の各事業者が参画した商慣行検討ワーキングチームが清涼飲料と一部の菓子について納品期限を1/2に緩和する実証実験を行った。この結果，小売業での廃棄が増えることはなく卸売業や製造業も含めて廃棄が減少したという結果を得ている。また，販売量が低下することもなかったことから，納品期限の緩和を関連業界に提案している。

(3) 検討課題2：賞味期限の年月表示化

賞味期間が3カ月以上の食品については，賞味期限を「年月日」ではなく「年月」表示することが可能である。このような表示に変更することで，流通業者には倉庫や店頭での在庫管理が容易になるというメリットがある。一方で，年月日表示であれば「2021/09/08」と表示されるものが年月表示では「2021/08」となり，見かけ上の賞味期間が短くなることを製造業者は懸念している。このように業界内でも賛否が分かれる面があることから，消費者アンケート等を実施する，先行事例を紹介するなどの対応が行われている。

(4) 検討課題3：賞味期限の延長

納品期限の緩和と賞味期限の年月表示化により，流通業者にとっては廃棄の減少，作業の効率化等のメリットが発生する。一方，製造業者にとっては納品期限

の緩和は廃棄減少につながるが，賞味期限の年月表示化は見かけ上の賞味期限が短くなるというデメリットがある。この点に対応するため，賞味期限の延長が検討された。実際に，近年は製造・流通技術，容器包装技術等が進歩しており，賞味期限の延長を行うことができる食品も出てきていることが背景にある。ワーキングチームではこのような事例の収集や考え方の整理，共有が進められた。

　以上の3つの検討課題は三位一体の取組みとして図15-2のように整理できる。

図15-2　納品期限の緩和，賞味期限の年月表示化，賞味期限の延長の三位一体の取組み

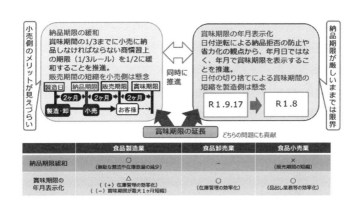

（出所）農林水産省（2021a），28 ページ。

3.　食品ロス削減推進法の制定

　このような政府や業界の取組みも踏まえ，2019 年 10 月 1 日に食品ロスを削減するための食品ロスの削減の推進に関する法律（令和元年法律第 19 号）が施行された。この法律に基づいて「食品ロスの削減の推進に関する基本的な方針」が 2020 年 3 月 31 日に閣議決定されている。

　この基本方針では，多様な主体（消費者，事業者，学校，関連団体，関係省庁等）が協力して国民運動としての食品ロスの削減を推進することがうたわれている。また，消費者，農林漁業者・食品関連事業者，国・地方公共団体の3つの

レベルで取り組むことが求められている。このなかで，農林漁業者・食品関連事業者については，事業活動による食品ロスを把握して，商慣習を含めて見直しに取り組むこととなっている。

特に食品小売業・卸売業に期待する事項としては以下の7項目があげられている。

① サプライチェーン全体の食品ロス削減に資する厳しい納品期限の緩和。

② 需要予測の高度化や受発注リードタイムの調整等による適正発注等の商慣行の見直し。

③ 天候や日取り（曜日）などを考慮した需要予測に基づく仕入れ，販売等の工夫。

④ 季節性商品については予約制とする等の需要に応じた販売を行うための工夫。

⑤ 賞味期限，消費期限に近い食品から購入するよう促し，売り切るための取り組む（値引き，ポイント付与等）の実施。

⑥ 小分け販売や少量販売など消費者が使い切りやすい工夫。

⑦ チェーン小売業者（フランチャイズ店）における食品ロスについて，本部と加盟店とが協力して削減に努力。

このように，食品ロスの削減を直接の目的とした法律や基本方針の制定によって，わが国の食品ロスの削減が進むことが期待されている。

第4節　環境対策

1.　大量消費時代の環境政策

日本では，高度経済成長にともなう消費行動の変化などにより，大量生産・大量消費型の経済システムが確立され，多種多様な商品が市場に流通していた。一方で，商品の生産・流通・消費の段階においては，容器包装などが廃棄物として大量に排出され，その処理が大きな問題となっていた。

廃棄物問題を解決するため，1970年の第64回臨時国会において廃棄物処

理の責任や処理基準などの内容を盛り込んだ廃棄物の処理及び清掃に関する法律（昭和 45 年法律第 137 号。以下，廃棄物処理法）が制定された（環境省 2014：6 ページ）。この法律の制定により，全国には一定基準を満たす廃棄物処理施設が広く普及され，廃棄物処理の適正化が図られてきた。

しかし，1980 年代後半のバブル経済による消費需要の更なる拡大に伴い，廃棄物の排出量も増加の一途を辿っていた。この結果，廃棄物処理施設の残余容量が逼迫するという問題が起こっていた。こうした状況を受け，これまでの「適正処理」から「発生抑制」へと政策の方向を転換し，廃棄物の排出抑制や再利用などを促進するという内容を含んだ改正廃棄物処理法が 1991 年に制定された。

また，1991 年 4 月には資源の有効利用を図るため，リサイクルシステムの構築などの規定を定めた再生資源の利用の促進に関する法律（平成 3 年法律第 48 号。以下，再生資源利用促進法）が制定された。さらに，1999 年には産業構造審議会による「循環型経済システムの構築に向けて」と題する報告書が発表された。同報告書では，廃棄物・リサイクル対策の全般的な強化を図るために，リサイクル（Recycle：再生利用）対策に加え，リデュース（Reduce：発生抑制）・リユース（Reuse：再使用）という 3R の推進が必要であると提案した[7]。こうした動きに伴い，消費生活の豊かさのみならず，その背後にある負の影響にも配慮した流通構造の形成も重要となってきた。

2.　循環型社会に向けた 3R 政策

1990 年代末に提案された循環型経済システムを総合的かつ計画的に構築することを目的とした循環型社会形成推進基本法（平成 12 年法律第 110 号。以下，循環基本法）が 2000 年に制定された。この法律では，資源の循環的利用と廃棄物処理についての優先順位を法定化するなど循環型経済システムの構築に向けた基本原則が示されている（環境省 2014：10 ページ）。また，廃棄物排出に対する国や地方自治体，事業者，消費者の責務も規定されている。すなわち，循環基

---

7)　産業構造審議会地球環境部会（1999）「循環型経済システムの構築に向けて」，https://warp.da.ndl.go.jp/info:ndljp/pid/1052065/www.meti.go.jp/press/olddate/environment/s9715a3j.pdf（2021 年 8 月 22 日閲覧）。

本法では廃棄物問題を図15-3が示すように，3Rの仕組みを流通活動の中に取り組むとともに，消費者を含めた流通の担い手に廃棄物処理にかかわるコストの分担を求めている。循環基本法の施行にともない，資源の循環的利用と廃棄物の適正処理に向けた循環型社会の形成が本格的に推進されるようになった。

図15-3 循環型経済システムの構築に向けた3Rの仕組み

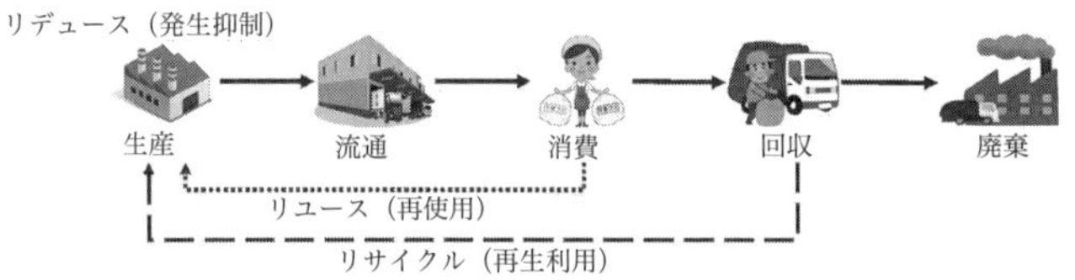

（出所）経済産業省編（2020），11ページ。

また，2001年には再生資源利用促進法が改正され，名称が資源の有効な利用の促進に関する法律（以下，リサイクル法）に変更された。リサイクル法では，再生利用に対して生産者が責任をもつべきとする拡大生産者責任の考え方に基づき，生産者に対して従来のリサイクルシステムの構築に加え，商品の設計・生産段階から3Rへの配慮を求めるとともに，消費者や地方自治体が容易に分別排出・回収できるように識別表示を義務化している。3Rへの配慮が必要な品目として，自動車や家電製品，パソコンなどが指定されており，分別回収のための識別表示が必要な品目は，PETボトルやスチール缶，プラスチック製容器包装などが指定されている。

他にも環境と経済の両立を図るため，容器包装に係る分別収集及び再商品化の促進等に関する法律[8]（平成7年 法律第112号。以下，容器包装リサイクル法）や特定家庭用機器再商品化法[9]（平成10年 法律第97号），食品循環資源の再生利用等の促進に関する法律[10]（平成12年 法律第116号）などのように物品の

---

8) 容器包装に係る分別収集及び再商品化の促進等に関する法律は，一般家庭から輩出される商品の容器（びん・PETボトル・レジ袋など）を再商品化する目的で制定された法律である。
9) 特定家庭用機器再商品化法は，家電リサイクル法といわれ，一般家庭や事務所などから輩出される家電製品を資源として有効活用することを目的に制定された法律である。
10) 食品循環資源の再生利用等の促進に関する法律は，食品廃棄物等の排出規制と資源としての有効活用を促進させるために，2000年に制定された法律で，食品関連事業者は食品の廃棄量や再生利用な

特性に応じた法律が制定されている。これらの上位法として循環基本法とリサイクル法が位置づけられている。

3.　消費者問題としての環境対策

　環境対策は消費者問題と重なり合う部分が少なくなく，消費者対策においても環境問題は重要な課題の一つとして位置づけられている。こうした状況を踏まえ，消費者の意識啓発を図るため，様々な取組みが行われている。その一つが 2006 年に改正された容器包装リサイクル法によって創設された「容器包装廃棄物排出抑制推進員」（以下，3R 推進マイスター）制度である。環境大臣から委嘱された 3R 推進マイスターは，地方自治体や市民団体などの依頼を受けて 3R に関する講演会や消費者への指導・助言などを通じて 3R 推進に係る普及活動を行っている。

　そして，2009 年には消費者の環境配慮行動を促進するために，3R エコポイント制度が導入されている。当制度は，リサイクル商品の購入やエコバックの使用などの 3R 活動を行った消費者にエコポイントを付与し，消費者はエコポイントを利用して商品やサービスと交換できるようにするものである[11]。エコポイントという経済的なインセンティブを提供することにより，消費者の日常生活において環境配慮行動の定着を図っている。しかし，3R エコポイント制度の利用に当たっては，3R 活動の測定が困難であることやポイントを利用できる場が少ないことなどが課題となっている。

　これらの取組みのほかにも消費者のライフスタイルの変革を促し，過剰に使用されているプラスチック製レジ袋の排出を抑制することを目的としたレジ袋有料化が 2020 年 7 月より実施されている。これを通じて消費者の環境意識を向上させるとともに，循環型社会の実現に向けた費用の分担を求めている。これらの取組みが物語っているように，環境問題への対応は供給側の企業のみな

　　どの報告が義務付けられている。
11）環境省 HP「3R エコポイント」，https://www.env.go.jp/recycle/circul/3r-ep/index.html（2021 年 8 月 28 日閲覧）。

らず，需要側の消費者の意識や消費行動を改革していかなければ，その解決は望めないため，消費者対策の一環として環境問題を認識することが重要である。

図 15-4　3R エコポイント制度の仕組み

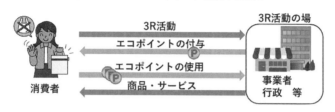

（出所）環境省廃棄物・リサイクル対策部編（2011），4ページより一部変更作成。

【考えてみよう】

1.　買い物弱者が生まれてきた背景とその対応策の特徴・課題について考えてみよう。
2.　特定保健用食品制度の概要と現状について考えてみよう。
3.　食品ロス削減のデメリットについて，事業者（メーカー，流通業）の視点で説明してみよう。
4.　消費者啓発の視点から循環型社会に向けた環境対策を考えてみよう。

【参考文献】

第1節（買い物弱者対策）

吾郷貴紀（2019）「第1章 買い物弱者問題の背景」吾郷貴紀編『買い物弱者問題への多面的アプローチ』白桃書房。

国土交通省編（2021）『令和3年版 交通政策白書』。

関満博（2015）『中山間地域の買い物弱者を支える』新評論。

林雅樹（2020）「買物弱者問題」国立国会図書館調査及び立法考査局編『レファレンス』No.834，1-20ページ。

第2節（健康食品表示と流通）

食品表示検定協会編（2020）『改訂6版 食品表示検定協 認定テキスト・中級』ダイヤモンド社。

山田和彦ほか（2017）「保健機能食品の課題と展望」『日本栄養・食糧学会誌』第70巻第3号，91-99ページ。

第3節（食品ロス削減対策）

環境省（2021）「我が国の食品廃棄物等及び食品ロスの発生量の推計値（平成30年度）

の公表について」http://www.env.go.jp/press/109519.html（2021 年 8 月 30 日閲覧）

佐藤裕史（2018）「食品ロス削減の取り組み」『流通情報』第 50 巻第 3 号，公益財団法人流通経済研究所。

消費者庁消費者教育推進課食品ロス削減推進室（2021）「食品ロス削減関係参考資料（令和 3 年 8 月 26 日版）」消費者庁，https://www.caa.go.jp/policies/policy/consumer_policy/information/food_loss/efforts/pdf/efforts_190711_0001.pdf（2021 年 8 月 30 日閲覧）。

農林水産省（2017）「食品ロス削減に向けた加工食品の納品期限の見直しについての通知文書の参考資料」，https://www.maff.go.jp/j/shokusan/recycle/syoku_loss/161227_3.html　（2021 年 8 月 30 日閲覧）。

農林水産省（2021a）「食品ロス及びリサイクルをめぐる情勢」，https://www.maff.go.jp/j/shokusan/gaishoku_shokubunka/attach/pdf/index-101.pdf（2021 年 8 月 30 日閲覧）。

農林水産省（2021b）「食品ロス量（平成 30 年度推計値）の公表」，https://www.maff.go.jp/j/press/shokusan/kankyoi/210427.html（2021 年 8 月 30 日閲覧）。

渡辺達朗（2005）『流通政策入門－流通システムの再編と政策展開』中央経済社。

第 4 節（環境対策）

環境省編（2014）『日本の廃棄物処理の歴史と現状』。

環境省廃棄物・リサイクル対策部編（2011）『3R エコポイントシステム促進のためのガイドライン』。

経済産業省編（2020）『資源循環ハンドブック 2020 －法制度と 3R の動向』。

【さらに深める為に】

第 1 節（買い物弱者対策）

薬師寺哲郎編（2015）『超高齢社会における食料品アクセス問題－買い物難民，買い物弱者，フードデザート問題の解決に向けて』ハーベスト社。

第 3 節（食品ロス削減対策）

根本重之（2004）『新取引制度の構築—流通と営業の革新』白桃書房。

第 4 節（環境対策）

小賀野晶一（2019）『リサイクルの法と実例』三協法規出版。

主要な法律等の一覧

本書において複数の章に記載されている法律等とその番号，略称は次のとおりとする。

法律等	番号	略称
○法律		
医薬品，医療機器等の品質，有効性及び安全性の確保等に関する法律	昭和 35 年法律第 145 号	医薬品医療機器等法
卸売市場法	昭和 46 年法律第 35 号	（略さない）
貨物自動車運送事業法	平成元年法律第 83 号	（略さない）
貨物利用運送事業法	平成元年法律第 82 号	（略さない）
健康増進法	平成 14 年法律第 103 号	（略さない）
小売商業調整特別措置法	昭和 34 年法律第 155 号	（略さない）
私的独占の禁止及び公正取引の確保に関する法律	昭和 22 年法律第 54 号	独占禁止法
商店街の活性化のための地域住民の需要に応じた事業活動の促進に関する法律	平成 21 年法律第 80 号	地域商店街活性化法
消費者基本法	昭和 43 年法律第 78 号	（略さない）
消費税法	昭和 63 年法律第 108 号	（略さない）
消費生活用製品安全法	昭和 48 年法律第 31 号	（略さない）
食品安全基本法	平成 15 年法律第 48 号	（略さない）
食品衛生法	昭和 22 年法律第 233 号	（略さない）
食品表示法	平成 25 年法律第 70 号	（略さない）
食品ロスの削減の推進に関する法律	令和元年法律第 19 号	食品ロス削減推進法
酒税法	昭和 28 年法律第 6 号	（略さない）
循環型社会形成推進基本法	平成 12 年法律第 110 号	（略さない）
日本農林規格等に関する法律	昭和 25 年法律第 175 号	JAS 法
大規模小売店舗における小売業の事業活動の調整に関する法律	昭和 48 年法律第 109 号	大規模小売店舗法
大規模小売店舗立地法	平成 10 年法律第 91 号	（略さない）
中小小売商業振興法	昭和 48 年法律第 101 号	（略さない）
中心市街地の活性化に関する法律	平成 10 年法律第 92 号	中心市街地活性化法
特定商取引に関する法律	昭和 51 年法律第 57 号	特定商取引法
都市計画法	昭和 43 年法律第 100 号	（略さない）
※振興政策・商業まちづくり政策を取り扱う章において 1998 年改正後の都市計画法を特に「改正都市計画法」という。		
百貨店法	昭和 12 年法律第 76 号	第 1 次百貨店法
百貨店法	昭和 31 年法律第 116 号	第 2 次百貨店法
不当景品類及び不当表示防止法	昭和 37 年法律第 134 号	景品表示法
容器包装に係る分別収集及び再商品化の促進等に関する法律	平成 7 年法律第 112 号	容器包装リサイクル法

流通業務の総合化及び効率化の促進に関する法律	平成 17 年法律第 85 号	物流総合効率化法
○公正取引委員会告示		
不公正な取引方法	昭和 57 年公正取引委員会告示第 15 号	一般指定
不公正な取引方法	昭和 28 年公正取引委員会告示第 11 号	旧一般指定
百貨店業における特定の不公正な取引方法	昭和 29 年公正取引委員会告示第 7 号	百貨店業告示
大規模小売業者による納入業者との取引における特定の不公正な取引方法	平成 17 年公正取引委員会告示第 11 号	大規模小売業告示

索　　引

執筆者紹介（五十音順。＊は編者）

魏 鍾振 ＊（うぃ じょんじん）：第 12 章・第 13 章 (3)・第 14 章 (4)・第 15 章 (1・2・4) 執筆。

　九州産業大学商学部准教授

岡野 純司 ＊（おかの じゅんじ）：第 2 章・第 4 章・第 5 章・第 11 章執筆。

　愛知学院大学商学部准教授

河田 賢一（かわだ けんいち）：序章・第 14 章 (1・2) 執筆。

　常葉大学経営学部教授

神保 充弘（じんぼ みつひろ）：第 3 章・第 6 章・第 7 章執筆。

　長崎県立大学経営学部教授

為廣 吉弘（ためひろ よしひろ）：第 1 章・第 8 章・第 13 章 (1・2)・第 14 章 (3)・第 15 章 (3) 執筆。

　愛知大学経営学部教授

濵 満久（はま みつひさ）：第 9 章・第 10 章・第 13 章 (4) 執筆。

　名古屋学院大学商学部教授

流通政策の基礎

2022 年 3 月 15 日　　初版発行
2024 年 3 月 15 日　　初版二刷発行

編著者：岡野純司・魏鍾振
発行者：長谷 雅春
発行所：株式会社五絃舎
　　　　〒 173-0025　東京都板橋区熊野町 46-7-402
　　　　Tel & Fax：03-3957-5587
　　　　e-mail：gogensya@db3.so-net.ne.jp
組　版：Office Five Strings
印　刷：モリモト印刷
ISBN978-4-86434-147-9
Printed in Japan　ⓒ 2024